오종렬 평전

| 약력 |

1938   11월 28일 전남 광산군(현 광주) 출생
1961   2월 광주사범대학 과학교육과 졸업
1970   2월 전남대학교 자연과학대학 물리학과 졸업

그 뒤 교원에 임용돼 고흥에서 초등, 중등 교원 자격을 취득하고 중등교사로 부임하여 교단에 섰다. 이후 금산초등학교 익금분교장을 시작으로, 고흥포두중학교, 신안암태중학교, 진도고성중학교, 전남고등학교(11년), 광주동명여자중학교(2년), 전남대학교 사대부속고등학교(5년), 전남여고 해직(4개월), 11년만에 교단 복귀 광주 용봉중학교 교사 재직하고 정년.

육군제2훈련소 경비대대에서 3년 만기 복무 후 하사로 제대.

1966   결혼
1967   정규 창규 출생 (쌍둥이)
1970   명규 출생
1972   동규 출생
1987   전국교사협의회(전교협, 전교조의 전신)의 출범에 참여
1988   전국교사협의회 대의원대회 의장.
1989   전교조 초대 광주지부장, 전교조 관련자로 구속, 집행유예 선고.
1989   7월 5일 옥중에서 교사 파면
1991   제 1대 광주시의회 의원 (무소속)
1991   11월 민주주의민족통일 광주전남연합 공동 의장 선출
        12월 민주주의민족통일전국연합 출범
1994   국가보안법으로 구속, 수감생활 (2년 8개월)
1997   9월 홍성교도소에서 출소
1999   민주주의민족통일 전국연합 상임의장
2001   통일연대 상임대표

2002 여중생 범대위 대표

2003 전국민중연대 상임공동대표

2003 한칠레FTA 저지 범국민대책위원회 공동위원장 (15일 단식)

2004 국가보안법 폐지 단식단 단장 (단식)

2005 우리쌀 지키기 운동본부 대표

2005 전용철 홍덕표 농민열사 범국민대책위원회 공동대표

2005 APEC 반대 국민행동 공동대표

2005 WTO 협상 저지 한국민중투쟁단 공동단장

2006 한미FTA 저지 범국민운동본부 공동대표

2006 6월 한미FTA 저지 1차 워싱톤 방미투쟁단 단장

      10월 한미FTA 4차 협상, 제주 투쟁

2006 12월 한미FTA 저지 3차 몬태나 방미원정투쟁단 단장

2007 3월 한미FTA 저지 단식 농성 (광화문 열린공원에서 15일 단식)

      7월 한미FTA 관련 서울구치소 구속

      9월 한국진보연대 출범, 상임공동대표

2008 5월 광우병 국민대책회의 공동대표

2008 8월 광우병 투쟁 관련 수배와 구속

      9월 한국진보연대와 민주노총이 있는 사무실에서 수배 시작

2009 2월 출소

2009 3월 한국진보연대 상임고문

2013 9월 4일 통일의길 이사장

2014 2월 간경화, 급성 신부전증 진단. 건강 악화

2014 한국진보연대 총회의장

2015 5·18민족통일학교 설립 및 초대 이사장

2019 12월 7일 밤 10시 57분, 영면

| 발간사 |

우렁찼던 목소리가 지금도 귓가에 선한데,
조국과 민중을 걱정하던 얼굴이 여전히 눈앞에 아른거리는데,
의장님이 먼저 가신지 벌써 2년이 넘어가고 있습니다.

저희가 기억하는 오종렬 의장님은 민족민주운동의 올곧은 스승이고 참된 지도자였습니다.

 의장님께서는 새로운 세상을 향한 꿈이 외면받고, 많은 이들이 다른 길을 찾아 떠나던 시기, 자주민주통일 운동이 혼란에 빠져 외면받던 시기, 산처럼 버티며 위기에 빠진 우리의 운동, 우리 민족, 민중의 미래를 지켜내셨습니다.

 이 땅 민중이 힘겨워 할 때면 의장님은 항상 그들의 든든한 우산이었습니다.

 그토록 사랑한 민중들이 들고 일어설 때면 그 전선의 첫 자리에 항상 서계셨습니다.

 또 우렁찬 연설은 항상 우리 운동의 가야할 길을 밝혔고, 열정어린 강연은 후배들과 제자들에게 삶의 나침반이자 교과서가 되었습니다.

교사운동으로부터 전선운동, 진보정당 운동의 길에서 구속과 투옥을

마다하지 않고 제국주의와 불의한 정권과 맞서 일생을 걸고 싸우셨습니다. 자주와 민주, 통일과 평등, 평화 세상을 이룩하기 위해 한생을 바쳤습니다.

의장님의 생은 민중과 함께한 위대한 일생이었습니다. 억압받고 고통받는 노동자, 농민, 도시빈민과 투쟁의 최전선에서 언제나 선두에 서 있고 탄압을 온몸으로 맞받아 투쟁하셨습니다. 의장님이 돌아가셨다는 부고 기사에 붙어있는 댓글들 중, "데모대에 맨 앞에 있던 사람"이라는 댓글이 눈에 띕니다. 그렇습니다. 의장님은 항상 민족과 민중이 요구하는 투쟁의 맨 앞에 계셨습니다. 그 댓글은 의장님께 부여된 최고의 훈장일 것입니다. 이렇듯 의장님은 민중의 벗이었으며 지배자에겐 감당키 어려운 적이었습니다.

의장님의 생은 끝없는 혁신의 길이었습니다. 건강이 허락한 마지막 생의 순간까지 후대 양성을 위해 모든 것을 바쳤습니다. 어떤 고난도 의장님의 일생을 건 투쟁의 의지를 꺾지 못했습니다.

의장님의 불굴의 투쟁정신, 민중에게 한없이 인자한 품성, 일생을 건 혁신의 의지와 실천정신은 민중과 후대가 가는 길에 이정표로 빛날 것입니다.

> 사상은 뿌리깊게!
> 표현은 낮고 얕게!
> 연대는 넓디 넓게!
> 실천은 무궁토록!

의장님을 기억하고 새겨야겠습니다.

   오늘 오종렬 의장님 평전 출판은 그래서 그 의미가 큽니다. 열심히 읽고 또 읽읍시다.

   책을 읽으며 우리 모두가 의장님을 보내며 다짐했던 의장님이 가고자 했던 그 길을 우리가 이어 가겠다는 마음 다시 한번 되새겨 보는 과정이 되었으면 합니다.

마지막으로 의장님 관련 글을 모으고, 영상을 보고, 40여명을 인터뷰한 결과가 오늘의 평전입니다. 이 평전을 집필한 신정임 작가와 주제준 위원장께 감사의 인사를 전합니다. 또 쉽지 않은 출판을 선뜻 담당해 준 도서출판 통일시대에도 감사드립니다.

아무쪼록 오종렬 평전이 독자 여러분께 의장님의 추억을 떠올리고 의장님을 기억하고, 의장님이 달려 가셨던 그 길을 새기는 과정이 되었으면 합니다. 감사합니다.

한국진보연대 상임대표
김재하, 문경식, 박석운, 한충목

| 발간사 |

우리들의 영원한 선생님, 우리 가슴속의 영원한 의장님
먼 길 떠나는 의장님을 보내드렸던 그날은 밤새 비가 내렸습니다.
마지막 떠나는 길을 배웅하기 위해 광화문 광장을 밟고 서 있는 이들의 눈도 젖어있었습니다.

 먼 길 떠나보내는 마지막 자리였지만, 동지들과 민중들을 대할 때면 한없이 인자했던 그 눈빛과 목소리가 여전히 생생했습니다.

의장님은 교사들의 스승이셨습니다.
민족·민주·인간화 교육, 참교육 운동으로 민중과 함께하는 삶을 시작했고, 전국에서 가장 먼저 광주에 교원노조 건설추진위를 꾸리셨습니다.

 문익환 목사님이 '전교조의 해'로 이름 붙인 1989년 3월, 그 새봄을 의장님은 그렇게 열었습니다. 이는 전국교직원노동조합의 탄생으로 열매 맺었습니다.

 전교조는 그러한 헌신을 토양 삼아 33년째 참교육 한길을 가고 있습니다.

의장님은 언제나 자주민주통일 운동의 최전선에 서 계셨습니다.

민중이 있는 모든 곳이 곧 의장님이 계신 곳이었습니다.

반복되는 구속과 탄압에도 결코 흔들리지 않았던, 자주·민주·통일을 향한 굳은 신념과 강인한 기개는 진정한 지도자의 모습이었습니다.

참된 삶이란 무엇인지를 온몸으로 보여주는 전사였습니다.

단 한순간도 투쟁의 최전선을 비우지 않았던 의장님을 따라, 수없이 많은 이들이 투쟁의 한길에 나섰습니다.

자주·민주·통일을 향한 한길에서 전교조가 해야 할 일, 그리고 전교조 교사로서 살아야 할 삶을 언제나 가르쳐주셨던 의장님이셨습니다.

평생을 '영원한 청년'으로 산 의장님이 보여주신 헌신과 참교육 정신, 실천적 삶을 따라 전국교직원노동조합은 참교육 한길로 흔들림 없이 걸어갈 것입니다.

그리고 의장님의 삶과 사상을 담은 이 책은, 자주민주통일세상, 참교육 세상을 향한 한길에서 든든한 나침반이 될 것입니다.

의장님... 고맙습니다.

전희영 전국교직원노동조합 위원장

| 발간사 |

2022. 3. 10. 새벽
잠에서 깬 나는 시궁창에 거꾸로 처박혀 숨을 헐떡이고 있는 나를 발견했다.

   0.74% 참패였다. 74%보다 더 아픈 패배였다.

   엊그제 세계인들이 깜짝 놀라고 칭송하며 박수를 보내 주었던 촛불 혁명이 좌절되는 순간이었다.

   한반도의 자존심과 꿈, 영광의 미래가 와르르르 무너지는 순간이었다. 촛불 국민들은 분노하고 절망했다.

   불구덩이 같은 분노와 이 깊은 절망의 늪 속에서 다시 새로운 희망을 찾을 수 있을 것인가. 누군가 두툼한 손을 내밀었다. 그 손에 이끌려 파아란 보릿잎이 봄바람에 출렁이는 나주평야로 나아갔다.

   곁에는 영산강이 눈물처럼 흐르고 있었다. "혁명은 끝나지 않았다. 다시 시작하라" "연대의 차원을 넘어 전선 질서를 회복하라" 그리고 오종렬 의장님은 저무는 지평선 너머로 사라져 가고 노랫소리가 들려왔다.

   목에 힘줄 박힌 안치환의 목소리가 평원에 넘쳐나고 있었다. "빼앗긴 들에도 봄은 오는가"

                      김정길 6·15공동선언실천 남측위원회 광주본부 상임대표

| 발간사 |

　오종렬 의장님께서 가신지 어느덧 삼 년의 세월이 지나고 있습니다. 세월이 흐르면 잊히는 것이 인지상정이라 하지만 세월이 갈수록 더욱 우리 마음속에 아니 심장에 새겨야 할 것도 있는 것 같습니다. 그래서 이런 작업이 우리에게 필요하고 이제 드디어 결실을 맺어 모두 앞에 내놓아 더욱 널리 알릴 수 있게 되었습니다. 어려운 일을 정성껏 잘 마무리 해주신 기념사업회 여러분들께 감사드립니다.
　불굴의 의지로 문제를 직시하고 시대의 아픔을 마주하며, 나아갈 길을 앞장서 나아가면서 시대의 스승으로 살다 가신 분의 모든 것을 한 권의 책으로 다 담을 수는 없을 것입니다.
　풍찬노숙을 마다 않고 포효하며 투쟁에 앞장서면서도 옆에 동지들을 격려하고 민족과 민중 앞에 한점 남김없이 자신을 바치며 변혁운동의 따뜻하고 참된 지도자로 살아오신 오종렬 의장님의 삶은 언제나 세상을 바꾸고자 투쟁하며 살아가는 이들의 사표로 남아 있을 것입니다
　아이들을 가르치던 교사로서 교육현장의 문제를 교사운동으로 풀어내고, 분단의 시대를 살아가는 민족 구성원으로서 민중의 고통과 시대의 문제를 극복하고자 현장에서 답을 찾고 열사들의 시선 끝을 따라가고자 했었지요.
　모든 사대와 종파, 관료, 권위주의를 배격하고 자주, 민주, 통일, 평

등의 대동세상을 향해 나아가는 길에 구동존이와 대동단결을 강조하며 '사상은 뿌리깊게! 표현은 낮고 얕게! 연대는 넓디 넓게! 실천은 무궁토록!' 등 이루 헤아릴 수 없이 많은 가르침을 주셨습니다.

사람들의 삶이 복잡해지고 시절이 팍팍할수록 우리에겐 이정표가 필요합니다. 별빛조차 보이지 않는 칠흑 같은 어둠 속에서나 짙은 안개 속에서 옆의 동지들조차 잘 보이지 않을 때에도 우리에게 이정표가 있다면 우리는 무사히 목적하는 곳에 닿을 수 있을 것입니다.

부디 오종렬 평전이 동지의 삶을 따라 새로운 세상을 열어가는 투쟁의 동지들이 걸어가는 길에서 이정표가 되길 바랍니다. 늘 사상과 신념을 벼리던 대장장이 오종렬을 따라 자신을 벼리는 대장간이 되길 바랍니다.

평전이 나오도록 애써주신 여러분들 모두에게 감사의 인사를 전합니다.

윤금순 5·18민족통일학교 이사장

| 추천사 |

오종렬 선생님의 평전 발행을 축하드립니다. 선생님은 고등학교 은사님이십니다. 제 고3시절인 1971년 3월에 전남고등학교에 부임하셔서 11년간 지학(지구과학)과목을 가르치셨습니다.

  제자들이 기억하기로는 선생님은 단련된 몸과 형형한 눈빛과 힘찬 어조를 지니셨습니다. 친구사이의 우정과 바르고 용기 있게 사는 인생을 강조하셨습니다. 교우 간에 폭력 등 잘못을 저지른 학생들을 엄벌하기보다는 함께 이야기 나누고 친구가 되어 제자의 마음을 감화시키셨습니다.

  1980년 5월 광주민주항쟁 당시 학생지도부장 교사로서 학생들의 희생을 걱정하며 시위현장에 나가는 것을 말렸습니다. 또한 부산에 정박한 미 항공모함 소식을 듣고 미국이 시민들을 도울 것이니 시민들에게 더 참아보자고 호소하였으며, 항쟁에 직접적이고 적극적으로는 참여하지는 못하셨습니다. 선생님은 이에 대한 죄책감과 부끄러움으로 괴로워했습니다.

선생님은 1987년 전교조의 전신인 전국교사협의회의 활동과 1989년 결성된 전교조의 활동으로 구속되고 당시 재직하던 학교에서 해직되어 교직을 떠나셨습니다. 그 후 광주광역시의회 의원을 거쳐 민주주의

민족통일 전국연합 의장, 한국진보연대 상임공동대표 등을 맡으시는 등 시민운동, 통일운동의 지도자로 활동하셨습니다. 2014년 간경화, 급성 신부전 진단을 받고 자연치유에 전념하면서 5·18민족통일학교 건립, 운영에 마지막 노력을 기울이시다 2019년 12월 7일 영면하셨습니다.

1987년 이후 한국의 현대사에서 선생님의 족적은 뚜렷합니다. 선생님의 카리스마, 연설 능력, 단련된 몸이 시민운동, 평화통일운동을 이끌어가는 밑받침이 되었을 것입니다. 광주민주항쟁과 관련한 죄책감과 부끄러움이 참교육 실현을 위한 전교조운동이나 자주·민주·평화·통일운동을 추동해가는 원동력이 되었을 것이라고 생각합니다.

김이수 전 헌법재판관, 조선대 이사장

차례		
	약력	4
	발간사	6

1부 세상 앞으로 … 19

1. 마지막 말 … 21
2. 반절의 광복절 … 23
3. 변혁의 피 … 26
4. 박복을 이긴 어머니 … 32
5. '모범 아들'로 큰 어린시절 … 35
6. 군인 꿈 접고 사범대로 … 40
7. 1등 사수, 육군 오 하사 … 45
8. 섬마을에서 시작한 교사생활 … 48
9. 섬 처녀와 결혼한 섬마을 선생님 … 57
10. 쌍봉 마을에서 태어난 쌍둥이 … 63
11. 섬만 전전하다 광주로 … 65
12. 교직생활의 전성기, 전남고에서 … 71
13. 생의 전환점, 광주항쟁 … 79
14. 자부심 넘치던 전남고를 떠나 … 104
15. 치유의 공간, 매곡동 … 106
16. 공부보다 몸 단련법을 … 111
17. 참교육의 길로 … 116
18. 주저했던 날들 … 122
19. 전교조 결성에 한몫 … 126
20. 교육운동 최전선에 … 133
21. 사별과 새 인연 … 140
22. 전교조 광주지부가 버틸 수 있던 힘 … 146
23. 광주전남민주연합과 투쟁 중심에서 … 153
24. 운암대첩 승리와 아버지 따르는 아들들 … 160
25. 광주광역시 첫 광역시의원 … 164
26. 광주전남을 호령하다가 두 번째 구속 … 171
27. 감옥 안과 밖 … 176

2부 전선운동으로 181

28. 전선체의 역사 183
29. 침몰하는 난파선 전국연합을 일으키다 190
30. 남북 화해 분위기를 통일 투쟁으로 198
31. 전민특위와 정유미 206
32. 11년 만에 다시 돌아간 학교 213
33. 군자산의 약속 218
34. 효순·미선 죽음에 분노한 반딧불이 바다 221
35. 자주민주통일전사 강희철을 잃다 231
36. 모순됐던 두 투쟁 233
37. 1000인 단식단과 국가보안법 폐지로 237
38. 미국에 맞선 이들과 함께 242
39. 전용철·홍덕표 농민의 죽음을 밝히려 248
40. 한미FTA를 막다가 다시 감옥으로 255
41. 한국진보연대 출범과 전국연합의 해산 263
42. 광우병 투쟁과 네 번째 감옥살이 268
43. 전선 일선에서 물러나다 275
44. 영혼의 단짝을 잃다 280
45. 통합진보당의 분당을 맞아 285
46. 생의 마지막에 쌓아올린 5·18민족통일학교 295
47. 평생의 동반자, 김평님 313
48. 달리는 말 위에서 생을 마감하겠다는 뜻대로 316
49. 영혼의 단짝, 정광훈 의장 곁에 잠들다 322

3부 영원한 의장님 343

50. 오종렬을 추억하다 345
51. 오종렬의 말과 글 365

<오종렬 평전>을 마무리하며 380

1

세상 앞으로

1
마지막 말

오종렬은 2019년 9월 21일, 5·18민족통일학교 정기총회 개회사를 한다. 1987년 전교조의 전신인 전국교사협의회 출범식에 참여해 사회운동에 뛰어든 뒤로 수도 없이 단상에 올라 많은 말들을 쏟아내며 세상을 움직였던 그가 마지막으로 공식석상에서 남긴 말이다.

"내가 여러분을 얼마나 기다렸는지 모르겠어요. 여러분들이 이렇게 찾아와줘서 참 좋습니다. 내 몸이 비록 이렇게 되어 있지만 언젠가는 여러분들에 의해서 뜻이 다 이루어지리라고 나는 확신합니다.

민중을 위하여, 민중과 더불어, 민중과 함께
조국통일의 자주성을 확실하게 우리는 확보합시다.
모든 것은 여러분들에게 달려있습니다. 모든 것이.
이제 새로운 출발, 날마다 새로운 출발, 여러분들에게 기대합니다.

저 뒤에 보면 대숲이 있습니다. 저 자라나는 대숲을 나는 날마다 바라보며 연명해 갑니다. 저것이 바로 민중입니다. 뿌리 깊은 민중입니다.

이제 여러분들의 손으로 모든 것이 해결되리라. 모두 개척하리라 믿어 의심치 않으며 여러분들의 앞날을 축복합니다. 감사합니다."

이 말을 하고 두 달여 뒤인 2019년 12월 7일 22시 57분, 마침내 오종렬은 멈추었다. 평생 민중과 함께 조국통일의 날을 꿈꿨던 오종렬의 꿈은 끝내 이루어지지 않았다. 포효하는 연설도 다시 들을 수 없고, 안부 물으며 잡아주던 따뜻한 손길도 더 이상 느낄 수 없다. 그의 인자한 미소, 넓은 품도 이젠 볼 수 없다. 다만 그의 꿈은 끝나지 않았다. 우리들에게 숙제로 남았을 뿐.

마지막 공식석상에 모습을 내비친 뒤 두 달여 동안 극심한 고통에 시달렸던 오종렬은 마지막 순간까지 예사롭지 않았다. 숨을 멈추기 몇 시간 전, 병마에 맞서던 몸부림을 잠시 멈춘 채 고통 속에서 숨을 몰아쉬면서도 두 눈을 부릅뜨고 내내 천장을 응시했다. 꼭 그가 생전에 줄곧 이야기했던 열사의 시선 끝을 바라보는 듯.

12월 10일 치른 영결식에서 가족인사 차 연단에 오른 오종렬의 맏아들 오정규가 그 시선 끝을 전했다.

"그때까지도 힘없이 신음하던 아버지가 임종 서너 시간 전부터 눈을 부릅뜨고 깜박이지도 않으셨습니다. 특유의 짙은 눈썹에 힘을 준 채 부리부리하고 이글이글하면서도 형형한 그 눈빛으로 하늘을 치켜 바라보던 그 모습을 잊을 수 없습니다. 아버지가 그 고통 속에 운명과 사투하면서도 차마 눈을 감지 못하고 염원했던 뭔가가 있는 것 같습니다. 그것이 무엇인지 여기 계신 분들의 방식대로 찾아 아버지의 한과 염원을 꼭 이뤄주시길 삼가 부탁드립니다."

우리의 방식을 찾기 전 오종렬의 방식은 어떠했는지를 떠올리기 위해 그의 인생길을 따라간다.

2
반절의 광복절

여덟 살배기 사내아이 하나가 숨을 헐떡거리며 대문을 걷어차고선 들어섰다.

"엄니, 엄니! 큰일 났어. 난리 났어. 빨리 나와 봐! 큰 비 오고 난 영산강 물처럼 사람들이 길바닥에 가득 흘러요. 뛰고 소리치고 꼭 미친 사람마냥 '만세! 만세!' 그러다가 노래도 불러요."

부엌을 나서던 어머니는 행주치마를 벗으며 한껏 격양된 아들을 가라앉히며 말씀하셨다.

"오냐, 막내야 놀라지 말거라, 걱정 놓아라. 좋아서들 그런다, 해방돼서 그런단다."

아이는 길거리 사람들이 계속 하던 말을 어머니가 똑같이 하니 궁금했다.

"엄니, 해방이 뭐여?"

어머니는 한마디로 설명하셨다.

"쇠사슬에서 풀린 거란다. 우리들 손발 묶고 입마저 꿰맨 쇠사슬을 이제 풀었단다."

조선반도에 마침내 그날이 찾아왔다. 시인 심훈이 '삼각산(三角山)이 일어나 더덩실 춤이라도 추고/한강물이 뒤집혀 용솟음칠'거라던 그날, 일본 제국주의가 우리 민족을 꽁꽁 옭아맸던 쇠사슬이 끊긴 날, 바로 광복이었다. 여덟 살 사내아이, 종렬에게 1945년 8월 15일, 그날은 천지가 개벽한 날 같았다. 수십 년이 지나 인생을 회고할 때, 오종렬은 그때 심정을 이렇게 표현했다.

"사람들이 '해방! 자유! 독립! 만세!' 외치는 말들, 우렁찬 목소리가 귀청을 찔렀어. 태양도 어제의 그것이 아니었고 하늘의 별이 다 내려와 우리와 함께 춤추는 것 같았지. 숲도 강물도 만세 행렬을 따라오고, 꽹과리, 태평소, 징소리, 북소리에 맞춰 동네 강아지들이 줄줄이 따라오며 날뛰던 순간이 아직 눈에 선하네."

만세행렬 맨 끄트머리에 벗겨진 고무신 짝을 든 종렬이 따라붙으며 봤던 세상은 환희에 젖어있었다. 몇 날 며칠을 내내 가슴이 벅찬 채로 지내던 종렬도 어머니가 하신 "쇠사슬이 풀렸다."는 말뜻을 어렴풋이 헤아릴 수 있었다.

'이제 일본 헌병대에 끌려간 형님과 이웃집 오촌 아재도 돌아오겠구나. 징병으로 아들 빼앗기고 목 쉬어버렸던 울 엄니 목청도 살아나고, 큰아들은 일본군에 징병 가고, 북해도 탄광으로 징용 간 둘째아들이 죽었다는 전보 한 장 달랑 받고 숨죽여 울던 그 오촌 당숙네 식구들도 잠시 웃을 수 있겠구나. 몹쓸 데로 끌려가면 안 된다고 열일곱에 부랴부랴 시집가는 큰 누님 치마꼬리 잡고 울었었는데 이제 나이 들어가는 누나들도 마음 놓겠구나.

일본 순사 헌병, 그 무서운 귀신들 다시 나타날 일 없고, 어른들이 '독립군 혁명가들이 붙잡혀 고문치사 당했다고, 말조심 몸단속에 애들 잘 간수하라'고 몰래하는 말씀도 잠결에 듣지 않겠구나. 게다가 앞으로는 독립군 혁명가들 무용담을 터놓고 뽐내며 들을 수 있겠구나.'

이 모든 것들이 눈에는 안 보였지만 우리를 옥죄던 쇠사슬이 아니고 뭣이겠는가. 무엇보다 종렬은 애써 가꾼 곡식들을 안 빼앗겨 '이젠 우리도 배를 안 곯겠구나.' 하고 생각하니 웃음만 나왔다. 어렵게 지은 농사는 공출로 다 빼앗기고, 총알인지 대포알인지 만든다고 놋그릇, 젓가락, 숟가락도 다 가져가 변변한 식기도 없이 끼니때면 '밥상 좀 제대로 차려 배불리 먹어봤으면….' 하고 소원을 빌던 종렬이었으니 곧 소원이 이루어질 터였다.

또, 학교를 입학하자마자 문중 할아버지의 불호령에 학교를 그만두고 집에서 누나들만 기다리던 종렬이었기에 그 역시 기뻤다. 이제 누나들이 학교 끝나고 근로봉사인가 뭔가 한다고 날이 저물어서 파김치가 되어 돌아오지 않을 테니까 말이다. 바뀐 세상에 나가 함께 '만세'를 크게 외쳤다.

하지만 세상은 종렬의 바람처럼 움직이지 않았다. 삼천리 온 강산이 기쁨에 겨워 춤추고 노래하기도 잠시, 경축 행렬이 흩어진 뒤로 슬슬 괴상한 소문들이 흘러나왔다. "미국을 믿지 말고, 소련에 속지 마라. 일본놈 일어난다. 조선아 조심해라." 이상하고 요사스러운, 그러면서도 불길한 미래를 암시하는 듯한 말들이 돌았다.

세계 최강의 군대가 아무도 모르게 한반도 '분할 점령' 작전을 꾀하고 있었던 게다. 1945년 9월 7일, 맥아더 총사령관이 '나의 지휘 하에 있는 승리에 빛나는 군대는 금일 북위 38도 이남의 조선영토를 점령한다.'며 포고령을 발표한 순간, 광복은 그 빛을 잃고 다시 어둠에 묻혔다. 해방군이 아닌 점령군임을 자처한 미군이 이 땅에 진주하면서 더이상 8·15는 온전한 해방절, 광복절이 아니었다. 반절의 해방절, 반절의 광복절이자 새로운 질곡의 시작이었다. 그 질곡은 종렬 가족에게로 고스란히 옮겨져 고통의 시간을 예고했다.

2. 반절의 광복절

3
변혁의 피

종렬의 뿌리인 오씨 집안은 양반가였다. 종렬의 증조할아버지도 과거에 급제해 경상도를 관할하는 경상감사 벼슬을 내려 받았다. 비록 고종 때여서 나라가 망하면서 제대로 부임은 못 했지만 증조할아버지의 피는 이어졌다.

19세기 마지막 해인 1900년 진라도에서 태어난 종렬의 아버지, 오정근(正根) 역시 과거시험만 있으면 급제를 했겠다며 '천재' 소리를 듣곤 했다. 똑똑했고, 공부도 많이 했다. 망한 사대부 집안이었지만 종렬의 할아버지는 아들 정근을 보통학교(현재 초등학교)를 졸업시킨 뒤, 중학교가 없는 나주에서 서울까지 올려 보내 서울경동중학교를 다니게 했다.

거기서 멈추지 않고 일본 도쿄로 유학까지 보냈다. 도쿄에서는 일본의 국가정책에 따라 전기전문학교에 들어갔다. 일본은 미국을 따라잡기 위해 전문 기술자와 과학자를 양성하려고 혈안이 돼 있었다. 오정근은 일본 정부가 주력하고 있던 학문을 공부한 셈이다. 비록 졸업은 못했어도 일본 관리에게 잘만 보이면 충분히 좋은 일자리를 잡아 떵떵거리며 살 수도 있었다.

편한 길을 두고 오정근은 다른 길을 택했다. 바로 조선의 독립운동이었다. 일본에서 학문 공부보다 사상 공부를 더 많이 했던 영향이 크다. 학업을 다 끝마치지 못하고 고향에 돌아와 바로 독립운동에 뛰어들었다.

일제의 살벌한 눈길에서 조금 벗어나 근거지를 마련해 투쟁했던 해외독립운동과 달리 국내독립운동은 그야말로 비밀 결사 형태로 항일운동을 전개했다. 특히 나주를 포함한 전라도 지역은 곡창지대여서 일제의 수탈이 극심했고, 그만큼 저항하는 이들도 많았다. 오정근은 나주에서 일제에 맞서는 농민들을 모아 적색농민조합(적색농조)운동을 펼쳤다. 그러다가 일제의 감시망에 걸려 1933년 구금되기도 했다.

아버지 오정근은 일제 때, 일본 유학을 다녀왔지만 출세보단 항일운동의 길을 택했다.

당시 〈동아일보〉는 1933년 3월 30일자 2면 사회면에 이를 보도했다. 제목이 '靑年一名檢擧(청년일명검거) 羅州署(나주서)에서'라는 기사에서 '…지난 二十四(이십사)일에 또다시 라주군 본양농민조합 간부인 오정근을 검거하여 추조중이라는데 내용은 비밀에 부침으로 아즉 알 수 업다고 한다.'며 그 동정을 소개했다.

풀려난 뒤에도 오정근은 독립운동을 멈추지 않았다. 1944년 8월 10일 여운형을 중심으로 결성한 '조선민족건국동맹'(건국동맹)의 일원이 되어 조직활동을 이어갔다. 오종렬은 어렸을 적에 아버지가 여운형 선생을 평소 많이 언급하며 존경하는 마음을 표했던 걸 기억하고 있다. 그만큼 믿고 따랐던 지도자였기에 오정근은 계속 목숨을 걸고 독립운동에 참여했다.

다시 또 구금될지도 모를 위험 속에서도 신념을 지키며 독립운동을 한 오정근이었기에 8·15 해방을 맞았을 때 거리를 가득 메운 동포들처럼 가슴이 벅찼다. 그렇다고 감격에만 젖어있을 수는 없었다. 빠르게 새 나라를 세울 기틀을 마련하는데 힘을 보태야 했다.

8월 16일, 건국동맹이 바로 조선건국준비위원회(건준)로 전환하고, 건준 지역지부가 지방기구인 인민위원회로 개편됐다. 오정근도 나주 인민위원회 농민조합 책임자로서 인민위원회가 나주지역 치안과 행정을 챙기는 걸 도왔다. 일제가 조선에서 갑자기 물러나는, 혼란한 상황이었지만 지방 민중자치기구인 인민위원회를 중심으로 각 지역은 빠르고 순조롭게 자치행정을 할 질서를 갖춰나갔다. 나주 역시 그랬다.

문제는 미군정이었다. '북위 38도 이남의 조선영토와 조선인민에 대한 정부의 모든 권한은 당분간 나(태평양방면 미국 육군부대 총사령관 더글라스 맥아더)의 관할을 받는다.'는 포고령 1호에서 보듯 미군정은 처음부터 조선 인민이 스스로 나라를 이끌어갈 능력이 없다고 봤다. 조선에 진주하자마자 미군정은 일제에 친일부역을 했던 조선인 군인과 경찰, 관료 들을 대거 다시 기용한다. 처음에는 조선 민중에게 전폭 지지와 신망을 얻고 있던 인민위원회를 어쩌지 못하던 미군정은 관직에 다시 불러들인 친일파 세력들을 이용해 빠르게 권력을 잡으면서 인민위원회와 갈등과 대립을 반복하다 결국 1945년 12월 12일 인민위원회 자체를 불법화한다.

이로써 인민위원회는 전국에서 미군정에게 탄압의 대상이 됐고, 나주 역시 마찬가지였다. 나주 인민위원장이던 김창용이 주민들에 의해 나주 군수로 뽑혀 군 행정을 책임지고 있었다. 미군정도 1945년에는 함부로 못하다가 1946년이 되자 미군을 동원해 인민위원회와 치안대를 무력화한다. 오정근을 포함한 핵심 간부들도 무사하지 못했다. 『나주

『천년사』 연구용역인 『천년 역사문화도시, 나주의 재발견』*에서는 당시 상황을 이렇게 설명하고 있다.

> 1946년 2월 1일 오전 10시경 60명의 무장한 전남경찰부 특경대와 싸이들 미군정 경찰부장(소령), 장흥 군정장관이 인솔한 20여 명의 미군 및 헌병들이 합세하여 자동차 2대와 탱크에 분승하여 나주경찰서를 습격한 다음, 다시 인민위원회, 보안서, 청년총동맹, 농민조합 등의 단체를 습격하고, 인민투표에 의해 선출되고 군정청 명령에 의해 임명된 나주 군수 김창용(전 인민위원장), 보안서장 박형배(전 인민위원), 농민조합책임자 오정근, 보안서원 백홍기·구학신·정종명·농조원 심모, 나주국민학교장 박일섭(익일 석방), 양조장 관리인 박준채 등 8명을 검거하여, 그 자리에서 무수히 구타한 후 도 경찰부로 압송하였는데, 이와 동시에 전기 각 단체에 남아있는 간부와 구 보안서원 등의 거취를 엄색 중에 있다 하며, 나주읍내는 흡사 계엄 상태를 이루고 있다.
> ─ 〈해방일보〉, 1946.2.26.

생전에 인생을 회고하던 오종렬도 그때를 똑똑히 기억했다.

> "인민위원회가 유일한 행정대안체제로 민중의 신망을 받으니까 미군이 직접 탱크를 몰고 와 무력으로 진압해 해체한 거야. 아버지는 죽도록 두들겨 맞고, 여러 간부들과 함께 광주형무소로 끌려갔어. 다른 때도 아니고 해방정국에 일어난 일이여. 소년 시절이어서 기억이 끊어지긴 했지만 한 컷 한 컷 선명하게 기억이 나. 천지가 춤추고 노래하는 해방정국에서 우리 아버지는 감옥소로 끌려가고 우리 집안은 풍비박산이 나고, 우리는 다시 공포와 외로움에 떨게 됐어.

---

* 노영기 외, 「해방 후 나주지역의 역사와 삶」, 『천년 역사문화도시, 나주의 재발견』, 전라남도 나주시, 2018. 172쪽(박찬승, 「해방전후 나주지방의 정치 사회적 동향」, 『지방사와 지방문화』 1집, 297~298쪽에서 재인용)

그때부터 우리 집안은 다시 감시 대상이 됐지. 집안에 가까운 사람들이 모여 있다가 어떤 형이 대문간에 가서 '누구야?' 하니까 울타리에서 어떤 놈이 뚝 떨어져. 어떤 놈은 마루 밑에서 나오고, 어떤 놈은 울타리 위에 엎드려 있고……. 그걸 내 두 눈으로 봤지. 늘 우리를 감시하는 사람들이 있었어."

오종렬 가문에는 세상을 바꾸려는 열망의 피가 흐르고 있었나 보다. 아버지 오정근이 광주형무소에 잡혀간 뒤 광산군(현 광주광역시) 인민위원장이던 외삼촌도 미군정에 잡혀가 광산경찰서에 구금됐다. 종렬의 형제자매들도 다를 바 없다. 종렬은 2남 4녀 중 막내로 태어났다. 첫째이자 종렬과 스무 살 차이가 나는 형님도 사회의식을 지니고 있다가 한국전쟁 당시 입산한 걸로 알려져 있다.

일본군 '위안부'에 끌려가지 않으려고 열일곱에 시집을 간 첫째 누나를 대신해 장녀 역할을 자처했던 둘째 누나 오경희는 1946년 송정여중(현재 광주 송정중)에서 앞장서 동맹휴업을 조직하기도 했다.

모스크바 삼국 외상 회의에서 미국·영국·소련이 1945년 12월 27일 합의한 사항을 날조해 반탁운동이 일어나자 그에 저항하는 운동에 나선 것이다. 일제 때 우리가 얼마나 핍박받았는지 절절하게 말하며 웅변대회에서 1등을 한 적도 있던 오경희다. 그는 운동장에 모인 학생들에게 "오늘부터 동맹휴업이다."라고 선언하며 학내 시위를 주도했다. 그 바람에 포상금이 걸린 수배자가 됐다. 중학교에서 반탁운동에 반대해 벌인 동맹휴업이 전국에서 거의 없었던 탓에 더 부각돼 신문에까지 실렸던 게다. 광주를 떠나 도피생활을 하던 오경희는 이후 보도연맹에 가입하는데, 한국전쟁 중 보도연맹으로 광주교도소에 끌려가 학살 직전에 구사일생으로 풀려나기도 했다.

앞 왼쪽부터 종렬의 아버지, 어머니, 본인과 어머니 뒤쪽은 누나들이다.

이제 아흔이 넘어 옛이야기를 들려주던 오경희는 "우리 가족이 정 렬적인 성격이 있어. 나도 뭣을 하면 열심히 하는 편이여. 젊어서는 피 가 끓어 '정의를 위해서 싸우자. 여기서 총 맞아 죽어도 이것은 완수하 겠다.'고 생각했지. 죽는 것도 안 아까웠어."라고 그때 심정을 전했다. 오경희는 커오면서 봐온 종렬에 대해서도 들려줬다. "무엇을 하려고 하면 기어이 그걸 해내려고 하는 결단력이 있었지."

확실히 오종렬 가족에겐 대나무 같은 면이 있었다. 종렬의 셋째 누나 까지 한국전쟁 때 입산해 빨치산 활동을 했을 걸로 예측되니 그야말로 변혁가 집안이라 하겠다. 대신 경찰의 감시를 받는 등 그만큼 종렬과 가족들이 겪은 고통은 컸다. 해방의 기쁨은 잠시 뿐, 종렬의 가정을 비 롯한 우리 민족은 분단의 칼바람을 맞아 어둠 속을 헤매기 시작했다.

4
박복을 이긴 어머니

해방 전이나 후나 종렬 집안은 바뀐 게 없었다. 가난했고, 요주의 집으로 찍혀 당국의 집요한 감시에 시달렸다. 밖에서 조직 활동을 하거나 경찰에 끌려가 집을 비우기 일쑤인 아버지 오정근을 대신해 어머니가 중심을 잡고 집안을 이끌어나갔다.

남편보다 세 살 많았던 종렬의 어머니 박성노는 본명이 福德(복덕)이었다. 복과 덕이 가득할 것 같은 이름과 달리 그이 인생엔 '고생 복' 말고 다른 복은 그리 깃들지 않았다. 조국을 향한 뜨거운 피를 지닌 남자, 오정근과 결혼하면서부터가 박복의 출발이자 끝이었다. 소싯적에 지나가던 어느 스님이 박성노를 보고 길게 탄식한 적이 있었다.

"저 고운 입에 험한 말은 못 담을 것이니, 그러면 가슴에 담긴 저 불덩이는 어찌할 것이냐!"

스님은 긴 한숨을 지었지만 박성노는 고난 앞에 주저앉는 사람이 아니었다. 스스로 길을 찾고, 길을 만들어가는 사람이었다. 시집 올 때 몸종을 데려오고, 남편이 유학 갈 때 친정에서 도움을 줄 정도로 부잣집 큰딸로, 넉넉한 살림 속에서 살았던 박성노는 이제 없었다.

남편 오정근이 운동을 한 뒤로 계속 기울어간 가계를 챙겨야 했다. 여섯 아이를 먹여 살리기 위해 농사를 짓고, 삯바느질도 했다. 그러면서도 어려운 일을 당한 마을 사람이 있으면 앞장서서 풀어주고, 송사가 나면 변호사나 검사 뒷바라지를 하며 길안내를 하던 위인이었다. 배포도 두둑해 남편이 잡혀가면 경찰서든 법원이든 가리지 않고 찾아가 담판을 짓고 변론도 했다. 과정에서 박성노까지 영어의 몸이 된 적도 있다. 활동가들을 대신해 심부름을 하다가 발각돼 경찰에 끌려갔던 것.

감옥에 간 남편 대신 가계를 혼자 꾸린 어머니 박성노

그때 혹독한 고문을 당해 오랫동안 후유증에 시달려야 했다.

삶은 고단했지만 박성노에겐 몸과 마음을 쉴 여유가 없었다. 그에겐 지켜야 할 가족들이 있었던 터다. 쉰이 넘은 나이로 남편과 친정 오빠의 옥바라지를 하면서 가계를 혼자 꾸려나갔다. 버거운 일상이었다.

가난은 피할 수 없었다. 가끔 천석꾼에게 시집 간 동생네 가서 쌀이나 부식거리들을 꿔 와 아이들에게 먹이기도 했지만 입에 풀칠하는 수준이었다. 가족 모두 배를 곯는 날이 허다했다. 밥 먹고 돌아서면 바로 배가 고픈 성장기였던 종렬에겐 더 견디기 힘든 굶주림이었다. 한번은 박성노가 형무소에 면회 가기 전, 아버지와 외삼촌을 위해 맛있는 반찬을 만들고 있었다. 고픈 배를 붙잡고 그 모습을 간절한 눈으로 보던 종렬이 자기도 모르게 한마디 한다.

"나도 형무소에 갇혀 저 맛있는 반찬을 먹고 싶다."

반찬이 먹고 싶어 감옥에 가고 싶다는 아들의 어처구니없는 말을 들은 박성노는 격노했다. 회초리를 들어 종렬에게 많은 매질을 했다. 혼을 내긴 했지만 뒤돌아서서는 귀하디귀한 막내아들을 굶길 수밖에 없는 서러움에 북받쳐 박성노는 속울음을 삼켰다.

오종렬은 어머니 손을 잡고 광주형무소로 아버지 면회를 갔던 아홉 살 때 일을 기억에서 끄집어낸 적이 있다. 형무소 안으로 들어가는데 마지막 관문에서 간수가 종렬은 들어갈 수 없다며 나가라고 막아섰다. 변호사, 검사도 무섭지 않은 박성노가 가만히 있을 리 없었다.

"이 어린 것을 면회를 안 시키는 법이 어디에 있습니까? 사람 된 도리로 면회 좀 시켜주시오."

간수도 어쩔 수 없다는 듯 말했다.

"저도 자의로 그런 게 아닙니다. 아들이어서 안 됩니다."

몇 번 더 부탁했지만 안 된다는 답만 돌아와 할 수 없이 종렬은 쫓겨나와 형무소 바깥에 앉아 기다려야만 했다.

"흙바닥에 앉아있는데 얼마 안 가 어머니가 나오셔. 그때가 여름이었던가 봐. 하얀 모시치마 저고리를 입고 걸어오시는데 무등산처럼 당당한 모습이었어. 그게 오랫동안 머릿속에 남아있었지."

어떤 고난에도 자식들에게 힘든 기색 하나 보이지 않고 역경을 이겨낸 여인, 그가 바로 오종렬의 어머니, 박성노였다.

5
'모범 아들'로 큰 어린시절

오종렬은 1938년 11월 28일 전라남도 광산군* 삼도면 도덕리에서 태어났다. 박성노에게 종렬은 평범한 아들이 아니었다. 성노는 종렬을 볼 때면 "우리 아들은 날 때부터 효자"였다고 치켜세우곤 했다. 남아선호사상이 강했던 시절에 큰 아들을 낳고 내리 딸만 넷을 낳았던 성노였다. 맏아들과 한국전쟁 때 헤어질 걸 예상이라도 했는지 아들을 한 명 더 낳기를 바랐지만 내리 딸을 낳자 불안감이 컸다. 자신이 집안의 대를 끊는 것 아닌가 걱정하던 중 마흔 셋이란 늦은 나이에 막내아들 종렬을 낳았다. 산파가 아들이라고 하자 성노는 "내가 진짜 아들을 낳은 게 맞느냐?"며 되물으며 감격했다. 말 그대로 종렬은 태어난 것만으로도 어머니께 효도를 한 셈이다. 그만큼 더 애정을 쏟았고 귀하게 키웠다.

어머니가 사랑을 쏟아서인지 종렬도 '모범 아들'로 컸다. 오종렬의 누나들은 종렬이 어려서부터 속 썩인 적 없는, 얌전하고 착한 아이였다며 전라도 사투리로 "수말스러웠다."고 말했다. 뭘 사달라고 조른 적도 별로 없고 부모님 말씀을 잘 들었다.

어머니 박성노의 영향이 컸다. 종렬은 어머니가 뭔가를 하기로 작정하고 하지 않거나 못하는 일을 본 적이 없었다. 쓰러지더라도 반드

---

* 전라남도 장성군·나주군·함평군 일대를 포함한 1935~1988년 행정구역. 1988년 광주광역시로 편입됨

시 해내는 분이었다. 평생 누구와 다투는 모습을 보인 적 없으면서도 "자식 일이면 호랑이 아가리인들, 불구덩이인들 내 어찌 마다하랴!"며 자식들 교육에 힘쓰셨다. "이 세상에 버릴 물건 없고, 못 쓸 사람 없다."며 사람의 중요성을 알려준 이도 어머니였다. 또, 어머니는 종렬에게 늘 "너는 앞으로 세상에 큰 인물이 될 것"이라며 높은 이상을 품게 했다. 이순신 장군 같은 위인전도 권하면서 그를 향한 기대감도 자주 드러냈다.

가장이 별다른 돈벌이를 못하니 집안 살림살이는 점점 기울어갔다. 이사도 여러 번 했다. 종렬이 태어나고 몇 년 뒤 가족은 도덕리에서 송정리로 이사를 했다. 그곳에서 해방을 맞은 종렬은 송정동국민학교(현재 송정동초등학교)에 입학하지만 집은 다시 광주로 이사를 가 종렬도 광주서석국민학교(현재 광주서석초등학교)로 옮긴다.

시골에서 도시로 전학을 왔으니 얼떨떨하고 긴장도 됐을 터다. 하지만 종렬은 본디 겁이 없고 배짱이 두둑했다. 게다가 그에겐 어머니의 기대에 부응하는 아들이 되겠다는 마음 속 다짐이 있었다. 그러니 종렬에게 학교생활은 중요했다. 전학을 왔어도 새 학교라고 주눅 들어서는 안 됐다.

광주서석초로 전학 간 첫날, 쉬는 시간이 되어 화장실에 갔다. 교실 몇 개 없던 작은 시골 학교와 달리 서석초는 똑같이 생긴 교실이 너무도 많았다. '촌놈' 종렬은 자기 교실을 찾지 못해 헤매고 있었다. 복도에서 주변을 두리번거리던 중 교실에서 봤던 같은 반 급우가 눈에 들어왔다. 종렬은 이름도 모르는 그 친구에게 대뜸 "야, 너 뭐하고 있어? 빨리 교실로 가!"라고 꾸짖었다. 그러고선 슬금슬금 피하듯 교실로 가는 그 친구 뒤를 따라서 교실을 찾아갔다. 그날부터 오종렬은 바로 도시 학교에 적응해 '시골에서 왔지만 똑똑한 친구'로 불렸다.

그냥 똑똑한 것만은 아니었다. '오종렬' 하면 좌중을 휘어잡는 연설을 떠올리는 사람들이 많은데 될성부른 나무는 떡잎부터 알아본다고 종렬이 그 격이었다. 종렬의 둘째 누나 오경희는 어려서부터 대중 앞에서 말하기를 좋아했던 종렬을 추억했다.

"종렬이가 초등학교도 안 들어간 꼬맹이 때부터 동네 사람들 앞에서 시조를 했어. 무성영화 변사처럼 '어머니~ 이모~ 할머니~' 부르며 직접 지은 이야기로 연기를 해서 예쁨을 많이 받았지."

종렬은 글도 잘 써 유관순 누나에게 쓴 글로 글짓기 대회에서 상도 타고, 그림도 잘 그려서 그린 그림이 교실 뒤 게시판에 붙곤 했다. 한마디로 다재다능했다.

그렇게 학교생활이 즐거웠지만 주변 상황이 종렬을 가만히 학교에만 다니도록 놔주지 않았다. 1946년 아버지 오정근이 감옥에 가 집안 형편이 어려워진 상황에서 해방 후 3년이 넘도록 계속된 극심한 가뭄에 먹고 살기도 힘든 날들이 이어졌다. 종렬도 태평하게 학교만 다닐 수 없었다. 고사리 같은 손이라도 살림에 보태야 했다. 이웃에서 식당 '뽀이'(종업원) 자리를 알아봐줬다. 초등학교 4학년 때였다. 식당에 나가 잔심부름도 하고 설거지도 하면서 손이 문드러지도록 일을 했다.

종렬을 돕기 위해 바로 위인 넷째 누나 오덕희가 나섰다. 덕희 역시 집안 형편 때문에 초등학교만 나오고 상급학교에 못 간 아쉬움이 커 동생만큼은 공부를 시켜야겠다는 마음이 강했다. "내가 일을 할 테니 종렬이는 학교에 보냅시다."라고 부모님을 설득했다. 결국 2년 뒤, 종렬은 다시 학교에 갈 수 있게 됐다. 대신 종렬보다 겨우 세 살밖에 많지 않은 덕희는 열여섯 살에 공장에 들어갔다.

다시 초등학교에 가는 데는 둘째 누나 오경희도 큰 역할을 했다. 종렬보다 여덟 살 많은 오경희는 종렬에게 거의 할머니뻘인 어머니와 일찍 출가한 언니를 대신해 종렬을 업어 키우다시피 했다. 냇가에서 동생 똥 기저귀를 빠는 경희가 기특해 동네 아낙들이 놀리듯이 "워매, 똥이 안 더럽냐?"고 물어도 "우리 동생은 똥도 안 더러워야."라고 답할 정도로 종렬을 예뻐했다. 그런 누

은사의 권유로 들어간 광주사범학교 시절의 오종렬

나이니 동생의 장래를 위해 나서는 건 당연했다.

학교를 2년 쉬었으니 종렬은 다시 4학년부터 학교를 다녀야했다. 오경희는 자존심 강한 종렬이 두 살이나 어린 동생들과 공부하지 않으려고 할까 봐 걱정했다. 종렬을 데리고 직접 학교를 찾아갔다. 종렬이 4학년 때 담임선생님을 뵙고 친구들과 함께 공부할 수 있게 해달라고 부탁했다.

"선생님도 우리 종렬이가 공부 잘하는 거 아시잖습니까. 6학년에서 공부할 수 있게 힘 좀 써주십시오."

좋게 봐온 학생이었고, 종렬의 딱한 사정을 알기에 4학년 선생님은 친히 가서 6학년 선생님에게 사정을 전했다.

"워낙 공부를 잘하던 학생이니까 6학년에 가서도 능히 따라갈 수 있을 겁니다. 한번 가르쳐 보십시오."

염려가 없지는 않았지만 4학년 선생님이 강하게 주장하니 6학년 담

임선생님도 종렬을 받아줬다. 종렬 역시 선생님들의 배려를 잊지 않고 학교생활을 착실히 했고, 졸업식 때는 학교장 상까지 받았다. 1년 동안 종렬을 지켜본 6학년 담임선생님은 중학교 원서를 쓸 때 종렬에게 광주사범학교*를 권했다.

"내 모교라네. 종렬군이 내 후배가 되면 좋겠네. 종렬군 같은 선생님이 아이들을 가르치면 우리나라가 많이 발전할 걸세."

사실 종렬에게는 크게 성공해서 고생하는 어머니를 호강시켜드리고 싶다는 바람이 있었다. 선생님이 되는 길은 성공과는 멀어 보였다. 내키지 않았지만 6학년으로 받아준 은사의 말씀을 쉬이 거절할 수가 없어 광주사범학교로 원서를 썼다. 그렇지만 속셈이 없지는 않았다. '사범학교를 나온다고 모두 선생이 될 필요는 없으니 상급학교는 다른 곳으로 가야겠다.' 딴마음을 품은 채 오종렬은 1952년 광주사범학교에 입학한다.

---

* 1938년 광주에 설립됐던 초등교원 양성학교로, 1946년 9월 1일 사범과(사범학교 본과)와 중학교로 개편됐고, 1955년 3월 중학교 교원 양성기관으로 신설된 광주사범대학의 부속중학교로 이관되었다. 다시 광주사범학교는 1961년 4월 1일 광주사범대학에 통합되면서 1962년 문을 닫았다. _〈한국민족문화대백과사전〉 참조

6
군인 꿈 접고
사범대로

"종렬이가 저 친구들 중에서 젤로 똑똑했어. 인간성도 좋고. 친구들하고 놀 때 보면 다 알지. 억울한 사람 보면 도와주려고 하고. 마음이 인자한 사람과 독한 사람이 딱 봐도 다르잖아."

둘째 누나 오경희의 기억 속 동생 종렬은 중·고등학생 때도 남다른 학생이었다. 광주고 시절에는 교련 선생이 학생들을 심하게 못살게 굴자 종렬이 전체 학생들을 모아 구령대에서 교련 선생의 불합리한 점에 대해 성토한 적도 있다. 그 교련 선생은 결국 쫓기듯 학교를 떠났다. 헤어지며 교련 선생이 종렬에게 "그동안 미안했다."고 사과했을 정도로 종렬은 기지와 의기가 엿보이는 10대 청소년으로 자라났다.

오종렬 하면 많은 이들이 장골이던 그 풍채를 떠올리지만 그가 어려서부터 단단한 체격을 지녔던 건 아니다. 물론 운동은 잘했다. 고등학교 때는 학교 대표 농구선수인 적도 있었다. 다른 학교들과 농구시합도 하고 연습에 매진했다.

그러던 중 종렬은 열악한 보건위생 탓에 1950년대 '한국사회 국민병'으로 불리던 폐결핵에 걸렸다. 결핵은 늑막염으로까지 번져 종렬은 말 그대로 '죽다 살아났다.' 투병생활 동안 살도 많이 빠지고 얼굴빛도 검게 변해 건장했던 몸은 거의 귀신 형국이 되어버렸다. 엎친 데 덮친

격으로 위궤양까지 겹쳐 종렬은 고교생활 동안 공부에 전념하지 못하고 병마와 싸우느라 악전고투 했다. 새벽이면 30분 넘게 도살장까지 걸어가 소 잡을 때 목에서 쏟아져 나오는 피를 받아 마셨다. 몸을 단련하기 위해 유도도 배웠다.

그렇게 몇 달을 고생한 끝에 병이 나았지만 농구선수 생활을 다시 하지는 못했다. 잃어버린 건강을 챙기느라 공부를 챙길 여유도 없었다. 공부를 손에서 놓으니 성적은 떨어지고 괜히 사회를 향한 불만만 쌓였다. 장래를 고민해야 할 시기에 방황만 했다.

고3때 증명사진. 종렬은 사관학교에 지원했다가 신원조회에 걸려 낙방해 진로를 바꿔야 했다.

방황하며 진로를 못 정하고 있는데 친한 친구가 "너랑 나랑 군인이 돼 우리 한번 세상을 멋지게 살아보자."며 사관학교에 같이 가자고 권했다. 종렬도 군인이 좋았다. 한국전쟁 이후 정치권력이 군으로 넘어가던 때였다. 군인은 선망 받는 직종으로 떠올랐고, 성공을 꿈꿨던 종렬에게도 군인은 매력 넘치는 직업이었다. 사관학교 시험까지 치렀다. 하지만 결과는 낙방이었다. 신원조회에 걸린 탓이다.

첫 번째 좌절을 겪고 종렬은 진로를 바꿔야 했다. 그제야 사범대에 마음이 끌렸다. 당시 사범대학은 2년제여서 빨리 사회에 나와 돈을 벌 수 있었다. 가난한 집안 살림에 보탬이 되길 바랐던 종렬이었다. 또, 학생들을 가르치는 교사는 역사에 기여할 수 있는 의미 있는 직업이기도 했다. 나중에 오종렬은 자신이 교사가 된 까닭을 이렇게 설명했다.

"독일통일의 주역도 한 교실에서 나왔단 말이지. 그런 큰 뜻을 품고 해볼 수 있는 것이 교사의 가장 큰 장점이지."

오종렬은 1959년 광주사범대학의 과학교육과에 입학한다. 2학년 때는 학생회장까지 했다. 학생선거가 끝난 뒤 선거 패배를 인정하지 않은 상대후보 진영에게 테러를 당하기도 했다. 이들은 길을 가던 종렬의 앞을 가로막은 뒤 뭔가를 덮어씌운 채 마구잡이로 두들겨 팼다. 그 일로 오종렬은 한동안 병원 신세를 지고야 말았다.

종렬이 학생회장을 맡은 1960년은 4·19혁명의 해였다. 대한민국 초대 대통령인 이승만은 52년 발췌 개헌, 54년 사사오입 개헌으로 헌법을 두 번 개정하면서까지 이미 세 차례 대통령직을 수행한 터였다. 그런데도 만족 못하고 60년 3·15부정선거 끝에 이승만이 제4대 대통령에

종렬의 대학시절. (오른쪽 첫 번째)

42　　　　　　　　1부　세상 앞으로

종렬은 광주사범대학 학생회장이었지만 밀착 감시하는 경찰 때문에 시위를 지휘하진 못했다.

당선되자 부정선거를 규탄하며 선거 무효와 자유당 정권 퇴진을 요구하는 시위가 전국에서 일어났다.

  이승만 자유당 정권에 대한 민중의 분노가 들끓던 상황에서 4월 11일 창원시 마산중앙부두 앞바다에서 마산상업고등학교 1학년 열여섯 살 김주열 군이 왼쪽 눈에 최루탄이 박힌 채 발견됐다. 3월 15일 마산에서 벌어진 부정선거 규탄 시위에서 행방불명된 지 27일 만이었다. 이 사건은 끓어오르던 분노를 국민이 폭발시키는 도화선이 됐다.

  전국에서 산발적으로 시위가 벌어졌다. 그러다 4월 18일 시위를 하고 집으로 향하던 고려대 학생들이 경찰의 비호를 받는 반공청년단 폭력배들로부터 무차별 테러를 당하는 일이 벌어졌다. 4월 19일, 전날 고려대생 수십 명이 큰 부상을 당한 데 격분한 수만 명의 대학생과 고등학생들이 거리로 쏟아져 나왔다. 시위대가 국회의사당에서 대통령 관저인 경무대로 향하자 경찰이 무차별 발포를 했다. 서울에서만 130여 명이 사망하는 등 엄청난 희생을 치렀다. 시위는 계속됐고, 4월 25일에는 전국 대학 교수단 300여 명이 '학생의 피에 보답하라.'는 구호를 내

걸고 국회까지 행진해 이승만 정부의 퇴진을 요구하는 시국선언문을 채택하기에 이르렀다. 결국 이승만은 4월 26일 하야 성명을 발표하고 경무대를 떠난다.

광주사범대학의 학생회장이었기에 오종렬은 누구보다 학생들을 이끌고 부정선거 규탄 시위 현장에 나가고 싶었다. 하지만 경찰이 가만두지 않았다. 생전 그때를 떠올리던 오종렬의 음성이다.

"정보과 형사가 직접 와 나를 밀착해서 감시했어. 학생들에게 영향력이 있으니까. 옆구리에 칼을 대듯이 은연중에 협박한 게, 우리집 내력이었지."

건국준비위원회와 인민위원회에서 활동했던 아버지와 외삼촌 등 가족들의 사회운동 이력들이 종렬의 발목을 잡았다. 결국 오종렬은 광주사대 학생들을 조직적으로는 동원하지 못하고 몇몇 친구들과 함께 4·19현장을 지키는 데 만족해야 했다.

7
1등 사수,
육군 오 하사

광주사범대를 졸업하고 1961년 5·16 군사정변이 일어나자 오종렬은 바로 군대에 징집된다. 논산에 있는 육군 제2훈련소에서 훈련을 받았는데 거기서 그대로 3년 동안 군 생활을 했다. 훈련을 마칠 때쯤 신체 건장한 훈련생들을 뽑는데 종렬도 뽑혔다. 따로 뽑아 좋은 데 보내주는 줄 알고 좋아했던 종렬이 간 곳은 훈련을 받았던 바로 그곳, 육군 제2훈련소였다. 그곳에서 경비병으로 복무했다.

좋기는커녕 경비병이야말로 골병드는 보직이었다. 툭하면 야간 순찰을 하니 밤잠을 못 잤다. 순찰 일정을 따라야 하니 밥도 제때 못 먹었다. 한번 먹을 때면 폭식을 하게 돼 위장이 많이 상했다. 계속 서 있고 돌아다니는 게 일이어서 관절도 심하게 망가졌다. 종렬은 "자기 결심 여하에 따라 군 생활도 황금보다 귀히 쓸 수 있었는데도 애를 못 삭여 식식대다 건강만 해치고 허송한 3년 세월이었다."고 군 시절을 회상했다.

아이러니하게 그런 군대에서 오종렬은 쾌속 진급을 했다. 같이 들어간 동기들이 일등병일 때 종렬은 상병을 달았고, 동기들이 상병이 될 때 그는 이미 병장이었다. 당시엔 장교가 부족해 일반 사병 중에서도 하사관을 뽑았다. 종렬 역시 주변의 권유로 시험을 쳐 하사관까지 됐다.

사격 훈련만 하면 백발백중인 1등 사수에다 훈련 때면 물불을 안 가리고 늘 앞장을 서니 장교로 등용된 건 자연스러운 수순이었다.

그는 장교로서도 훌륭했다. 취할 게 별로 없던 군대였지만 함께 했던 품 안의 전우들만큼은 큰 힘이 되었다. 군대에 있을 때 종렬은 조원들을 '애기들'이라고 불렀다. 이후에 학교에서 가르친 학생들이나 사회운동을 하면서 만난 후배들에게도 자주 '애기들'이라고 불렀는데 이때 입에 붙은 호칭이었다. '애기'라는 말엔 부모가 아이들을 대할 때처럼 애틋하고, 계속 돌봐주고 싶은 종렬의 마음이 깃들어 있다.

"그때 품 안에 전우들을 잊을 수가 없어. 애기들은 나에게 의지를 많이 했고, 나도 그 애기들에 대해 이상한 책임감이랄까. 그런 게 있었지."

종렬의 회상처럼 그 애기들은 아무 힘없는 같은 병사인데도 종렬을 많이 의지하고 따랐다. 그만큼 종렬도 애기들을 많이 챙겼다. 추운 겨울 날인 언젠가는 야간 근무를 설 조원들을 깨우러 갔다. 한 애기가 땀을 뻘뻘 흘리며 일어나지 못하고 있었다. 영하 10도보다 낮은 추운 날이어서 근무를 세우면 큰일 날 것 같았다. 종렬이 "앤 깨우지 마라."고 말한 뒤, 대신 근무를 서러 갔다. 그 바람에 동상까지 걸렸다. 근무를 서는 병사들은 털이 들어간 방한화를 신는데 반해 조장인 종렬은 일반 군화만 신고 있었던 탓이다. 동상과 맞바꾼 부대원 사랑이었다.

수십 년 뒤에도 논산훈련소 어디 철조망에 구멍이 뚫려 있었는지, 하수도가 어디로 뻗어있었는지가 머릿속 지도에 그대로 남아 있을 정도로 종렬은 훈련소 구석구석을 돌아다녔었다. 그 갈피마다 전우들과의 추억이 서려 있었다.

종렬이 제대하던 날, 그의 부대원들은 훈련소 정문까지 따라 나오며 눈물을 흘렸다. 대구에서 온 한 애기가 그때 인기를 끌었던 이어령의 에세이집 〈흙속에 저 바람 속에〉를 제대 선물로 전해주기도 했다. 그 책을 한동안 이사할 때면 계속 들고 다녔을 정도로 종렬에게 부대원들과의 추억은 강렬한 기억이었다.

추억은 소중하지만 군대생활을 한 3년 세월은 아깝다. 제대 뒤 종렬은 대구에 내려갔다가 고등학교 때 유도부 주장이던 선배를 만났다. 선배가 밥을 사주면서 한마디 했다.

훈련 받았던 육군 제2훈련소에서 경비병으로 3년을 보낸 종렬은 쾌속 진급으로 하사 계급까지 달았다.

"너는 이 자식아, 똑똑한 줄 알았는데 군대에서 그렇게 썩고 나오냐?"

그 얘기를 듣는데 충격이었다. '아, 똑똑한 놈들은 군대를 빠지는구나. 나만 머저리같이 군대에 가서 청춘을 바쳤구나.' 뭔가에 한대 얻어맞은 느낌이었다. 그때는 사범대생이면 2년6개월, 교사발령을 받았으면 2년만 군 생활을 했다. 그런데 종렬은 대학을 졸업하자마자 징집이 돼 3년을 거의 채우고 나온 것이다. 그것도 모두가 인정한 모범 병사로.

군대에 충성한 적은 없었지만 함께하는 '애기들'에 대한 책임감이 종렬을 모범병사로 만들었다. 그런 책임감도 없이 자신은 물론 자식들도 군대에 가지 않게 손쓰는 정치 모리배들이 있다. 나중에 사회운동을 할 때 그런 자들이 종렬을 향해 '빨갱이 대장'이라고 할 때면 오종렬은 쓴웃음을 지었다.

8
섬마을에서 시작한
교사생활

오종렬은 군을 제대하고 1년 동안 전국을 돌아다녔다. 직장도 없어 유람한 셈이다. 정처 없이 흘러 부산까지 넘어갔다. 성인이 되어 종렬이 처음 돈을 벌어본 게 그때다. 부산항에서 부두하역노동자로 일했다.

당시 나라에서 곡물을 엄청나게 수입해 와 부산항에 산처럼 쌓아놓고 있었다. 그걸 마대에 담아 어깨에 메고 배에서 내려 트럭에 실어주는 일을 했다. 20~40킬로그램씩 되는 시멘트 포대를 하루 10시간씩 나르다가 종렬은 극도로 쇠약해졌다.

돈도 없어 먹는 것도 시원찮은데다 군대에서 안 좋아진 관절에 더 큰 무리가 가니 견디기 어려웠던 게다. 나중에는 기어 다닐 정도로 무릎관절이 상해 결국 몇 달 만에 일을 그만둬야 했다. 부두노동자로서는 불명예 퇴역을 했지만 그래도 그때 노동의 참맛을 알았다.

힘없이 고향 광주로 돌아오니 먹고살 일이 걱정이었다. 그때 초등교사가 부족해 중등교사 자격증이 있으면 임시로 초등교사 자격증을 발급받아 초등학교로 갈 수 있었다. 오종렬도 그 방법을 택했고, 1965년 전라남도 고흥군 금산면에 있는 금산국민학교(초등학교) 익금분교에서 첫 교직생활을 시작한다.

행정지명으로는 금산면이었지만 지리상으로는 거금도였다. 그때는 우리나라에서 일곱 번째로 큰 섬이었다. 거금도 남쪽에 있는 익금리는 극심한 오지로 면 소재지나 중학교를 가려면 해발 500미터에 가까운 물목고개를 넘거나 배를 이용해야만 하는 두메 마을이었다.

발령을 받고 거금도에 도착한 오종렬은 땀을 뻘뻘 흘리며 땅고개를 넘고 다시 물목고개를 넘었다. 내려가다 풀을 베고 있는 아이들을 만났다. 아이들에게 길을 물으려고 했지만 아이들은 말도 붙이기 전에 쌩하니 달아났다. 종렬과 일행을 산에서 나무 베는 사람들을 감시하는 공무원으로 오해했던 탓이다.

거쳐 온 고개도 가파르고 험했는데 내려가는 산길도 경사가 급했다. 종렬은 산을 내려가다 "어떻게 사람을 이렇게 외진 데다 던져 버린다냐. 이거 할 수 있는 일이냐?"고 화를 냈다. 종렬을 인도하며 같이 간 친구 둘이 그를 달랬다. 이미 그 지역을 알고 있던 친구들은 종렬이 와락

익금 분교장 시절의 종렬(왼쪽 첫 번째)

8. 섬마을에서 시작한 교사생활

성질내고 돌아올까 봐 걱정되어 같이 왔던 것이다. 친구들이 하는 말을 듣고 걸어가며 종렬도 생각을 정리하려고 했지만 갈팡질팡하기만 했다.

'난 뭐 하러 가나. 밥 얻어먹으러 가나. 아니다. 난 절박하다. 손에 쥔 것 하나 없고, 기술도 없다. 그러니 가야만 한다.'

'상황은 힘들지만 그렇다고 아이들을 어떻게 대해야 할지도 모르잖은가. 그러면 갈 일이 아니잖은가. 교육이란 건 이렇게 해서는 안 된다. 갈 수 없다.'

나침반 바늘이 흔들리듯 생각이 엎치락뒤치락 하다가 결국 오종렬은 결심한다.

'2년만 하자. 2년만 부딪쳐 보고 정 안 되겠거든 그때 때려치우자.'

마음을 다잡고 내려가니 태평양 망망대해가 보이는 해안가에 익금분교가 있었다. 학교 건물도 변변치 않았다. 마을회관으로 쓰던 초가집을 빌려 학교로 쓰고 있었다. 전교생은 30명 남짓, 정교사는 종렬을 포함해 단 두 명뿐이었다. 그런 척박한 곳에 열의에 찬 스물다섯 살 초임교사가 분교장으로 부임한 것이다. 초가집 학교는 방이 세 개 있어 1~2학년, 3~4학년, 5~6학년 교실로 나눠 썼다. 종렬은 그중 1~2학년 담임을, 다른 교사 한 명이 5~6학년을 맡았다. 3~4학년은 학교에서 행정실무를 보는 간사가 맡기로 했다.

아이들이 예쁘기는 한데 어떻게 가르칠지는 도통 감이 안 왔다. 종렬은 갑자기 고등학교 때 일 하나가 떠올랐다. 엄마가 빳빳하게 풀을 먹여 다림질한 하얀 교복을 입고 학교에 갔다 오던 길이었다. 동네 골목길에서 공차기를 하던 아이들이 찬 공이 종렬 가슴에 딱 맞았다. 시궁창에 빠져 흙탕물이 잔뜩 묻은 공이었다. 더럽혀진 교복 셔츠를 보고

오른쪽 첫 번째 사람이 3~4학년 담임을 맡았던 행정 간사이자 나중에 결혼한 김평님의 큰오빠이고, 뒤편에 서 있는 사람이 종렬을 섬마을로 이끈 죽마고우 정석종 전 전남대 총장이다.

신경질이 날만도 한데 종렬은 달랐다.

'야, 우리 애들이 참 씩씩하고 힘차네.'

신기하게 아이들이 예쁘기만 했다. 집으로 돌아와 엄마한테 꾸중을 들으면서도 왜 화가 안 날까 이상했지만 그 아이들을 생각하니 웃음만 났다. 익금분교를 앞두고 그때를 회상하니 종렬은 자신이 누구인지 다시금 깨달았다.

'나는 아이들을 참말로 좋아하는 교사다. 햇병아리 교사지만 아이들을 사랑하는 그 마음이면 방법은 미숙해도 충분히 아이들을 가르칠 수 있을 것이다.'

전교생이 30명 남짓, 오종렬이 맡은 1,2학년은 열 명쯤이었다. 교육보다 보육을 하느라 바빴다. 학교 안 간다고 집에서 버티는 아이가 있으면 아이 집까지 쫓아가 쓰다듬고 둥개둥개 어르면서 업고 오곤 했다. 철철이 전염병이 돌면 또 바빠졌다. 봄철이면 아이들 사이에 안질이 돌았다. 두 고개 넘어 면 소재지에 있는 약국까지 가서 약을 사와 아이들에게 발라줬다. 바다까지 데려가서 바닷물로 눈을 씻겨 소독해주는 것도 잊지 않았다.

    그 아이들이 3,4학년이 되었다. 치약과 칫솔이 나오긴 했지만 아직 상용화되지 않던 때다. 아이들은 대부분 소금으로 양치를 했지만 그마저도 안 하는 아이들이 많았다. 치아가 까만 아이들을 신경 쓰던 종렬은 어느 날 아이들을 데리고 바닷가로 나갔다. 그러고선 아이들에게 바닷모래로 이를 닦게 했다. 그러자 아이들 이가 하얗게 변했다. 아이들은 서로 이를 가리키며 환하게 웃었다. 종렬이 과학 전공 교사여서 가능한 생활지도법이었다.

    또, 그땐 미국에서 원조를 받던 시대다. 학교로는 옥수숫가루와 분유가 배급되었다. 분유 포대를 복도에 쌓아뒀는데 남학생 몇몇이 몰래 포대에 작은 빨대를 꽂아 분유를 빨아먹었다. 아이들이 그 일을 계속할수록 작았던 구멍이 점점 커졌고 그 사이로 분유가 흘러내렸다. 길었던 꼬리가 잡혔고 종렬은 그 아이들을 불러내 크게 혼을 냈다. 혼을 내긴 했지만 마음에 걸렸다. 종렬은 큰 분유포대를 둘로 찢어 마음껏 먹으라고 아이들 앞에 내밀었다. 그러고선 당부의 말을 잊지 않았다.

    "자고로 사내들은 큰 배포와 배짱을 갖고 살아야 하는 법이다. 사나이가 이리 쩨쩨하게 살면 안 된다. 다들 알겠냐?"

학습을 손 놓지도 않았다. 저학년들은 읽고 쓰기를 중심으로 가르쳤다. 무조건 "읽어라" "써라."를 반복했다. 기역, 니은, 디귿부터 시작했다. 산수는 "1부터 10까지 써봐라."고 한 뒤, 다 익히면 11부터 20까지 쓰게 했다. 산수를 이렇게 해도 되나 걱정이 됐지만 우선 기초를 다지는 게 중요해 보였다.

    4학년 아이들과는 함께 매를 기른 적도 있다. 수업 중에 갑자기 새

한 마리가 유리창을 깨고 교실 안으로 들어왔다. 모두들 박살난 유리창을 신경 쓰느라 바닥에 기절해 있는 새를 챙기지 못했다. 종렬이 보니 매였다. 기절했던 매가 깨어나 멀뚱멀뚱 아이들을 바라보니 매를 가까이에서 처음 본 아이들은 난리가 났다.

아이들이 교실에서 새를 기르자고 떼를 썼다. 새를 기르면 교과서 공부로는 알 수 없는 산교육이 될 듯해 고민하던 종렬도 아이들 뜻에 따랐다. 곧바로 아이들은 교실 한쪽 구석에 매가 머물 수 있는 새장을 만들었다. 매는 빨리 부상에서 회복됐다. 문제는 매의 먹이를 조달하는 것이었다. 아이들은 개구리나 쥐를 잡아와 새장에 던졌다. 겨울을 앞두고는 큰 통에 고운 흙을 깔고 층층이 개구리를 놓고 억지로 일찍 겨울잠을 재웠다. 덕분에 겨울에도 매에게 싱싱한 먹잇감을 대줄 수 있었다.

그렇게 몇 달을 익금분교 학생들과 동고동락했던 매는 이듬해 봄에 아이들 곁을 떠났다. 먹이로 잡아왔던 쥐에서 이가 옮아 교실에 살충제를 뿌렸다가 변을 당한 것이다. 매를 땅에 묻고 매를 너무도 사랑했던 종렬과 아이들은 한동안 슬픔에 사로잡혔다. 슬픈 이별을 맞았지만 아이들은 종렬과 함께 살아있는 자연생태학습을 할 수 있어 많이 행복했다.

초보 교사이지만 분교장인 오종렬은 아이들 학습 외에도 신경 쓸 게 많았다. 무엇보다 빨리 마을회관 더부살이에서 벗어나야 했다. 마침 종렬이 부임하고 1년쯤 지나 정부 지원을 받을 기회를 얻어 학교 건물을 짓기 시작했다.

학교 짓기를 건축업자들에게만 맡기지 않았다. 업자들이 시멘트에 모래를 섞어 남겨먹지 못하도록 감독을 철저히 했다. 대신 종렬 역시 학교 일과가 끝나면 나무, 벽돌 들을 나르며 인부들과 똑같이 일했다. 학생들과 동네 주민들도 자기 일처럼 학교 건물 짓기를 도왔다. 근처 섬인 금장마을에서 벽돌을 찍어 배로 실어오면 다 같이 배에서 벽돌을 내렸다. 내린 벽돌을 학교까지 가져 와 한 장씩 한 장씩 쌓아 건물을 올렸다.

모두가 합심한 끝에 2년여 만에 익금 동네 중앙에 익금분교 건물과 사택이 세워졌다. 몇 집 빼고는 대부분 초가집이었던 익금마을에 슬레이트 지붕에 시멘트 건물이 들어선 걸 익금마을 주민들 모두가 자랑스러워했다. 오종렬은 아이들을 데리고 근처 형제섬 허우도에 가서 동백나무를 캐와 학교 곳곳에 심었다. 주민들의 사랑 속에 학교가 잘 자리 잡고 아이들도 나무처럼 단단하게 성장하길 바라면서……. 그 동백나무가 50년이 지난 지금은 성인이 두 팔을 벌려도 안지 못하고, 학교건물을 다 덮을 정도로 자랐다.

새로 지은 건물에서 5~6학년 담임을 맡았을 땐 아이들 기상을 높이는 일에도 힘썼다. 종렬은 아이들을 데리고 거금도에서 가장 높은 적대봉에 오르는 등산을 계획했다. 해발 592미터인 산으로 성인들이 넘기엔 그리 어렵지 않지만 초등학생들에게는 아주 높은 산이었다. 게다가 익금마을에서 가려면 큰 고개 두 개를 넘고 마지막에 적대봉에 이르는 결코 만만치 않은 등산코스였다.

아이들은 땀을 뻘뻘 흘리며 종렬이 이끄는 대로 따라갔다. 도중에 한 아이는 코피를 흘리기까지 했다. 힘든 길이었지만 아이들은 포기하지 않았고 마침내 모두 정상에 올랐다. 정상에는 먼저 적대봉을 다녀간 이들이 남긴 이름과 낙서들이 많았다. 그들과 달리 종렬과 아이들은 아무것도 남기지 않았다. 따로 흔적을 남기지 않아도 익금분교 학생들 마음엔 더 커다란 것이 담겼다. 힘들어하는 친구 손을 끌어주고, 중간에 포기하고 싶은 마음을 눌러가며 다 같이 끝까지 올랐던 추억이었다. 학생들은 그 뒤 인생을 살아가며 어려운 고비가 있을 때마다 5학년 때 적대봉에 올랐던 그날 등산을 떠올렸다.

고등학교 때 건강을 잃으면 모든 걸 잃는다는 걸 몸소 겪었던 오종렬은 아이들의 체력을 키우는 일은 특히 신경 썼다. 바닷가를 끼고 있는 마을이어서 날이 더워지면 아이들을 데리고 나가 수영을 가르쳤다. 반 아이들 모두가 참여하는 오종렬 배 수영대회를 열기도 했다.

곱고 하얀 모래가 깔려 있는 천연씨름장인 백사장에서는 아이들에게 씨름을 가르치기도 했다. 종렬이 워낙 열과 성을 다해 씨름을 가르치니 씨름에 소질이 있든 없든 아이들 모두가 씨름을 좋아하게 되었다. 종렬은 직접 거금도 씨름대회에 나가기도 했다. 씨름대회에서 1등을 해 모든 교실에 커튼을 달겠다고 아이들에게 공약을 내걸었지만 결과는 3등으로 만족해야 했다. 그 아쉬움은 그의 제자들이 풀어줬다. 익금분교 2회 졸업생들 셋이 거금도가 속한 고흥군 씨름대회에 나가 우승을 했다. 그 이듬해는 3회 졸업생인 노성국도 같은 대회에서 우승을 했다. 노성국의 재능을 알아본 사람도 오종렬이었다. 체육시간에 성국을 눈여겨 본 종렬은 성국의 실력이 그냥 썩히기엔 아깝다고 생각했다. 수소문해 근처 연홍도에 사는 씨름선수 집을 알아내 성국과 함께 20리 길을 걸어 배를 타고 찾아갔다. 덕분에 고급 씨름기술을 배운 노성국은 고흥군 대회뿐 아니라 각종 체육대회에서 금메달을 딸 수 있었다.

학습부터 생활, 건강까지 챙기는 선생님이었기에 익금분교 학생들에게 20대 젊은 교사, 오종렬은 삼촌 같은 스승이었다. 친근했고 위엄도

넘쳤다. 졸업하고도 학생들은 자주 종렬을 만나러 익금분교를 찾았다. 어느 날, 중학생이 된 한 졸업생이 찾아와 종렬이 담임을 맡은 교실에 들어섰다. 칠판 옆에 반훈이 걸려 있었다. '오르지 못할 나무도 쳐다보며 삽시다.' 익숙했던 속담을 반대로 써 반훈으로 삼은 데 놀랐다. 후배가 반훈을 정하던 날 오종렬이 했던 이야기를 전해줬다.

"우리 속담 중에 잘못된 속담이 하나 있는데 바로 '오르지 못할 나무는 쳐다보지도 말라.'다. 학생들은 오르지 못할 어떤 것이라도 쳐다보며 그것을 점령하기 위해 노력하라."

종렬의 가르침 덕분에 익금분교 졸업생들은 사회에 나와서도 불가능할 것 같다고 포기하기보다 도전하면서 살았다. 또, 종렬이 늘 강조했던 "착하게 살자."를 실천하기 위해서도 애썼다. 안일한 불의의 길보다 험난한 정의의 길을 가르쳤던 그 선생님의 그 제자들처럼.

9
섬 처녀와 결혼한 섬마을 선생님

거금도는 오종렬에게 잊지 못할 섬이다. 첫부임지이기도 했지만 아내가 된 김평님을 만난 곳이기도 하다. 오다가다 한 번씩 봤던 동네 처녀였다. 그런 평님을 미래의 각시로 염두에 두고 보기 시작한 건 동창에게서 평님의 이야기를 들은 뒤부터였다. 학교 건물을 지을 때 같이 일을 한 건축업자 아들이 평님의 초등학교 동창이었다.

어느 날 평님이 학교 공사현장을 지나갔다. 그 아들이 평님을 가리키며 "저기 저 처자가 우리들하고 상대가 안 되게 머리가 뛰어나다."고 종렬에게 말했다. 작은 어촌동네에서는 초등학교를 나온 남자들도 몇 명 없었다. 그런데 평님은 또래 중 유일하게 초등학교를 졸업한 여성이었다.

집에서 15리나 떨어진 초등학교에 다녔다. 똑똑해서 공부도 잘했단다. 교장 선생님이 직접 집까지 찾아와 평님의 부모님께 "성적이 좋은데 왜 진학을 안 시키려고 하느냐?"며 평님을 중학교에 보내라고 설득할 정도로. 하지만 그때만 해도 "여자가 많이 배워서 뭐 하냐?"라는 생각이 강했다. 살림이 넉넉했음에도 평님의 부모는 평님을 상급학교로 보내지 않았다고 한다.

고향 친구들 사이에서 평님이 '신용길'로 불린다는 이야기도 들었다. 마음이 좋고 신용이 있다고 붙은 별명이란다. 그런 말들을 듣고 종렬은 평님을 유심히 지켜봤다.

죽마고우로 거금도에 살던 친구, 정석종의 집에서도 평님과 몇 번 마주쳤다. 정석종이 평님의 외가 친척과 친구여서 평님이 그 집에 가서 책을 빌려와 읽었기 때문이다. 그렇게 안면을 튼 뒤, 종렬은 평님 집에 식사 초대를 받기도 했다. 평님의 큰오빠는 익금분교에서 행정실무를 맡으며 부족한 교사를 대신해 3~4학년 담임도 겸한 간사였다. 평님의 아버지 또한 익금분교 육성회장이어서 학교 교사들을 잘 챙겼다.

젊은 시절의 김평님

집안을 오가며 평님 가족에 대해서 더 속속들이 알게 됐다. 평님의 큰오빠는 동네에서 거의 유일하게 고등학교를 나온 인재였다. 평님에게서도 오빠와 같은 총명함이 느껴졌다. 평님이 종렬의 잘못을 지적하며 조목조목 따진 적도 있었다.

"몸가짐이 지나칠 정도로 꼿꼿해. 부지런하고. 그러면 되겠다 했지. 그렇게 보니까 딱 이성으로 보이더라고."

인생을 회고할 때 종렬은 그때 느꼈던 평님의 인상을 이렇게 설명하며 덧붙였다.

"평님을 보면 바닷물이 계속 연상됐어. 내가 바다를 엄청나게 좋아하거든. 어렸을 때 배를 타고 완도를 가다가 바다가 좋아 배에서 그냥 뛰어든 적도 있었지. 거금도에서도 바다가 그렇게 좋았어. 일과만 끝나면 바다에 뛰어들곤 했지. 심리·정서적으로 나에겐 바다가 중요했어. 맑고 푸른 바다. 평님에게서 그 바다를 느꼈고······."

익금마을 앞 바다는 에메랄드빛 바다로 유명했다. 육지에서 온 한 선비가 배를 타고 섬에 가다가 물이 하도 맑고 고와 옷고름을 바다에 넣어봤더니 고운 물이 들었다는 이야기가 전해지는 바다였다. 종렬은 평님에게서 그러한 때 묻지 않은 깨끗함과 푸름을 봤던 게다. 당시 종렬은 일기장에 '평님이는 정녕 내 뒤를 따르려나. 나는 힘든 길을 갈 텐데 웃으면서 따라올 수 있으려나.'라며 평님을 향한 마음을 기록하기도 했다.

평님도 뭍에서 온 종렬을 유심히 봤다. 운동장에서 아이들 이름을 부르면 앞산에서 메아리가 칠 정도로 목소리가 우렁찬 '오 선생님'이 남달라 보였다. 마을에서 오가며 마주칠 때마다 서로 호감을 표했다.

평님에게서도 좋은 감정을 느낀 종렬이 바로 어머니께 마음에 드는 처자가 있다고, 섬에 한번 다녀가시라는 연락을 드렸다. 얼마 뒤 광주에서 종렬의 어머니, 박성노가 거금도를 찾았다. 종렬과 종렬의 어머니, 평님과 평님의 어머니가 평님네 대청마루에 마주앉아 이야기를 나눴다.

종렬은 어머니께 평님을 소개하며 평님의 손을 딱 잡았다. 바로 "우리 결혼하렵니다."라고 말했다. 종렬의 어머니 박성노는 아들의 낯선 모습에 놀라 얼떨결에 결혼을 승낙했다. 연애를 시작도 하기 전에 양가부터 만나는 이상한 순서였지만 교제를 하면 당연히 결혼을 한다고 생각했던 종렬에겐 당연한 순서였다. 벌써 일흔이 넘은 어머니께 결혼 걱정은 마시라고 안심시켜 드리고 싶은 마음도 컸다. 그날부터 종렬과 평님은 짧은 연애를 시작했다. 평님이 그때를 떠올렸다.

"인연이 되려고 했나. 오 선생님이 꿈에 보였어. 만날 체크무늬 티셔츠에 넥타이를 매고 다니셨는데 그 모습 그대로 꿈에 나오더라고. 둘이 같이 모래사장에 가서 내가 읽은 책을 이야기해주면 선생님이 미소 지으며 고개를 끄덕이곤 하셨지."

평님이 산에 있으면 퇴근하고 와서 손 뒤에 감춰둔 떡을 쑥스러운 듯 내밀던 종렬은 우람한 체격과 달리 평님 앞에서는 수줍음 많은 애인이었다. 평님도 그 모습이 좋아 점점 그에게 빠져들었다.

교사가 되고 종렬은 월급을 받으면 자기 생활비는 최소한만 쓰고 나머지는 어머니께 모두 맡겼다. 따로 계도 하나 들었다. 넷째누나 오득희를 위한 거였다. 열여섯 살부터 공장에 다니며 종렬의 학비와 가족 생계비를 대온 누나에게 작게나마 고마움을 표하고 싶었기 때문이다.

공장에서 일하다가 폐가 나빠져 병원에 입원도 했던 누나, 그러면서도 종렬이 사범대학에 합격하고 교사가 됐을 때는 누구보다 기뻐한 누나다. 종렬은 자신은 하고 싶은 공부도 못했으면서도 "우리 동생 공부 뒷바라지한다고 일가친척들한테 오득희 이름 팔팔 날리네."라며 웃던 득희 누나의 얼굴을 잊지 않고 있었다. 곗돈을 타서 어머니께 "이 돈은 누나한테 쓰시오." 하고 내밀었다.

박성노가 종렬의 말을 전하며 돈을 내밀었지만 오득희는 동생 마음만 받았다. "어머니, 이건 내가 안 받을랑께 종렬이 결혼 준비를 하시오." 종렬이 어머니께 결혼하고 싶은 아가씨를 소개했다는 얘기를 들었던 오득희는 그 돈을 받을 수 없었던 것이다. 결국 종렬은 넷째 누나에게 중학교 때부터 결혼까지 큰 은혜를 입었다. 그 마음의 빚은 잊지 않았다. 나중에 오득희가 결혼해 낳은 아들이 대학교에 갈 때 종렬은 박봉을 쪼개 등록금을 한 번 내줬다.

차근차근 준비했던 결혼식이 드디어 다가왔다. 1966년 11월 17일, 익금마을이 온통 들썩였다. 섬마을 처녀가 섬마을 선생을 맞아 혼례를 올린 날이다. 늦가을인데도 남쪽 지역이어서 날이 따뜻했다. 나비와 벌이 축복한다는 듯 결혼식장 주변을 날아다녔다. 온 마을 사람들 앞에서 식을 올렸다.

◀▲ 혼례를 올린 종렬과 평님. 결혼선물로 받은 양은 냄비와 주전자들을 잔칫상 앞에 두고 기념사진을 찍었다.

▼ 결혼식 가족사진. 종렬 왼쪽으로 어머니와 아버지가 서고, 신부 평님 오른쪽으로 장모 김모방덕과 장인 김수열이 섰다.

 섬 처녀 평님은 한복을 곱게 차려입고 섬마을 선생 종렬은 검정 양복에 넥타이를 단정하게 맸다. 신랑은 사모관대에, 신부는 원삼 족두리를 하는 보통의 전통혼례 복장은 아니었다. 종렬은 "고문관 같다."고 신랑 한복인 사모관대 입기를 한사코 거부했다. 평님에게도 동네에서 결혼 때 돌려쓰던 족두리를 "남이 썼던 거"라며 쓰지 말라고 했다. 그

만큼 깐깐하게 챙긴 결혼식이었다.

당시 전라남도고흥교육지원청 교육장이 섬까지 와 주례를 서줬다. 마을 잔칫날보다 더 왁자지껄한 결혼식이었다. 섬마을 주민들이 '잘 먹고 잘 살라.'며 결혼선물로 한 아름 안겼던 양은냄비와 주전자들을 앞에 두고 결혼사진도 찍었다.

종렬과 평님이 결혼식을 올리고 며칠 뒤 가수 이미자가 '섬마을 선생님'이라는 노래를 발표해 큰 인기를 얻었다. 1966년 방송된 KBS 라디오 드라마 〈섬마을 선생님〉과 1967년에 개봉한 영화 〈섬마을 선생〉도 큰 흥행을 거뒀다. 꼭 종렬과 평님의 이야기를 담은 듯한 작품들을 두 사람은 흐뭇한 마음으로 바라봤다. 비록 원조 '섬마을 선생님'으로서 로열티 한 푼 못 받았지만 그 뒤로 오종렬과 김평님의 애창곡은 이미자의 '섬마을 선생님'이 차지했다.

> 해당화 피고지는 섬마을에
> 철새따라 찾아온 총각선생님
> 열아홉살 섬색시가 순정을 바쳐
> 사랑한 그 이름은 총각선생님
> 서울엘랑 가지를 마오 가지를 마오
>
> 구름도 쫓겨가는 섬마을에
> 무엇하러 왔는가 총각선생님
> 그리움이 별처럼 쌓이는 바닷가에
> 시름을 달래보는 총각선생님
> 서울엘랑 가지를 마오 떠나지 마오
>
> ― 가요 '섬마을 선생님' 가사

그렇게 53년을 오종렬과 김평님은 인생의 동반자이자 운동의 동지로 함께했다. 그야말로 찰떡궁합이었다.

10
쌍봉 마을에서 태어난 쌍둥이

결혼한 다음해 평님은 쌍둥이 정규와 창규를 낳았다. 태몽도 또렷이 기억한다. 동동동 발동선 소리가 나는 바다에 배가 많았다. 세일러 복을 입은 예닐곱쯤 되는 아이 둘이 나란히 서 있었다. 둘이서 교통경찰인 양 호루라기를 부니 신호에 따라 배들이 움직였다. 꿈을 꾸고 일어난 평님은 남편 종렬에게 "쌍둥이를 낳으려나 보다. 옷을 두 벌 해놓자."고 말했다. 말은 그렇게 했어도 진짜 쌍둥이가 나올까 반신반의했다. 섬마을에서는 산부인과에 갈 엄두도 못 내던 때여서 우선 이불, 베개는 하나씩 준비해 놓은 채 출산일만 기다렸다.

임신을 하고서도 산으로, 바다로 다니며 집안일을 챙겼던 생활력 강한 평님은 아이들이 태어난 날도 마찬가지였다. 출산예정일을 잘못 계산해 한 달은 더 남은 줄 알고 평소처럼 움직였다. 바닷가에 나가 홍합, 톳 들을 따와 밥을 짓고 아침 10시에 산에 가서 땔감으로 쓸 갈퀴나무들을 긁어다가 주워왔다.

집에 오자 산에서부터 느껴졌던 진통이 심해져 움직이기 힘들어졌다. 급하게 가까이에 살던 둘째 오빠의 올케언니를 불러 무사히 아이를 낳을 수 있었다. 긴가민가하던 태몽 그대로 쌍둥이였다. 산에서 내려와 2시간도 안 돼 쌍둥이가 태어났으니 자칫 잘못했으면 산에서 아이들을 낳을 뻔했다. 학교에 있던 오종렬도 사택으로 뛰어와 가위를 소독해 아이들 탯줄을 잘랐다. 아들이 귀한 집안에서 한꺼번에 아들을 둘이나 낳았으니 종렬의 입이 찢어졌다. 마침 월급날인 5월 17일이었다. 부족한 기저귓감과 모기장 들을 사기 위해 바삐 5일장으로 향했다. 가면서 종렬은 쌍봉이 있는 뒷산을 향해 소리쳤다.

"우리도 쌍둥이 났어요. 고추가 둘이여요!"

장에 도착해 아가들에게 필요한 기저귀감, 이불감, 모기장 들을 사면서 미역과 돼지 족도 샀다. 아이들 낳느라 고생한 아내 평님에게 그렇게라도 마음을 전하고 싶었다.

쌍둥이는 어렸을 적엔 동네에서 알아주는 말썽꾸러기들이었다. 더 커 대학에 들어가서는 학생운동을 했다. 할아버지 오정근의 영향이 컸다. 오정근은 손자들이 세상을 올바르게 보길 바라며 세상 돌아가는 이야기를 곧잘 했다.

초등학교를 졸업할 무렵부터 첫째와 둘째인 쌍둥이 정규·창규는 이미 학교에서 배우던 것과는 다른 진실을 접했다. 이승만이 얼마나 친일과 친미를 하고 독립운동가들을 죽였는지, 박정희 정권이 얼마나 폭압적인지를 알게 됐다. 학교 선생님 말씀보다 할아버지 말씀이 더 귀에 들어왔다. 민족 모순, 분단 모순이 무엇인지도 차츰 깨우쳐갔다.

정규·창규가 접한 이념교육의 시작은 할아버지였던 셈이다. 오종렬은 살벌한 시절에 이념 이야기를 하면 집안이 잘못될 수도 있다는 걸 알았기에 아이들 입단속을 하기에 바빴다.

11
섬만 전전하다
광주로

종렬은 줄탁동시(啐啄同時)란 말을 좋아했다. 병아리가 알에서 깨어나기 위해서는 알껍데기를 안에선 병아리가 톡톡 치고 밖에선 어미 닭이 쪼아야 한다는 그 말이 꼭 교사의 역할을 말하는 것 같아서다. 섬마을 선생님으로 애는 썼지만 종렬은 자신이 과연 어미 닭 노릇을 잘하고 있는지 날이 갈수록 의심이 들었다.

'애기들이 알 속에서 어느 정도 성장을 하면 나오겠다고 신호를 보낼 텐데 내가 그걸 감지할 수 있을까? 밖에서 쪼아줄 능력이 있는가?'

'이건 아니구나. 내가 아이들한테 큰 죄를 짓고 있구나.' 스스로에게 물을수록 초등교사로서 부족하다는 답만 나왔다. 섬마을에 부임한 지 3년여 만에 중등교사 시험을 봤다. 합격하자마자 바로 전라남도 고흥군에 있는 포두중학교로 발령이 났다. 거기서 세 달여 만에 다시 전라남도 신안군 암태면에 있는 암태중학교로 전근을 간다. 쌍둥이가 돌을 막 넘겼을 때다.

암태면에 있는 암태도는 일제 때 소작쟁의의 상징과 같은 곳이었다. 1920년대 총독부는 쌀값을 낮추는 저미가정책을 펼친다. 암태도 땅의 상당부분을 소유하고 있던 친일지주 문재철은 소작료를 보통 5할에서 7~8할까지 올린다. 1년 고생해 농사짓고 추수를 해도 소작인들이 손에 쥐는 건 없었다. 암태도 소작인들은 1923년 8월, 독립운동가 서태석을 중심으로 암태소작인회를 조직해 문재철에게 소작료를 낮추라고 요구한다. 소작인회 요구를 거부한 문재철은 목포경찰서에서 일본경찰을 동원했다. 소작인들을 개별로 회유, 협박하며 소작료를 징수하려고 했지만 소작인회는 흔들리지 않았다.

투쟁은 해를 넘겨서도 계속됐다. 지주측과의 충돌로 소작인 50여 명이 잡혀가자 뒤에 있던 암태청년회, 암태부인회까지 나서 암태도 전 주민의 일로 확대된다. 또, 소식을 들은 전국 각계각층에서 지원 강연회와 지원금 모금활동들이 쏟아진다. 그러자 일제는 서둘러 중재에 나선다. 마침내 1924년 8월 30일, '지주 문재철과 소작인회 간의 소작료는 4할로 약정하고, 지주는 소작인회에 일금 2,000원을 기부한다.' 등을 담은 합의안을 이끌어낸다. 1년여 투쟁 끝에 얻은 승리였다. 암태도의 투쟁은 전라남도 지방, 특히 서해안 도서지방 소작쟁의를 비롯해 전국에 영향을 미친다.*

이처럼 농민들의 역사가 서린 암태도로 전근을 온 뒤 오종렬은 틈날 때마다 서태석 선생과 소작인들이 싸웠던 곳들을 돌아다녔다. 곳곳에 현지인 선생님들이 많았다. 나이 많은 어르신들에게 "여기가 뭐였소?" 하고 물으면 술술 농민들의 피·땀이 서린 이야기들이 흘러나왔다. 투쟁이 벌어진 바로 그 자리에서 스스로를 교양하고 갈고닦는 시간이었다.

그렇게 암태중학교에서 10개월을 보낸 뒤 종렬은 전라남도 진도군에 있는 고성중학교로 다시 발령이 났다. 이번에도 섬이었다. 울화가

---

* 조동걸, 『일제하한국농민운동사』, 한길사, 1979.
  권두영, 『한국근대사론』Ⅲ 중 「일제하의 한국농민운동」, 지식산업사, 1977.

섬을 전전하긴 했지만 종렬은 학생들에게 인기가 많은 선생님이었다.

터지고 반감이 들었다.

"처진 놈, 밉보인 놈, 돈 안 갖다 준 놈들은 맨 섬으로만 돌고 돌아야 하는가?"

종렬은 화가 나 장학사한테 찾아가 따지려다가 말았다. 대신 학생들을 더 예뻐했다. '왜 섬사람들은 소외되고 천대받아야 하는가?'라는 회의와 반감이 역으로 학생들, 지역 주민들과 더 살갑게 지내도록 만들었다. 학생들이 공부를 안 하려고 하면 더 맹렬하게 혼을 내고 닦달했다.

"사람들이 자꾸 섬 것들, 섬 것들이라고 하는데 이런 얘기는 안 들어야 하지 않겠냐. 너그들도 야심을 갖고 살아야 한다."

애정을 쏟으려 했지만 암태중학교에서도 1년을 넘기지 못했다. 10개월여 만에 다시 진도 고성중학교로 발령이 났다. 거기서 3년여를 보냈다. 어디든 가면 아이들에게 온 정성을 쏟았지만 계속 벽지만 도는 교사생활에 회의가 들었다. 다른 길을 찾으려고 했다.

1960년대 말 가뭄이 크게 들자 박정희 정부는 지하수개발에 총력

11. 섬만 전전하다 광주로

을 기울였다. 관련 전문가들도 육성한다고 해 종렬은 그쪽 분야로 시선을 돌렸다. 과학교육을 전공하긴 했지만 지질학 관련 전문지식을 알지는 못했다. 책을 사다 어려운 한자는 시골 할아버지들께 물어가며 퇴근 후에 혼자서 공부를 했다. 어느 정도 지식을 쌓고 자격증 시험을 봐도 괜찮겠다고 마음을 놓았는데 갑자기 그 정책이 폐기됐다. 몇 달간 노력이 물거품이 돼 낙담하던 차에 또 다른 길을 발견했다.

지구과학교사 자격시험을 본다는 공지가 떴던 것이다. 대학에 지구과학전공이 따로 없어 교사가 부족하던 때였다. 종렬은 바로 공부에 돌입했다. 자격증 시험 준비하며 공부했던 지질학 지식들과 사범대에서 배웠던 과학지식들을 정리하며 공부했다. 시험문제가 논술고사 형식이어서 어려서부터 글쓰기에 자신 있었던 종렬은 공부하기가 수월했다. 게다가 시험날 시험장에서 만난 문제들은 답이 눈에 훤히 그려지는, 공부했던 문제들이 많았다. 종렬은 쓱쓱 답지를 채워갔고 최고점수로 자격시험을 통과한다.

시험결과가 발표되자 전국에서 종렬을 초빙하려는 연락이 왔다. 종렬이 몸담고 있던 전라남도 교육청에서는 1등 합격자가 다른 지역으로 가는 걸 원치 않았다. 마침 새 장학사가 중학교 1학년 때 종렬을 가르친 선생님이었다. 종렬을 기억하고 있던 장학사가 종렬을 불렀다. 장학사가 발령에 대해 운을 떼자 종렬이 불만을 털어놓았다.

"왜 나는 섬만 빙빙 돌아야 합니까? 저도 광주로 오고 싶습니다."

그러자 옛 스승이자 현 장학사가 말했다.

"자네는 학생들이 인정하더군. 공부 가르치는 것이나 학생들한테 하는 것이나 훌륭하다고. 그런데 공무원은 그것만으로는 안 되는 것이네. 상사가 말하면 들을 줄도 알아야 하는데 자네는 그게 안 돼. 그래서는 출세할 수 없을 게야."

 옛 스승은 애정으로 한 말일 테지만 종렬의 귀에는 들어오지 않았다. 오히려 거부감이 들었다. 삐딱한 반응을 보였는데도 장학사는 종렬을 끌어주려고 했다. 진도 촌구석에서 끄집어내 순천고등학교로 발령을 내줬다. 당시 순천고는 입시명문으로 유명했다. 면과 리만 돌던 종렬이 드디어 시에 있는 학교로 갈 길이 튼 셈이다.

 종렬은 맘껏 좋아할 수 없었다. 마음에 걸리는 사람이 한 명 있었다. 발령이 나기 얼마 전에 만난 전남고등학교 강요한 교장이었다.

 전남고는 전남방직주식회사가 1966년에 세운 사립학교로 신생학교였다. 전남방직 설립자는 김무성 전 미래통합당(현 국민의힘) 의원의 아버지인 김용주였다. 친일 의혹이 있던 김용주는 학교를 지은 뒤 학교 운영 전권을 강요한 교장에게 위임했다.

 강요한 선생은 전남 교육계에서 두루 존경받는 교육자로, 그는 전남고 교장을 맡고선 좋은 교사들을 끌어 모으는 일부터 했다. 지인들로부터 전남고에서 적극적으로 교사들을 영입하고 있다는 소식을 듣고 오종렬은 강요한 교장을 찾아갔다. 교장실에 들어서자 두루마기를 차려입은 강요한 교장이 손수 차를 내왔다. 몇 마디 안 했지만 종렬은 생각했다.

 '내가 애기들한테만 잘해주지, 교육이나 행정질서는 등한시하고 너무 거칠지 않은가. 저분한테 교육을 좀 받아야겠다.'

 강요한 교장에게선 '인간존중' 교육관이 느껴졌다. 당시 많은 교사들처럼 체벌이라는 미명 하에 학생들을 구타하고 무조건 성적이나 올리며 촌지나 받으려는 선생으로는 안 보였다. 특히 강요한 교장이 알려준 전남고의 생활목표가 마음에 들었다. '오늘도 창의와 협동으로 새 역사를 창조하자.' 그 말을 듣자 종렬은 그동안 자신이 추구해 온 가치가 바로 그와 같았음을 깨달았다.

　자주성, 창조성, 공동체성. 그 이상을 쫓는 학교가 자신을 원하고 있음이 기뻤다. 강요한 교장도 종렬이 마음에 들었는지 교사 자격증을 내놔 보라고 하더니 딱 압수해버렸다. 그날로 전남고로 오겠다는 약속을 하고 헤어졌었다. 그랬는데 지금 순천고로 가면 어떻게 되는가. 종렬이 장학사에게 고민을 털어놓았다. 장학사가 전남고로 가는 걸 만류했다.

　"이 사람아, 거기는 사립학교이잖은가. 월급은 좀 많겠지만 누가 정년을 보장해준단 말인가."

　맞는 말이었다. 사립학교는 공립학교만큼 정년이나 정년 후 연금 등이 안정되지 않았다. 몇몇 비리문제가 있는 사립학교도 많았다. 그런데도 고지식한 오종렬은 약속을 택했다. 약속을 해놓고 그걸 지키지 않는 건 오종렬 인생관과 맞지 않았던 터다.

　결국 종렬이 전남고로 갔다는 소식을 듣고 그의 스승이었던 장학사는 한동안 안타까워했다. 주변 교육 관료들에게도 "강요한 교장이 장래가 총망한 참 아까운 사람을 데려갔다."는 이야기를 여러 번 전했다. 장학사 연줄로 충분히 교육계에서 쉽게 자리 잡을 수 있는 기회도 뿌리친 채 오종렬은 1971년 전남고등학교로 향했다. 전해 태어난 셋째 명규가 백일 좀 넘었을 때다. 막내 동규는 광주에 온 지 1년 후인 1972년에 태어났다.

12
교직생활의 전성기, 전남고에서

오종렬은 전남고에서 71년부터 81년까지 11년을 근무했다. 전남고 4기부터 16기 학생들이 종렬에게 과학을 배웠다. 범 같은 선생이 새끼 호랑이들을 키우듯 제자들을 가르쳤다. 담당인 지구과학시간에 들어가면 조는 학생들이 없었다. 워낙 목소리가 울림이 있고 우렁차서 교실에서 말을 하면 운동장에서도 들릴 정도였다. 지구 자전을 설명할 때면 교탁을 한 바퀴 빙그르 돌렸다가 쿵 떨어뜨렸다. 깜짝 깜짝 놀란 학생들은 졸 틈이 없었다.

"오종렬 선생님 강의는 잠이 안 왔어요. 기골이 장대한 풍채나 내공 있는 목소리까지. 그냥 크기만 한 게 아니라 인격과 가슴에서 우러나오는 목소리였습니다. 그런 목소리와 분위기 속에서 선생님께서 진지하게 수업을 하시는데 잠이 오겠어요? 쫑긋하지."(최경주, 전남고 11기)

교과서도 없이 수업에 들어가는 날이 많았다. 교과 내용이 모두 머릿속에 있었기 때문이다. 분필 하나만 들고 들어가 칠판에 일필휘지로 그날 배울 내용을 판서했다. 워낙 내용 정리를 잘해 종렬이 칠판에 쓴 내용만 잘 익히면 과학시험은 걱정할 게 없었다. 잡다한 사설 없이 핵심만 설명하니 이해도 잘됐다.

단순히 과목 선생을 넘어 아이들 삶 깊숙이 파고드는 스승이길 원했다. 그만큼 학생들을 가르치는 일에 큰 사명감을 지닌 종렬이었다. '내가 이 아이들에게 정성과 사랑을 쏟으면 이 아이들에 의해 사회는 민주화되고 나라는 통일될 것이다.'는 마음으로 아이들을 대했다. 미래의 주역을 키워낸다는 건 교육자가 가질 수 있는 소박하면서도 또 가장 큰 야심이었다. 종렬은 독일 통일의 주역들도 한 교실에서 나왔다는 사실을 잊지 않았다. 학교라는 작은 공간에서 위대한 꿈을 잉태할 수 있다고 교사 오종렬은 굳게 믿었다.

아이들에게 집중하니 종렬에겐 출석부가 필요 없었다. 몇 학년 몇 반 몇 번이 누구며, 어느 동네 어느 골목에 사는지까지 머릿속에 다 들어있었다. 한 반 학생이 60명 안팎이던 시절. 공부를 잘하거나 반장인 아이들 빼고는 학생들 이름을 몰라 번호로 부르는 담임들도 많았다. 담임도 아닌 과목 선생님이 이름을 불러주니 종렬에게 고마움을 느끼는 학생들이 많았다. 학비를 못 내는 학생이 있으면 없는 살림을 짜내 학비를 대주기도 하던 종렬은 고마운 선생이었다.

그렇다고 학생들에게 종렬이 늘 좋은 선생님이었던 건 아니다. 가끔 땡땡이도 치고 싶은데 학생들 이름을 다 아는 종렬이 지나가다 빈자리라도 있으면 "00는 왜 없어?" 하고 확인하곤 했기 때문이다. 교육청 등 관내 출장을 갈 때도 바로 거기서 퇴근해도 될 걸 종렬은 꼭 다시 학교로 돌아왔다. 학생들은 "담임쌤 없어서 좋다."고 신나서 운동장에서 놀다가 종례시간에 맞춰 땀 뻘뻘 흘리며 교문으로 들어서는 종렬을 보고는 "에~이" 하며 교실로 돌아가곤 했다. 열의가 넘쳐 좀 피곤하긴 했지만 종렬이 악의가 없음을 알기에 학생들은 그를 많이 따랐다.

전남고 야구부가 대회에 나가 응원이라도 가면 종렬은 교사라는 사실도 잊은 채 누구보다 열성적으로 응원했다. 응원단장처럼 운동장 난간을 잡고 올라가 기백 넘치게 "전남의 라이언~ 전남고~"를 우렁차

전남고에서 교직 전성기를 맞았던 종렬은 생활지도부를 자주 담당했다.

게 외치면 응원석의 학생들이 "와~" 손뼉을 치며 마음을 모았다. 위화감 없이 학생들과 어울렸다.

함께 생활지도부를 담당하며 옆자리에 앉았던 김준태 교사는 오종렬에 대해 "정이 많고 완벽한 교사였다. 보통 교사들은 공부 잘하는 애들을 더 챙기는데 오 선생님은 공부를 잘하든 못하든 다 사랑했다."고 기억했다. 김준태는 종렬이 했던 말을 여전히 기억한다.

"공부 잘하는 애들은 다 사랑하는데 공부 못하는 애들은 다 미워하면 되겠나. 나는 다 이뻐할란다."

전남고 11회 졸업생인 최경주는 종렬을 인생의 은사로 꼽는데 주저하지 않는다.

"요즘 금수저, 은수저 나누는데 우리 오 선생님은 금수저 쪽엔 일체 관심이 없으셨어요. 공부 잘하고, 잘 살고, 집안 좋은 애들은 다른 선생님들이 챙기니까요. 오 선생님은 문제아들, 어렵고 힘든 애들, 늘 그런 애들한테 관심을 쏟으셨죠. 선생님께 교화 받아서 깡패 안 되고 각 분야에서 성공해 잘 사는 애들이 많아요. 인간적이어도 너무 인간적이셨지. 큰 바위 얼굴 같은 스승님이시지."

그뿐만 아니라 친구들, 선후배들에게 초중고, 그리고 대학에 이르는 동안 만났던 많은 선생님들 중 은사님이 누구셨냐고 물으면 많은 이들이 딱 '오종렬 선생님'을 떠올린단다.

질풍노도의 시기를 거치던 고등학생들은 한번 욱해서 싸움에 휘말리면 한순간에 학교 밖으로 밀려나곤 한다. 종렬은 그런 학생들을 그냥 지나치지 못했다. 징계위원회에 올라 퇴학 처분을 받을 뻔한 학생들을 여러 번 구제해줬다. 다른 선생님들이 징계해야 한다고 하면 "당신이 교육자요?" 삿대질하며 싸우면서까지 학생들 편에 섰다.

졸업생 이근철도 종렬에게 은혜를 입었다. 다른 학교 학생들과 싸움이 붙어 상대편 아이들이 병원에 입원하고 경찰서까지 끌려간 일이 있었다. 그때도 종렬이 나서 교무회의에서 학생을 변호했다.

"학생들은 커가는 중이니 실수를 할 수 있습니다. 공부도 제법 하는 친구이니 선도하면 좋은 길로 갈 수 있을 겁니다."

덕분에 근철은 정학을 면했다. 대신 오종렬은 1주일간 아침 6시까지 학교에 나와 청소하는 벌을 내렸다. "그걸로 죄를 씻고 새 마음으로 다시 시작하라."면서. 제자를 아끼는 종렬의 마음을 느낀 근철은 정말 새벽부터 학교에 나와 교문부터 시작해 구석구석을 청소했다.

그 소식을 전해 들은 근철의 아버지는 고마운 마음에 종렬의 집으로 농사지은 쌀 한 포대를 보냈다. 그걸 그냥 받을 오종렬이 아니었다. 퇴근하고 집에 가 근철이네서 보내온 쌀을 본 종렬은 덥석 받은 가족들에게 불같이 화를 냈다. 그대로 쌀을 자전거에 싣고 10km가 넘는 비

포장도로를 달려 근철이네에 도착했다. 다시 쌀을 받은 근철의 아버지는 바로 간다는 종렬을 붙잡아 술상을 차린 뒤 종렬과 술잔을 기울였다. 그 이후로 근철의 아버지는 여러 번 근철에게 당부했다.

"오 선생님은 정말 훌륭한 선생님이시다. 그 은혜 잊지 말고 잘 모셔라."

최경주도 "오 선생님 아니었으면 나도 대단히 비뚤어져 나갔을 거."라며 회상했다. 전남고 산악부 2학년이던 최경주는 산악부 동료에게 시비를 걸던 학생들과의 싸움에 말려들어 징계위원회에 올랐다. 선생님들 사이에서 퇴학이 거론되는 암담한 상황이었다. 종렬이 최경주와 산악부 지도교사와 함께 경주에게서 자초지종을 들었다.

"선생님께선 결과보다는 어떻게 이 일이 발생했는가를 파악하셨던 거지." 최경주는 지금도 종렬의 그 마음이 고맙다. 교무회의에서 경주를 비롯해 싸움에 연루된 친구들의 퇴학이 거론됐지만 종렬이 강력하게 변호하면서 학생들은 정학을 받았다. 최경주는 정학을 마치고 다시 학교를 다니다가 고3 봄, 결핵에 걸렸다. 그때 담임선생님이 계속 그를 아이들 앞에서 창피를 줘 휴학계를 냈다. 죽고 싶은 마음이 들 정도였다. 복학은 생각도 않고 지내던 중 종렬이 경주를 찾아왔다. 최경주의 담임을 대신해 사과하며 용기를 북돋아줬다. 그 뒤로도 가끔 경주를 만났던 종렬은 겨울이 되자 "경주야, 복학해라."고 권했다. 1년 동안 방황하던 최경주는 종렬의 권유를 받아들여 후배들과 함께 학교에 다닐 결심을 한다. 복학 후에도 종렬은 최경주를 챙겼고, 최경주도 거친 후배들을 잘 챙겨달라는 종렬의 부탁을 듣고 엇나가려는 후배들을 다독이면서 고3 시절을 보냈다.

덕분에 최경주는 대학을 졸업하고 사업을 시작해 건실한 중소기업의 대표가 되었다. 같이 정학을 받았던 학생 중엔 공무원이 돼 고위 공무원으로 정년퇴직에 이른 친구도 있다.

전남고 학생에게 오종렬은 그냥 학교 선생이 아니라 인생의 스승이었다. 종렬의 어머니가 1973년 돌아가셨을 때는 많은 학생들이 교복을 입고 문상을 와줬다.

종렬도 학생들 믿음에 보답하기 위해 새로운 시도들을 많이 했다. 한동안은 학생들이 돌아가며 담임이 돼 조·종례를 주도하게 했다. 각자 주제를 정해서 3분 스피치를 한 적도 있다. 학생들은 인상 깊게 읽었던 책을 각자만의 방식으로 해석해 발표하기도 하고 사회 이슈가 되는 문제에 대해 의견을 피력하기도 했다. 어쭙잖은 교사의 몇 마디 말보다 훨씬 더 학생들 마음에 남는 시간이었다. 더불어 종렬도 함께 배우는 시간이기도 했다. 한 친구가 했던 3분 스피치는 30년이 지나서도 계속 기억에 남았다. 로빈슨 크루소에 대한 이야기였다.

"사람들은 로빈슨 크루소를 여러 고난을 겪은 문명인이 다시 문명으로 돌아온 성공담으로 이야기하는데 저는 조금 시각이 다릅니다. 로빈슨 크루소는 원주민 젊은이를 식인종에게서 구하고 프라이데이(Friday)라는 이름도 지어주지만 프라이데이를 한 명의 존중받을 개인이 아니라 자신의 그늘로 만들었습니다. 프라이데이가 만약 야만의 세계에 계속 있었다면 자기 생활이 있었을 텐데 로빈슨 크루소에 의해 문명화되는 대신 노예가 되었기 때문입니다."

종렬 스스로도 생각지 못한 이야기였다. 그때 나중에 전선운동을 할 때 기본원칙으로 삼은 한 가지 지침을 깨닫는다. '우리는 바닥에서부터 배워야 한다. 뿌리에서 수분과 양분을 빨아올리듯이 민중 속에서 지혜와 용기가 올라온다.'

학생들과 친해서인지 강요한 교장은 오종렬에게 학생지도부 책임자를 자주 맡겼다.

"과학 선생이니까 내 사무실은 실험실이야. 근데 교장 선생님이 일이 있을 때마다 실험실에 있는 나를 뽑아다가 학생과를 맡겼어."

인생을 회고하던 오종렬이 그때를 기억하며 툴툴거렸다. 1970년대 중반 학교에선 교사와 행정직들 사이에서 파벌 싸움이 곧잘 일어났다. 교장은 조정자 역할을 기대하며 종렬을 학생과장으로 앉혔다. 종렬은 그 역할을 충실히 해냈다.

전남고가 학생과를 한 단계 올린 생활지도부 시범학교가 되고서는 1980년 다시 생활지도부장이 됐다. 보통 중·고등학생들이 가장 기피하는 선생님이 학생과장이지만 전남고만큼은 달랐다. 다른 학교에는 당연히 있는 매가 전남고 생활지도부실에는 없었다. 학생들은 학생과장인 종렬이 아이들을 체벌하는 걸 본 적이 없다. "사람은 말로 다스려야지. 어떻게 매로 다스리느냐."는 종렬의 교육관이 분명했기 때문이다.

그만큼 학생들은 종렬에게 친근하게 다가갔다. 그렇다고 종렬을 만만하게 보는 학생은 없었다. 우렁찬 목소리로 큰소리 한번 하면 오금이 저리는 선생님이었기 때문이다. 존재 자체로 위엄이 느껴지는 스승이었다.

11년 동안 오종렬은 여러 동아리의 지도교사도 맡았다. 청소년적십자단(RCY), 수련단체인 청소년 밀알회, 흥사단 아카데미 들을 담당했다. 청소년 밀알회의 경우, 광주시내 전체 중·고등학교 회원들을 지도하기도 했다. 언젠가는 밀알회 학생 간부가 '시대에 맞는 청소년 상'을 주제로 종렬에게 강의를 부탁한 적이 있다. 학생들에게 이야기를 할 수 있는 좋은 기회여서 종렬은 열심히 강의를 준비해 갔다.

"청소년이 청소년답게 자라려면 조국의 운명을 바로 볼 줄 알아야 합니다. 왜 우리나라가 분단이 됐고, 동족상잔이 일어나고 있는지. 이런 것들을 외면한 채 어떤 가치를 논한다는 건 새시대의 청소년 상이 아닙니다. 지금 우리가 남과 북으로 나뉘어 모든 역량을 소모하고 있는데 앞으로는 민족이 하나로 화합해 조국을 새롭게 건설해나가는 데 역량을 쏟아야 할 것입니다. 이 일은 청소년이 맡을 수밖에 없습니다. 지금으로서는 예비 일꾼으로 그런 중책을 맡기 힘들겠지만 가치관만큼은 올곧게 세워야합니다. 이게 바로 제대로 된 청소년상이자 국가관입니다."

열과 성을 다해 강연을 했는데 청중석에 앉은 학생들은 별 반응이 없었다. 왠지 교감이 안 되는 느낌이었다. 나중에 알고 보니 학생들은 이성교제 문제나 학습 방법, 교우관계를 잘 맺는 법 들을 원했던 것. 종렬은 완전히 다른 이야기를 했던 것이다. 그렇게 고지식한 면이 있긴 했지만 학생들은 여전히 종렬을 좋아했다.

13
생의 전환점,
광주항쟁

일제 해방부터 한국전쟁, 4·19를 다 겪은 오종렬이었다. 또, 부친을 비롯해 가문에 흐르는 변혁의 피를 받은 그였다. 세상의 변화를 감지하는데 누구보다 예민했다.

1979년 10월 26일 박정희 대통령이 중앙정보부장인 김재규가 쏜 총에 맞아 죽었다. 전두환·노태우 들을 중심으로 한 신군부가 12·12 군사반란을 일으키고 보안사령관 전두환이 정권 실세로 전면에 나섰다. 오종렬은 촉각을 곤두세우고 정국의 변화를 지켜봤다.

박정희가 죽고 민주화의 열망이 아래로부터 분출하는 가운데 1980년 5월에 들어선 서울의 모습이 심상치 않았다. 5월이 되자 학생들은 민주화에 미온적인 최규하 정부와 자꾸 정권 중심부로 다가서려는 신군부를 규탄하는 목소리를 높였다.

서울대가 포문을 열었다. 서울대 학생들은 밤을 지새우는 회의 끝에 5월 1일, '전두환 보안사령관을 중심으로 하는 정치개입이 민주화에 가장 큰 걸림돌'이라며 정치 투쟁을 결정한다. 이후 각 대학들에서도 투쟁을 결의하고 계속해서 '전두환 퇴진' '민주화 일정 제시' 들을 요구하는 시위가 벌어진다. 5월 14일과 15일에는 계엄령 상황임에도 대학생들은 서울 시내에서 대규모 집회를 열었다. 15일엔 서울역 광장에 서울지역 30개 대학 학생 10만 명이 모였다. 시위를 이어가다 군부대가 투입될 수도 있다는 소식이 알려지자 자진 해산한다. 이날 총리는 정치 일정을 앞당겨 80년 말까지 대통령 직선제를 담은 개헌안을 확정하고 81년 양대 선거를 실시하겠다는 담화를 발표한다. 정국은 어수선하기만 했다.

그땐 사람들이 12·12를 쿠데타로 이야기하지 않았다. 하지만 오종렬은 전두환이 사단장을 했던 지역에서 총격전이 있었다는 언론보도를 접하고선 쿠데타임을 직감했다. 또, 서울 시위 뉴스 사이사이 들려오는 글라이스틴 미국 주한대사가 상도동, 동교동 들을 찾아다니며 정치인들을 만난다는 소식도 신경 쓰였다. 서울을 보고 광주를 보니 불길한 기운이 감돌았다. 전라도는 정치·사회적으로 수백 년 동안 소외돼 온 지역이었다. 서울도 가만히 있는 상황에서 광주만 움직인다면 미래는 볼 것도 없었다. '이건 필시 군이 개입한다!' 종렬의 판단이었다.

암울한 결론에 이르니 오종렬은 더 마음이 바빠졌다.
'이거 야단났네. 우리 아이들을 보호해야 한다.'
전남고에는 사회의식이 강한 선생님들이 많았다. 수업시간에 공공연하게 박정희 독재를 비판하는 교사도 있었다. 선생님들 영향도 있었겠지만 태어날 때부터 군사독재 사회의 억압적인 분위기 속에서 자란 학생들은 숨 쉬는 공기가 달라질 시기가 왔음을 직감하고 있었다. 전국에서 대학생들이 계속 시위를 하고 있다는 소식을 듣고부터 아이들은 거리로 나가로 싶어 몸을 들썩였다. 종렬은 학교에 나가 본관과 과학관 사이에 있는 소운동장으로 2학년 대표인 강대우를 불러냈다.

"대우야, 군이 반드시 움직인다. 그들은 분명 위험한 장난을 칠 것이다. 이를 알고 행동해야 한다."
종렬이 걱정하며 하는 말에 대우는 이렇게 답했다.

"선생님, 절대 안 돼요. 그건 옛날 얘기래요. 군이 움직이진 않을 거라고 합니다. 대학생 선배들이 그랬어요."

대우의 말을 듣고 종렬은 그 자리에서 땅바닥에 털썩 주저앉았다.

'워매, 우리 새끼들 다 죽네.'

어미 품을 떠나가던 병아리들을 독수리가 채가는 장면이 떠올라 눈앞이 캄캄했다. 아이들이 무참히 쓰러지는 환상이 보이고, 그들이 고통 속에 절규하는 환청을 들었다. 한참 눈을 감고 마음을 추스르고 일어나니 이미 강대우는 도망가고 없었다. 그때부터 종렬은 마음의 허리끈을 단단히 졸라맸다. '우리 애기들은 반드시 보호해야 한다.'는 마음뿐이었다. 전남고만 나서는 줄 알았는데 다른 고등학교에서도 학생들이 시위 참여에 대해 깊이 토론하고 있었다. 학생들 사이에서 "오종렬 선생님한테 가면 뭔가 메시지를 주실 거다."라는 말이 돌았는지 동성고등학교 학생회장이 찾아왔다. 처음 보는 학생이었는데 오자마자 "선생님, 어떻게 하면 좋을까요?"라고 의견을 물었다. 이 애기들도 지켜야 한다는 마음에 종렬은 진지하게 말했다.

"나라가 위급하게 되면 청소년도 나서기는 나서야 한다. 하지만 너희들은 최후의 보루고, 벌써 앞에 세우는 건 아니다. 그건 어른들이 할 일이다. 지금 너희들이 나서면 오히려 불안감만 조성된다. 부모들이 할 테니 조금만 지켜봐라."

그렇게 달랬지만 혈기왕성한 고등학생에게 얼마나 다가갔는지는 모른다. 종렬도 우선은 전남고 학생들을 챙기기에 바빴다. 이미 대학생들과 교감하고 있는 고등학생들을 어떻게 막을지 걱정이었다.

광주시내 대학생들도 서울과 교류하며 5월 14~16일은 학내투쟁을 멈추고 전남도청 분수대로 모였다. 대중집회로 민족민주성회를 열기로 했다. 5월 15일 서울에서는 학생들이 스스로 해산했지만 광주에서는 집회를 온전히 마쳤다. 16일로 계획했던 대성회도 그대로 진행하기로 한다. 전남고 학생들도 수업을 작파하고 도청에 가겠다고 3학년을 필두로 쏟아져 나왔다. 생활지도부장인 오종렬이 학생들 앞을 가로막았다.

"내가 교사의 권위로 못 가게 하는 게 아니다. 하지만 우리 이 문제에 대해 토론을 좀 하자."

그렇게 학생들을 가라앉힌 뒤 같이 강당으로 갔다. 학생들이 왜 도청에 가야 하는지에 대해 열 명이 말을 하면 종렬이 한 번씩 자제시키는 말을 하며 시간이 흘러갔다. 종렬도 마음속 꿍꿍이가 있었다. 오후 5시면 일과 끝, 그 이후 시간은 아이들이 뭘 하든 아이들 자유였다. 형사와 장학사가 학교에 고정으로 배치돼 학교 동향을 파악하고 있는 가운데 일종의 쇼를 펼친 셈이다. 학생들과 약속을 한 것도 아닌데 이심전심인지 아이들은 잘 따라왔고 그렇게 5시, 하교시간이 되었다.

학생들은 삼삼오오 도청으로 향했다. 학교 앞에서부터 조금씩 무리를 이루던 전남고생들은 어느새 200여 명이 하나의 행렬이 되어 집회 대열에 합류했다. 종렬과 생활지도부 교사들도 학생들의 안전을 챙긴다는 핑계를 대며 함께 갔다. 몸으로라도 학생들을 보호해야겠다는 절박감을 안고서.

도청 앞엔 이미 3만여 명의 대학생과 광주시민들이 운집해 있었다. 집회가 끝나자 당시 전남고 3학년 대표였던 김진국이 시국선언문을 낭독했다. 시위대는 3일 동안 계속 횃불을 들고 가두행진을 했다. 18년간 박정희 독재가 드리웠던 암흑의 세상을 횃불로 밝히겠다는 광주 시민들의 의지를 담았다. 시위대가 횃불시위를 벌이면 경찰들이 교통정리를 하며 평화시위에 적극 협조해 주었다. 그날을 떠올리며 오종렬은 말했다.

"이 세상에서 그렇게 진지하고 열성스럽고 순수한 그런 집회는 없었어. 내 표현대로 하면 나뭇잎 하나 떨어지지 않고 유리창 하나 금 가지 않았어. 깨끗이 시가행진을 한 뒤에 마지막으로 '우리의 소원은 통일'을 부르며 다들 눈물을 흘렸지."

이날은 전국에서 유일하게 광주에서만 집회가 열렸다. 시위 지도부는 주말인 17, 18일은 휴식을 취하면서 당국의 답변을 기다리자며 평화로웠던 집회를 마쳤다. 모두들 가슴이 뜨거워진 채 가족이 기다리는 집으로 향했다. 앞으로 어떤 위험이 광주를 휘감을지도 모른 채.

평화로웠던 시위가 열렸던 바로 다음 날인 17일, 신군부는 개헌을 논의하고 있는 국회를 닫아건다. 그러고선 시국을 수습한다는 명목으로 비상계엄령 전국 확대를 선포하고 군사쿠데타로 정권을 장악한다. 서울, 부산, 대구, 광주 등 전국 주요도시에 빠르게 군대를 투입한다. 광주에 도착한 군대는 7공수여단 33대대와 35대대로 신군부의 정예부대였다. 벌써 몇 달 동안 '시위진압훈련'만 했던 공수부대가 완전무장한 채 전남대, 조선대를 비롯해 광주 곳곳에 배치된 셈이다. 18일 새벽, 종렬은 전남대 교수로 부학생처장이던 친구, 정석종에게서 전화를 받는다. 정석종은 다급하게 말했다.

"종렬아, 와부렀어야. 계엄군이 들어와부렀어야."

그 말을 듣자마자 종렬은 용수철처럼 일어났다. 전화를 끊고 우선 전남고 생활지도부 교사들에게 빨리 학교로 모이라고 전화를 돌렸다. 종렬도 부리나케 집을 나서 버스를 타고 학교로 향했다. 시내버스가 전남대 후문을 지나가는데 버스 창밖으로 계엄군이 팬티만 입은 학생들을 무릎 꿇리고 있는 모습이 보였다. 그저 바라만 볼 수밖에 없는 현실이 한스러웠다.

13. 생의 전환점, 광주항쟁

감상은 사치, 우선 '우리 애기'들을 챙기는 게 중요했다. 아이들이 어디 가서 휩쓸리지 않는지, 어디 가서 희생당하지 않는지 신상을 파악해야 한다는 생각밖에 안 들었다. 그날부터 항쟁이 벌어진 10일 동안 하루도 빠짐없이 종렬은 광주 외곽에 있던 집에서 시내로 출근해 발이 부르트도록 골목골목을 돌아다녔다. 나중에 인생을 회고할 때 오종렬은 그때 자신을 이렇게 평가했다.

"좋게 보면 순박하고 나쁘게 보면 천박하지. 왜 지 새끼만 신경 쓰냔 말이야. 근데 그렇게 되더라고. 우리 교복이 지구본 색깔이야. 그 고운 색깔이 어디 가서 피를 흘리며 쓰러져있는 것 같은 환각이 자꾸 들어서 견딜 수가 없었어. 그것 때문에 온 광주 시내를 휩쓸고 다녔지."

어디서 사고가 났다고 하면 종렬은 달려가 녹색 교복이 있는지부터 확인했다. 시체도 많이 봤다. 전남대학교 마당에 장작더미 엎어놓은 것처럼 시체가 쌓여 있었다. 칼에 찔린 시체, 총에 맞은 시체, 몽둥이에 맞아 터진 시체……. 그런 시체들을 들춰보며 전남고 학생인지 아닌지를 확인했다. 그 중에는 어린 소년의 시체도 있었다. 중학교 1학년쯤 돼 보이는 정말 어린 아이였다. 독특한 갈맷빛의 교복이 온통 피로 얼룩지고, 아이 두개골이 둘로 쪼개져 있었다. 꼭 수박이 깨진 것 같았다. 숨이 막히면서 속에서 뜨거운 것이 올라왔다. 그 아이를 본 뒤로 종렬은 10년 동안 수박을 먹지 못했다.

광주민중항쟁 현장에서 오종렬은 괴로웠다. '민족자주가 무너진 구덩이에서 민중은 떼 주검이 되어 파묻힌다.'는 생각에 사로잡혔다.

트라우마가 남을 만큼 가슴 아픈 일들을 많이 목격했다. 그렇다고 가만히 있을 수만은 없었다. 새벽같이 집을 나서 광주시내를 헤매고 다니다가 컴컴해진 뒤 집으로 향하는 날들을 이어갔다. 하루는 해가 져

집으로 가기 위해 롯데백화점과 광주시청 사이 로터리 길에 들어섰다. 오가는 사람도 없는 텅 빈 거리를 지나는데 길 한가운데서 덜렁거리는 철모를 쓴 소년병이 종렬을 가로막았다.

"할아버지, 이리로 오면 안 돼요. 저리로 가쇼. 이 길은 계엄군 탱크가 올 것 같아 시민들을 보호하려고 내가 막고 있어요."

고등학생은 됐을까. 거총도 자신보다 서툰 아이가 머리가 허연 그를 할아버지라고 부르며 보호하려고 했다. 종렬은 가슴이 메어 말이 나오지 않았다. '내가 저 아이들을 보호해야 하는데 아이가 나를 보호하는구나.' 스스로 어른 노릇을 못하고 있는 것 같아 부끄럽기만 했다. 그 부끄러움을 가슴에 담고 하루 종일 거리를 헤매며 아이들을 찾아다녔다.

공수부대가 금남로에서 집단 발포를 했던 21일, 오종렬은 간발의 차로 그 지역을 스쳐 지나갔다. 금남로에서 아이들이 있는지 둘러보다 산수동까지 갔다. 충장중학교 근처 작은 언덕에 오르는데 헬리콥터가 하늘을 낮게 선회하는 게 보였다. 무슨 일인가 걱정이 돼 중흥동 쪽으로 다시 돌아오는데 도로 위 차들의 움직임이 심상치 않았다. 어딜 급히 가는지 살벌하게 차들이 오갔다. 나중에야 종렬은 그가 금남로를 떠나고 얼마 안 있어 집단 발포가 있었다. 그때는 몰랐지만 그는 역사의 한가운데 주변을 맴돌고 있었다.

종렬은 비껴갔지만 종렬과 함께 근무하던 생활지도부 한 선생님은 역사의 비극과 맞닥뜨려야 했다. 종렬이 금남로 쪽으로 다시 향하던 곳과 멀지 않은 곳에서 전남고 교사 김충희의 부인이 계엄군이 쏜 총에 맞았다. 종렬처럼 시내에 나가 아이들을 찾아다니던 남편이 걱정돼 밖에 나와 있다가 변을 당한 것이다. 그때 김충희 부인은 임신 중이었다. 나중에 그 사실을 알고 찾아온 종렬을 붙잡고 죽은 부인의 어머니가 계속 눈물을 쏟으며 말했다.

"딸은 죽었는데 뱃속 애기는 살겠다고 뜁디다. 배가 벌떡벌떡하니 뛰는데……."

아이 또한 살릴 길이 없었다. 그렇게 김충희 교사는 한순간에 사랑하는 두 사람을 떠나보내야 했다.

그때 광주에서는 이런 비극들이 도처에서 벌어졌다. 전남고 동료 교사이자 시인이던 김준태는 이 비극들을 담아 '아아, 광주여!'라는 시를 쓰기도 했다.

아, 광주여 무등산이여

죽음과 죽음 사이에
피눈물을 흘리는
우리들의 영원한 청춘의 도시여.

우리들의 아버지는 어디로 갔나
우리들의 어머니는 어디서 쓰러졌나
우리들의 아들은
어디에서 죽어 어디에 파묻혔나
우리들의 귀여운 딸은
또 어디에서 입을 벌린 채 누워 있나?
우리들의 혼백은 또 어디에서
찢어져 산산히 조각나버렸나?

5·18희생자인 고 최미애님은 종렬의 동료 교사 아내였다. 망월동 구묘역 분향대 바로 옆에 있는 고 최미애님의 묘소에서 80년 광주를 떠올리는 오종렬.

하느님도 새떼들도
떠나가 버린 광주여.
그러나 사람다운 사람들만이
아침저녁으로 살아남아
쓰러지고, 엎어지고, 다시 일어서는
우리들의 피투성이 도시여.
죽음으로써 죽음을 물리치고
죽음으로써 삶을 찾으려 했던
아아, 통곡뿐인 남도의
불사조여 불사조여 불사조여.

해와 달이 곤두박질치고
이 시대의 모든 산맥들이
엉터리로 우뚝 솟아 있을 때
그러나 그 누구도 찢을 수 없고

빼앗을 수 없는
아아 자유의 깃발이여.
살과 뼈로 응어리진 깃발이여.

아아! 우리들의 도시.
우리들의 노래와 꿈과 사랑이
때로는 파도처럼 밀리고
때로는 무덤을 뒤집어쓸지언정
아아, 광주여 광주여
이 나라의 십자가를 짊어지고
무등산을 넘어
골고다 언덕을 넘어가는
아아, 온 몸에 상처뿐인
죽음뿐인 하느님의 아들이여.

정말 우리는 죽어버렸나.
더 이상 이 나라를 사랑할 수 없이
더 이상 우리들의 아이들을
사랑할 수 없이 죽어버렸나.
정말 우리들은 아주 죽어버렸나.

충장로에서 금남로에서
화정동에서 산수동에서 용봉동에서
지원동에서 양동에서 계림동에서
그리고 그리고 그리고……
아아, 우리들의 피와 살덩이를

삼키고 불어오는 바람이여.
속절없는 세월의 흐름이여.

아아 살아남은 사람들은
모두가 죄인처럼 고개를 숙이고 있구나
살아남은 사람들 모두가
넋을 잃고 밥그릇조차 대하기
어렵구나 무섭구나

여보 당신을 기다리다가
문밖에 나가 당신을 기다리다가
나는 죽었어요…
왜 나의 목숨을 빼앗아갔을까요
아니 당신의 전부를 빼앗아갔을까요
셋방살이 신세였지만
얼마나 우린 행복했어요
난 당신에게 잘해주고 싶었어요
아아, 여보!
그런데 나는 아이를 벤 몸으로
이렇게 죽은 거예요 여보!
미안해요, 여보!
나에게서 나의 목숨을 빼앗아가고
나는 또 당신의 전부를
당신의 젊음 당신의 사랑
당신의 아들 당신의
아아, 여보! 내가 결국

당신을 죽인 것인가요?

아아, 광주여. 무등산이여.
죽음과 죽음을 뚫고 나가
백의의 옷자락을 펄럭이는
우리들의 영원한 청춘의 도시여.
불사조여. 불사조여 불사조여
이 나라의 십자가를 짊어지고
골고다 언덕을 다시 넘어오는
이 나라의 하느님 아들이여.

예수는 한 번 죽고
한 번 부활허여
오늘까지, 아니 언제까지 산다던가
그러나 우리들은 몇 백 번을 죽고도
몇 백 번을 부활한
우리들의 참사랑이여.
우리들의 빛이여.
영광이여. 아픔이여.
지금 우리들은 더욱 살아나는구나.
지금 우리들은 튼튼하구나.

지금 우리들은 더욱
아아, 지금 우리들은
어깨와 어깨 뼈와 뼈를 맞대고
이 나라의 무등산을 오르는구나.
아아, 미치도록 푸르른 하늘을 올라

해와 달을 입 맞추는구나.

광주여 무등산이여.
아아, 우리들의 영원한 깃발이여.
꿈이여 십자가여.
세월이 흐르면 흐를수록
더욱 젊어져갈 청춘의 도시여.
지금 우리들은 확실히
굳게 뭉쳐 있다. 확실히
굳게 손잡고 일어선다.

이 시는 1980년 6월 2일 〈전남매일신문〉 1면에 무등산 사진과 함께 전문이 실린다. 비록 시민군들은 5월 27일 계엄군에 진압당했지만 여전히 광주는 살아있음을 세상에 외치는 시로 많은 이들에게 울림을 주었다. 그만큼 정권에는 밉보였다. 시를 쓴 김준태 교사는 전남고에서 해직됐다. 오종렬은 동료 교사들과 함께 자전거에 쌀을 싣고 가 그를 격려하기도 했다.

학교도 휴교를 풀고 학생들이 등교했다. 종렬도 생활지도부 부장으로서 학생들 상황을 점검했다. 배에 관통상을 입은 학생이 한 명 있긴 했지만 종렬이 걱정했던 것보다는 피해가 적었다. 전남고는 다행히 큰 피해를 입지 않았지만 같은 재단에 속한 전남중에선 중학교 1학년 학생이 숨지는 안타까운 일도 있었다. 동네 저수지에서 멱을 감고 있던 그 학생은 지나가던 계엄군이 오리 사냥하듯 조준 사격한 총탄을 맞았다.

교사나 학생들이나 모두 큰 충격에 휩싸였다. 안타까워하며 학생들을 다독이고 있는데 급한 전화가 왔다. 전라도의 한 의료원에서 온 전남고등학교 학생 한 명이 사망했다는 연락이었다. 놀란 마음에 몇 가지 질문을 하니 전남고가 아니라 전남공고 학생이었다. 그걸 확인하면서 종렬은 자신도 모르게 안도의 숨을 내쉬며 통화를 끝내고 수화기를 내려놓았다. 바로 다음 순간 망치로 머리를 얻어맞은 듯한 큰 충격이 왔다.

'아니, 너는 뭐하는 놈이냐. 니 애기만 살고 다른 애기는 죽어도 좋단 말이냐.' 하는 양심의 소리가 가슴 저 깊은 곳에서 들려왔다. 누군지는 몰라도 시대의 아픔은 똑같은 것인데, '네 자식' '내 자식' 가리지 않고 마땅히 똑같아야 하는데 그렇지 않는 자신을 마주하고야 말았다. '너 참 못됐다.'고 자책했다.

그 뒤로 10년 동안 부채의식에 시달려 잠을 못 잤다. 자다가도 몽유병 환자처럼 새벽에 벌떡 일어나곤 했다. 막걸리 한 잔만 마셔도 얼굴이 벌게질 정도로 술을 못 마시던 종렬이 그때는 소주를 한 사발씩 들이키지 않고서는 다시 잠에 들 수 없었다. 괴롭고 괴로운 날들이 이어졌다. 결국 그 죄책감으로 오종렬은 역사 속으로, 사회현장으로 던져졌다. 5·18은 종렬에게 '네 스스로 사회문제에 책임을 져라.'는 명을 내렸다. 그 뒤로 오종렬은 '나의 싸움'이 아닌 '역사의 싸움'을 하며 투쟁의 현장 속에서 살아왔다.

오종렬은 직접 경험한 5·18민중항쟁에 대해 자신의 블로그 '오종렬의 대장간'(http://ohjr.tistory.com)에 여러 차례 글을 남겼다.

<직접 경험한 5월 민중항쟁 이야기 – 첫 번째>

1980년 5월 17일 광주는 태풍전야의 숨죽인 정적이었다.
그리고 1980년 5월 17일 24시, 1980년 5월 18일 0시, 광주엔 학살의 피 비가 내리기 시작했다.

1980년 '서울의 봄'과 함께 이곳 '광주의 봄'은 햇빛 밝은 봄날 그대로였다.

대학가에서는 비상계엄에서도 유신독재의 망령을 벗겨내는 학원민주화운동이 한창이었고 시민들은 새로운 내일을 꿈꾸며 일상에 부지런했다.

도청 앞 분수대는 청년학생과 시민들이 어우러진 토론 한마당이 연일 민주주의 꽃을 피웠고, 저마다 세상의 주인이 된 사람들은 미래의 설계를 꿈처럼 그려냈다.

할아버지 할머니 노동자 농민 상인 지식인 종교인 청년 학생 아줌마 아저씨... 그냥 그저 그런 사람들이 날마다 모인 도청앞 분수대 토론장에서는 놀라운 기적이 일어났다.

부마항쟁과 10.26 그리고 12.12반란 이후, 이른바 '시계 제로'라고 하는 한 치 앞을 내다볼 수 없는 비상계엄시국에서, 우리가 무엇을 어떻게 할 것인가를 우리 스스로 결정했다.

'비상계엄을 해제하고 민주화 일정을 밝혀라'
아, 말로만 듣던 직접민주주의가 현실에서 살아 일어난 것이다. 드디어 민중의 함성 울리며 우리 역사의 큰 강줄기가 길을 열게 된 5월16일, 민족민주 햇불대성회는 도청 앞 분수대에서 이렇게 시작했다.

5.18민중항쟁의 새벽기관차로 일컬어지는 박관현 열사는 그의 마지막 출정 연설에서,

"제가 전남대학교 총학생회장 박관현이올시다. 우리가 민족민주화 햇불성회를 하는 것은 이 나라 민주주의의 꽃을 피우자는 것이요, 이 햇불과 같은 열기를 우리 가슴속에 간직하면서 우리 민족의 함성을 모두

어 남북통일을 기원하는 뜻에서, 꺼지지 않는 횃불과 같이 우리 민주의 열정을 온 누리에 밝히자는 뜻에서, 우리 광주시민, 아니 전라남도 도민, 아니 우리 대한민국 모든 국민들이 온 누리에 이 횃불을 밝히기 위해 이 자리에 모인 것입니다" 〈박관현 열사 기념비문〉

시민 도민이 한데 어울려 오후 6시에 분수대에서 시작한 대성회는 횃불행진으로 이어져 다시 분수대로 돌아와 끝맺을 때까지 가로수 잎 하나 떨어지지 않았고 유리창은커녕 돌멩이 하나 날지 않았다. 우리의 요구와 주장은 "비상계엄 해제하고 민주화 일정 밝히라"에 이어 "오늘 성회 이후 조용히 기다리겠다. 정부당국은 성의 있는 답을 하라"였다.

그런 평화집회 평화행진을 어디서 보았는가, 어디서 들어나 보았는가.

그런데 1980년 5월 17일 밤 24시, 1980년 5월 18일 새벽 0시,
대한민국 공수특전부대 2개 여단이 민주의 도시, 평화의 도시, 인권의 도시에 그 칠흑의 야음을 타고 뱀처럼 기어들어왔다.

그리고 "학살"은 시작되었다.

〈직접 경험한 5월 민중항쟁 이야기 – 두 번째〉

1979년 10.26이 일어나기 전부터 전남고등학교에서 생활지도부장(지금은 '학주'라고 하던가?)이었던 나는 여러 날 밤낮없이 일에 시달린 끝이라 17일 밤사이에 무슨 일이 벌어진지도 모르고 잠에 빠져있다가 전화벨 소리에 벌떡 일어났다.

18일 이른 아침이었다.
불길한 예감 그대로 수화기에 들려온 목소리는 매우 다급했다.

"큰일 났다 종렬아. 계엄군 공수부대가 학교에 진입해 뿌렀어..."
전남대학교 학생처 부처장으로 복무하던 막역지우 정석종 교수의 다급한 목소리였다.

일요일이었지만 학생지도부 선생님들께 빨리 출근해주시라고 통지한 후 학교로 가는 버스 창문으로 전남대학교 후문 인근을 살펴보았다. 무장한 군인

들 앞에 양손을 들고 서있거나 무릎 꿇려 있는 사람, 거기에 진압봉을 휘두르는 군인모습도 보였다.

그날 새벽에 전남대학교에서 일어난 일을 정교수를 통해 들었다.

18일 0시, 공수특전대 1개 여단이 전남대학교에 진입하자마자 도서관 교수연구실 강의실 강당 각종 특별활동실 등을 가리지 않고 들이닥쳤다. 누구냐고, 왜 이러느냐고, 이 무슨 짓이냐고 한마디 할 틈도 없이 바로 박살나는 순간이었다. 대검, 진압봉, 개머리판, 구둣발로 무차별 가격하여 캠퍼스를 비명과 절규와 신음의 아비규환으로 만들었다. 반항 여부가 문제 아니라 사람의 존재 그 자체가 타격 대상이었다.

정교수는 놀라움과 두려움에 가득 찬 모습으로 "아무리 사람 목숨이 모질다지만 그렇게 맞고도 사람이 살아남을 수 있을까" 하며 고개를 흔들었다. 계엄군 공수부대는 18일 0시부터 잔혹행위를 개시하였던 것이다. 일제히 그리고 조직적으로, 철저하고도 의도적인, 치밀한 작전계획에 따라 특전부대의 실력행사를 거침없이 자행했던 것이다.

계엄군은 광주를 무자비하게 학살했다.

증언록이나 조사문서를 보자. 18일 오전, 전남대학교는 이미 특공여단이 주둔해 있었다. 하나 둘, 삼삼오오 정문으로 들어오던 학생들이 계엄군의 저지를 받자 정문 앞 다리 난간에 걸터앉았다. 시간이 좀 더 지나자 정문 앞으로 모여든 학생들이 늘어났고 학생들에게 해산을 명령하는 계엄군과 사이에서 실랑이가 벌어졌다. 학생들은 해산명령에 불복하고 돌을 모았다. 그리고 이를 제압해 해산시키고자 돌진한 군인들을 향해 투석전을 벌인 것이 저들이 말하는 소위 "광주사태"의 시작이라고 한다.

그러나 이것은 현상일 따름이지 본질은 아니다. 본질은 철저히 왜곡되어 있다.

학살비극은 어쩌다 생긴 실랑이나 우발적으로 일어난 과잉진압, 그것에 대한 저항에서 비롯된 것이 아니다. 특정지역, 즉 광주시민들을 적으로 규정하고 치밀하게 공격계획을 세워 공격작전을 실시한 데서 생긴 것이다. 광주 시민이 저항하지 않았다 하여도 상황이 달라지진 않았을 것이다. 계엄과 독재가 너무나 쉽게 계속되지 않았겠는가.

저항하지 않으면 식은 죽 먹기로 쉬워서 좋고, 저항하면 폭도로 몰아 무자비하게 진압하여 전두환 일당이 개선장군 되어 좋고, 어떻게 되든 공포와 전율로 전국을 완전히 무기력한 공항상태로 만들어 신군부가 대한민국을 집어삼키고자하는 흉계를 광주에서 집행했던 것이다.

"그런데 왜 하필 광주여?"
학교에 도착해 있는데 한 동료교사가 물었다.

"아따, 이 사람아. 서울에서는 안 되고, 김영삼이 있는 부마에서는 한 차례씩 치렀고. 광주는 변방인데다 김대중이 있지 않은가. 오랫동안 소외와 차별 아래서 반항심 많은 지역이라, 미운털 박힌 것들을 요참에 허리를 꽉 분질러 놔야 여러모로 좋지 않았겠어?"

하지만 그건 뜻대로 되지 않았다. 누가 지어낸 소린지, 맞기는 한지 몰라도 헛발질에 고관절 나갈 짓을 그들은 저지르고 말았다. 군화 밑에 지렁이인줄 밟았더니, 아이고 맙소사. 그 징헌놈의 항쟁이라니, 어떻게 그렇게 대들 수 있었을까.

⟨직접 경험한 5월 항쟁 – 세번째 이야기⟩

학살에 맞서 일어선 할머니 할아버지, 그리고 운전기사들!

5월 18일 아침, 텅 빈 학교에 나가 선생님들과 긴급회의를 열어 다급한 상황 보고를 마친 후 학생보호대책안을 내봤으나 손바닥으로 해일 막기였다. 누군가 "공수부대가 시내 곳곳을 휘젓고 다니며 대학생만 보면 패고 찌르고 짓밟는데 이를 제어할 어떤 기관도 사람도 아무도 없다. 이제는 말리는 사람까지도 해친다."고 알려주어도 어찌하지 못했다.

다음 날 19일, 등교하자마자 봇물 터진 학생들의 항의 "저 살인부대, 대한민국 군대 맞냐?" "저놈들, 북한군대 아니냐?" "광주가 적진이냐? 아니 적진에 투하되면 민간인들을 저렇게 죽이냐?" 목이 다 쉰 아이들의 불같은 성화에 어쩌지도 못하고, 들어주는 것 말고는 나는 아무것도 할 수 없었다. "어서 집으로 가자. 밖에 나왔다가 무슨 일을 당할지 모른다"며 전교생을 귀가 시켰는데 도무지 그대로 앉아있을 수 없었다. 구덕 밖으로 나간 게처럼 교문 밖을 나간 아이들, 끔찍한 일을 당할 것만 같은 망상에 빠진 우리 학생 지도부 교사들은 보이지도 않은 그 무엇에 끌린 듯 시내로 나갔다.

금남로5가와 충장로5가 사이에서 사람들이 웅성대기에 달려가 보았다. 방금 이 자리에서 공수대원들이 대학생으로 보이는 젊은이를 패고 찌르고는 어디론가 질질 끌고 갔단다. 시신을 절대로 그 자리에 두지 않는단다. 그 사람 옷이 우리학교 갈매색 교복 같지 않았던가를 묻는데 사람들 속에서 손자 업은 어느 할머니가 "아이고 우리 새끼들 다 죽이네. 이 일을 어쩐다냐!" 울부짖자, 환갑을 훌쩍 넘겨 보인 흰 양복에 백구두의 어느 할아버지가 "큰일 났다. 젊은 놈들 빨리 피해라. 이 천벌받을 놈들아, 차라리 나를 죽여라!" 두 팔을 휘두르고 발 구르며 외쳐댔다.

내 눈에는 우리 학교 학생만 보였는데 거리의 할아버지 할머니들 눈에는 이 땅의 자식들이 보였던 것이다. 명색이 교육잔데 이렇게 부끄러울 수가!

그러나 부끄러울 염치도 없는 내 눈에도 비록 10여 명 소수이지만 최초의 집단 저항이 뚜렷이 비쳤다. 석양 무렵에 금남로 네거리(구 광주은행 앞)에 이르자 수 백 명의 시민들이 계엄군을 향해 소리 지르다가 보도블럭을 깨뜨려 돌팔매질을 해댔다.

쫓아오면 달아나고 멈추면 달려들어 함성과 돌팔매질로… 연좌나 항의를 넘어선 작은 규모의 시민항쟁이 19일 해거름에 시작되었다.

20일, 대학생을 숨겨 태워준다고 버스 택시 화물차기사… 가리지 않고 두들겨 패고 찌르는데 인간사냥의 표적이 점점 대학생에서 젊은이 일반으로, 더 나아가 말리는 사람이면 누구나… 상황은 시시각각 험악해졌다.

마침내 운전기사들이 눈짓 손짓 사발통문으로 서로 연락하여 5시에 광주공설운동장(무등경기장) 앞 광장에 모여 "금남로를 관통하여 도청으로 진격하자" 결의하였다. 각종 차량 수백 대가 경적을 울리며 헤드라이트를 켜고 도청으로 진격하는 그 장관이라니!

밥이 나오나 돈이 나오나, 자리를 주나 칭찬이 따르나, 보상은 오직 죽음뿐인데, 신군부 계엄군의 만행을 규탄 심판하는 민주기사의 의거, 지구상에 이런 일도 다 있어? 사람이면 모두 다 감동하였다. 그 날을 잊지 않는 "민주기사동지회" 노병들이 "민주택시연맹" 현역들과 손잡고 해마다 5월 20일이면 그 때를 기리고 있다.

마침내 계엄군에 의한 공식적인 첫 총격 사망자가 광주역에서 나왔는데 계엄당국은 북한의 남파 간첩들 소행이라고 발표했고 계엄군 짓이라고 말하면 무지막지한 엄벌에 처했다.

광주학살의 결정적 증언을 한 윤흥정 예비역 중장, 2002.9.15 사망했다. 참고로 88년 여소야대 국회 광주청문회 증언대에서 윤흥정 예비역 중장(당시 5월 22일까지 광주상무대 소재 전투병과교육사령부 사령관이자 전남지역 계엄분소장)은 "대간첩작전적전문가로서 증언컨대 남파공작원은 불특정 다수에게 위해를 가할 공격적 행위 즉 급수원에 독약, 철도와 같은 대중교통수단 파괴, 일반대중에 총격 등은 하지 않는 것으로 안다"고 했다.

이 날의 발포는 다음 날 자행될 천인공노할 집단발포 집단학살의 예고편에 지나지 않았으니...
아~, 이 일을 하늘이 알랴! 무등산이 알랴!

〈직접 경험한 5월 항쟁 - 네번째 이야기〉

귀신이 명령한 집단발포? 생지옥위에서 하늘마저 얼굴을 가리고

지난 밤, 기차역 총격을 겪고 난 5월 21일 아침부터 광주 거리 이곳저곳엔 쏟아져 나온 시민들로 붐볐다. 시간이 지나면서 도보시위가 기동시위로 확대되었다. 버스 승용차 심지어 군용 찌프(아시아자동차-현 광주기아차공장 생산)와 트럭까지 시위 군중을 가득 싣고 거리를 달렸다. '비상계엄 해제하라!' '전두환이 물러가라!' '김대중을 석방하라!' 와이셔츠나 찢어진 런닝셔츠로 만든 깃발을 흔들며, 맨주먹 아니면 손에 든 막대기로 차창을 두들기며 외쳤다.

도청 앞 금남로는 사람으로 가득했다. 여기저기 막대기 연탄집게든 사람들, 후라이팬 손에 든 아줌마들, 비상시국 아니면 그 꼴 서로 쳐다보며 얼마나 웃었을꼬. 쏟아져 나온 사람들 속에서 어쩌다 만난 제자들, 와락 반가우면서도 어색한데, 당장 집으로 끌고 가지 못한 채 "몸조심해, 이놈들아!" 겨우

이 말 밖에... 이게 말이나 되는 소리여?

작심하고 살육 작전을 개시한지 이미 사흘이 지난 특수부대에 맞서 집단시위로 저항하는 군중의 운명은 불 보듯 했다. 나는 달리는 차량들을 세우고 외쳤다. "이대로는 전멸합니다. 우리가 우리를 지킬 힘 없으면 다 죽습니다.... 저들은 군대이고 더구나 일당백의 살인병기 특공대입니다. 절대로 맞붙지 말아야합니다. 쫓아오면 달아나고 멈추면 돌아서서 대치하고 군대와는 일정간격을 유지합시다. 머지않아 전 국민이 범죄 만행을 알게 됩니다. 전 국민과 함께하는 이것만이 살 길입니다."

하지만 그 노력은 순식간에 허망한 소리가 되었다.

아! 21일 정오 무렵, 도청 앞 계엄군진지로부터는 일제사격이 퍼부어졌다. 제 부모 제 형제 수만 군중의 심장을 향한 집단발포라니, 누굴 죽이라고 쥐어준 총인가, 무엇하라고 기른 군댄가! 아~아 총 맞아 쓰러져 산사태 나듯, 홍수에 제방 무너지듯, 장작더미 허물어지듯, 핏물이 강물 된 도청 앞 금남로! 그리고 시내 곳곳에서 벌어진 인간사냥 살육전!

나의 동료교사였던 전남고등학교 학생지도부 소속 영어교사 김충희의 아내 최미애님은 시내에 나간 남편을 기다리다 걱정 끝에 남편 마중하러 대문 밖을 나섰다. 마침 그 때, 젊은이를 사살한 계엄군이 시신을 끌고 가더란다. 동네 아줌마 할머니들 "이놈들아, 이 죽일 놈들아, 송장이라도 내놔라!" 외쳐댔는데 돌아서며 갈긴 M16총탄에 만삭의 최미애님 쓰러지고 말았다. 달려 나간 친정어머니, 딸을 안아 일으키자 뱃속의 아이가 살자고 펄떡 펄떡 뛰는 걸 보고 기절한 어머니, 뒤늦게 도착한 남편, 땅바닥에 주저앉아 꺽꺽 숨막히며 뜨거운 눈물만 쏟는데, 이제 겨우 자박 자박 걸음마 하는 아들 진홍이는... 세상에 이런 일 들어나 봤소?

지금도 망월동 구 묘역 분향대 바로 옆에 서있는 묘비엔 아름다운 신부 차림의 최미애 님 사진과 함께 "여보! 당신은 천사였소. 우리 천국에서 다시 만납시다." 볼 때마다 눈물 적시는 산 자들, 산 자들.

  꽃잎처럼 금남로에 뿌려진 너의 붉은 넋
  두부처럼 잘리어진 어여쁜 너의 젖가슴

> 5월 그 날이 다시 오면 우리 가슴에 붉은 피 솟네.
> 왜 찔렀지 왜 쏘았지 트럭에 싣고 어델 갔지
> 망월동에 부릅뜬 눈 수 천에 핏발 서려있네
> 5월 그 날이 다시오면 이 가슴에 붉은 피 솟네.
>
> — '오월의 노래' 가사

성난 군중은 시민군이 될 수밖에 없었다.

파도처럼, 불 바람처럼, 죽어가며 엎어지며 대드는 시민군에 밀려 마침내 계엄군이 외곽으로 밀려갔는데, 그러나 이 순간부터 광주는 완전 포위된 절해의 고도가 되었다. 그랬다 광주는 절해의 고도 이상이었다. 사람뿐 아니라 식량도 전화 통신도 다 끊겼다.

광주에 들고 나는 사람은 기관총, M16에 어김없이 사살되었다. 그리고 어디론가 실려 갔다. 나갈 수 있는 건 새 들뿐이요 들어올 수 있는 건 개미새끼 뿐이었다.

〈80년 5월 광주, 오늘날 서울광장에 재연되다.〉

1980년 5월 21일부터 27일 새벽까지, 광주 역시 병력과 탱크 장갑차 기관포로 포위 차단되었다. 그리고 차단벽은 살육의 현장이었다.

그 죽음의 절해고도 안에서 사람들은 봉지쌀 봉지라면을 나누어 먹었다. 담배는 개피로 나누어 피었다. 사람들은 담 너머로 음식을 건네며 안부를 물었고 길목 어디서나 만나 서로를 걱정하고 힘을 북돋아주었다. 그때 광주는 진공이 아니었다. 사람 사는 세상이었다. 생존공동체였다. 운명공동체였다.

그렇다! 그 때 광주에는 민생 인권 민주주의가 살아 있었다. 말로만 듣던 대동세상의 실체가 거기서 숨 쉬고 있었다.

그러나 마침내 5월 27일 새벽 4시, 탱크와 장갑차를 앞세우고 시민군 진지인 도청을 향해 돌진하는 계엄군, 캐터필더의 굉음은 지축을 울렸고 시민들의 가슴은 짓이겨졌다. 최후의 순간을 맞은 도청에서 고등학생 시민군 수백 명을 집으로 돌려보내는데, 시민군 선배들의 명을 거역하고 문제학은 울면서 제자리로 돌아왔다.

"엄니~ 나 도청을 지켜야 해요. 집에 못가요. 나 절대 안 죽어요. 걱정 말아요 엄니!"

그렇게 문제학 열사는 전사하였고 그와 함께 진압군에 맞서 싸우다 전사하거나 포로가 된 청소년들이 수 없이 많았다. 아직도 사망자 수는 밝혀지지 않았다.

믿기지 않거든 금년 5.18기념일에 한국명 "인요한"이라는 어느 미국인의 공영방송 증언을 다시 찾아보시라. 당시 광주에 와서 외신기자를 위해 통역을 했는데 "5월 25일 당시 나는 분명히 사망자 600명의 명단을 보여주었다, 그 날은 사람이 가장 많이 죽은 도청 함락의 2일 전이었다."고 증언하였다.

당국이 158명이라고 우기는 사망자 수의 진실도, 암매장의 진실도, 집단발포명령자도 밝혀지지 않은 5.18이다. 80년 광주 5.18의 진실이 밝혀지지도 않은 이 시대에 또 다시 5.18이 재연되고 있다.

5.18이 끝나지 않고 계속된다는 말, 믿기지 않거들랑 용산참사를 보시라. 뉴타운 사업에 등 떠밀려 쫓겨나가는 가엾은 세입자들이 제 삶의 현장을 지키려다 진압군에 의해 불타죽은 저런 참사를 어디에서 보았는가?

단 돈 30원 깎이지 않으려던 박봉의 특수고용직 노동자들이 대량으로 해고되었는데, 이를 바로잡고 민주노조를 사수하려던 노조위원장이 애쓰고 또 애쓰다가 앞을 막아선 철벽 앞에 한 목숨 끊어 항쟁하였는데, 이런 비인간 비민주가 또 어디에 있는가?

9백만에 육박하는 비정규직 노동자와 그 처자식들의 노예 같은 삶을 보시라. 파리 목숨 같은 고용불안에 OECD최고의 생계형 자살률과 최장의 노동시간을 보시라.

남북의 화해 협력과 상생번영 평화통일을 기약하는 6.15와 10.4공동선언을 훼손 차단하고 대결로 돌아서는 냉전세력을 보시라. 5월 범죄는 청산해야 하고 5월 정신은 계승해야 하지 않겠는가.

80년, 정복자가 된 신군부, 민주애국시민을 폭도로 몰아 대거 살육하고 그 위세로 국권을 찬탈한 신군부, 민주주의 파괴와 학살범죄의 동조자가 되어버린 조·중·동을 비롯한 언론들, 삼성 현대를 비롯한 자본들, 사법부의 높은 자리 검사판사와 행정 관료들, 대부분의 정치인과 심지어 지식인 문화예술인까지 군부를 추앙 아첨하여 기득권을 챙기고 확대·강화하였다.

그들은 대한민국의 주류사회로 굳어졌고 이에 대한 반대는 어김없이 "빨갱이"로 몰렸다. 대한민국에서 빨갱이는 왕조시대의 역모에 해당하는 천형이다. 사람을 죽이고, 사람을 억누르고, 사람으로부터 빼앗고, 공포와 좌절의 늪에서 일어서지 못하게 하는 야만은 이제 끝나야 한다.

오늘도 계속되고 있는 과거는 청산되어야 한다. 일해서 먹고사는 사람들이 빼앗기지 않고 정의로운 사람들이 핍박받지 않는 대한민국, 직업과 신분에 관계없이 민생 인권 민주주의가 숨 쉬고 활개 치는 사람사는 세상, 남이요 북이요 싸우지 말고 우리민족끼리 오순도순 잘 살자는 평화 통일의 꿈, 손잡고 발 맞춰 이뤄 나가지 않으려는가, 사람들아 아! 아름다운 사람들아, 우리 함께 그 꿈을 이뤄보지 않으려는가.

서울에 있는 은행원으로서 잘 나가던 윤상원은 직장을 버리고 귀향하여 불우한 노동청소년들을 위하여 "들불 야학"을 하고 있었다. 5.18기간 내내 "투사회보"를 만들어 시 도민 아니 전 국민에게 진실을 알렸다. 도청을 사수하다 장렬히 전사하기 직전 열사의 최후연설은 다음과 같다.

"여러분! 우리는 저들과 맞서 끝까지 싸워야 합니다. 그냥 도청을 비워주게 되면 우리가 싸워온 그동안의 투쟁은 헛수고가 되고, 수없이 죽어간 영령들과 역사 앞에 죄인이 됩니다.
죽음을 두려워 말고 투쟁에 임합시다. 우리가 비록 저들의 총탄에 죽는다고 할지라도 그것이 우리가 영원히 사는 길입니다.

이 나라의 민주주의를 위해 끝까지 뭉쳐 싸워야 합니다. 그리하여 우리 모두가 불의에 대항하여 끝까지 싸웠다는 자랑스러운 기록을 남깁시다.

이 새벽을 넘기면 기필코 아침이 옵니다."

-윤상원 열사 비문에서

2009년 6월 4일. 서울광장에서.

<금남로에 담긴 나의 고백>

광주 그 현장에서 보낸 80년 5월을 생각하면, 나는 씻을 수 없는 두 가지 부끄러움을 동시에 떠올리게 된다.

미항공모함 콜호시호가 부산 앞바다에 정박했다는 소리를 들었을 때, 나는 "우리의 '우방'인 미국이 곧 온다, 우리 용기를 내서 조금만 더 참아보자."라는 얘기를 시민들에게 주절댔던 것이다. 미국과 우리나라와의 종속 관계에 대해서 모르지 않았던 내가, 미국의 본질과 그 단면을 나름대로 꿰뚫어보고 정리해온 나이 40줄을 넘어선 소위 지식인이었던 내가, 그렇게까지도 상황을 몰랐었던가. 바로 그 미국이 계엄군과 전두환 일당의 배후조종자였으며 학살주범이었음에도 말이다. 그렇게 어리석었다.

그리고 뜨거웠던 항쟁의 시기, 연일 학생들을 찾기 위해 길을 나서는 아침마다 나는 아주 당당하게 용약 진출했다. 마치 내가 시내 현장에 있어야만 우리 학생들이 피해입지 않고 보호될 것 같은 환상 속에서. 그러나 막상 그 끔찍한 생사의 현장에 도달해 계엄군들이 총을 쏘며 쫓아오면 정신없이 달아날 수밖에 없었다. 두려움에 사로잡혀 달아나는 뒤통수에서 솟아오르는 그 치욕. 그러나 다음날이면 또다시 신발끈을 동여매고 용감하게 출진. 그리곤 또 도망간다. 그렇게 비겁했다. 바로 그 두 가지의 부끄러움, 어리석음과 비겁함! 그것은 역사와 광주에 대한 나의 빚이다.

죄책감과 부끄러움으로 혼자 술 마시고 신음하다가 겨우 잠드는 버릇을 10년 가까이 버리지 못했다. 정신 나간 사람, 넋 나간 사람처럼 '나 죽으면 저 흘러가는 구름되리, 나 죽으면 저 흘러가는 물 되어 우리 형제들 씻어주리'와 같이 죽음에 대해 혼자 뇌까리는 등 광주에 사로잡힌 병적인 생활 역시 10년 가까이 계속됐다. 지워버리고만 싶었던 나의 모습에 대한 자책감도 함께.

14
자부심 넘치던 전남고를 떠나

전남고 재직 시절, 오종렬은 학교를 향한 자부심이 남달랐다. 시내에서 일을 보고 학교로 돌아가기 위해 택시를 탈 때면 강한 악센트를 넣어 "전남고등학교로 갑시다!"라고 말하곤 했다. 거의 오만에 가까울 정도로 자부심 넘치는 목소리였다. '오늘도 창의와 협동으로 새 역사를 창조하자'를 교훈으로 삼고 있는 전남고에서 민주화와 통일의 주역들을 내 손으로 키워내고 있다는 긍지가 "전남고로 갑시다!" 그 한 마디에 담겼다.

전남고는 독재와 잘 지낼 수 없는 학교였다. 오종렬뿐 아니라 사회의식이 강한, 진보적인 교사들이 많았다. 역사를 가르친 김용근은 윤동주 시인과 숭실중학교 동창으로 일제 때 독립운동을 했다. 국어를 가르친 문병란 시인, 윤리를 가르친 이면호 선생님도 사회참여 의식이 강했다. 수업시간에 거리낌 없이 박정희 대통령이나 유신을 비판하는 교사도 있었다. 종렬은 정치나 사회 문제를 드러내놓고 언급하지는 않았다. 다만 학생들에게 민족의식을 가지고 살아가라는 당부는 자주 했다. 가족 내력이 밝혀지면 좋지 않을 터여서 직접 정부를 비판하지는 않았지만 학생들이 가야할 올바른 방향만은 제시했다.

1970년대 억누르는 분위기 속에서도 전남고는 자유로웠다. 목을 꽉 조이던 목 단추를 없애고 일제식 교복을 광주에서 제일 처음 자율화한 학교이기도하다. 교복 모자도 없애고 학생들이 자유롭게 쓰고 다니게 했다. 그만큼 민주의식이 높았다.

학생들도 그런 분위기에 알게 모르게 영향을 받았다. 박정희 정권이 헌법을 바꿔 유신 체제로 들어가 나라 전체가 눈 감고 귀 닫고 입 다물어야 하던 때도 학내 시위를 했다. 1974년 8월 15일 박정희 부인인 육영수 여사가 세상을 떠났을 때도 전남고 학생들은 교문 앞으로 진출하려는 데모를 했다. 그만큼 사회비판 의식이 있던 전남고생들이었기에 전두환이 벌인 쿠데타를 용납할 수 없었고, 광주항쟁에도 누구보다 열의 넘치게 참여했다.

그 중 몇 명은 항쟁이 끝나고 보안대에 끌려가기도 했다. 생활지도부장이던 종렬이 아이들을 살피러 보안대에 갔다. 아이들을 보러 왔다고 하자 보안대의 한 군인이 종렬을 보자마자 몸을 날려 발차기를 했다. 그리고선 "학생을 고 따위로 지도했나."며 소리를 질렀다. 제자들 앞에서 보안대의 발길에 넘어지는 모멸감도 제자를 생각하는 종렬을 막지는 못했다. 아픈 와중에도 보안대원들에게 "앞길이 창창한 학생들이니 선처를 부탁한다."는 말을 잊지 않았다. 별다른 성과 없이 돌아가서도 아이들이 석방되도록 교육위원회를 틈만 나면 찾아가 탄원을 넣었다.

군사 정권이 이런 학교를 가만둘 리가 없었다. 광주항쟁이 끝난 뒤 정부가 반대세력을 색출하고 보복하는 과정에서 재단을 소유했던 전남방직은 전남중·고를 국가에 헌납한다. 전남고는 81년 3월 공립으로 전환됐다. 전남고를 든든하게 받치고 있던 실력 있고 사회의식도 강했던 선생님들도 뿔뿔이 흩어졌다. 대학교수로 간 이들도 많다. 그들과 헤어져 오종렬은 1981년 광주동명여자중학교로 전근을 간다.

15
치유의 공간,
매곡동

광주항쟁 이후 죄책감에 시달리던 오종렬에게도 스스로를 돌볼 시간이 필요했다. 마침 75년에 이사 온 매곡동은 몸과 맘을 쉬기에는 최적의 공간이었다. 광주 외곽에 있어 아직 개발의 흔적이 없었다. 논밭과 산들로 둘러싸인 공간은 푸름을 머금고 있었다.

매곡동으로 이사한 데는 정규·창규 쌍둥이 역할이 컸다. 어려서부터 부산스럽기로 유명한 장난꾸러기들이었다. 둘은 진도에 살 때는 네댓 살 밖에 안 됐는데도 닭을 쫓아다니다가 초가지붕까지 올라가고, 장화를 사주면 장화 속에 물을 담아 신고 다녔다. 추석이라고 사준 체크무늬 양복을 담을 타고 놀다가 그날 바로 다 헐어 들어오던 쌍둥이는 쌍으로 말썽을 피웠다.

광주로 이사 와서도 셋방살이하는 부모 생각은 하지 않았다. 주인집 장독이며 담들을 부숴놓기 일쑤였다. 싫은 소리는 남에게 하지도 못하고 듣기도 싫어하던 종렬이 집주인에게 머리를 조아리는 것도 한두 번이었다. 시내에서 살기는 힘들겠다는 생각에 쫓기듯 찾아온 곳이 바로 광주 변두리에 있는 매곡동이었다. 와서 넓은 마당이 있는 시골집을 사서 살다가 주택부금으로 빚을 내 집을 지었다. 종렬이 거금도에서 익금분교를 지었던 경험을 되살려 목수 따로, 모래 다루는 사람 따로 식으로 인부들을 불러 직접 감독하며 지은 집이었다.

몇 년 전부터 같이 산 아버지 오정근과 종렬 부부, 아들 넷까지 3대가 모여 사는 대가족의 보금자리가 그렇게 만들어졌다. 커다란 진돗개와 강아지들, 염소까지 키웠으니 식구들은 훨씬 많았다. 단독주택에서 산 뒤로 종렬 가족은 늘 개와 함께 살았다. 그동안 계속된 전근으로 이웃들과 친해질 새도 없던 평님이 다시 새 동네로 이사 와 적적할까 봐 종렬이 먼저 말을 꺼냈다. 평님이 개를 좋아하니 기르자고. 그렇게 진돗개 '흰둥이', 셰퍼드 '고다' 등 여러 마리 개들이 종렬의 아이들과 함께 컸다.

마당엔 각종 과실수들도 심었다. 자두나무, 살구나무 들에서 열매가 열리면 주변에 나눠주기 바빴다. 나중에 전교조 활동을 할 때는 전교조 사무실에도 자주 갖고 가 광주에서 활동하는 선생님들은 오종렬네 집 자두가 맛있다는 걸 다 알았다.

집 옆에 60평짜리 작은 대나무밭도 사서 땅을 넓혔다. 평님은 농사짓는 틈틈이 동네 산에서 꿀을 캐와 염소를 길렀다. 아침마다 짠 따뜻한 염소젖을 만성 위장병으로 고생하는 종렬에게 마시게 했다. 어려서부터 있던 종렬의 위장병은 커서 신경성 위장병으로 번졌다. 한때 종렬은 학위를 따서 대학 교수가 될 걸 염두에 두고 대학원에 진학했었다. 하지만 평님이 아프고 어머니가 중풍으로 쓰러져 집안에 위기가 오면서 학업을 이어갈 수 없었다. 원대한 포부를 펼치지 못하고 가정과 직장에 묶인 답답한 생활과 5·18을 겪으며 마음에 남은 죄책감이 그의 위장병에 영향을 미친 터였다.

평님 역시 마음의 병이 몸의 이상으로 나타나 신경증을 앓았다. 매곡동으로 이사 와서 병원에 갔더니 의사는 "조금만 자존심을 낮추면 건강한 사람이 된다."면서 신경이 예민하니 마음을 편히 가질 걸 주문했다. 동네에서 알아주는 부산한 쌍둥이를 키우면서 평님은 몸도 마음도 지친 상태였다. 둘이 돌아가며 잠을 안 자던 갓난아기 때 평님은 하루 2~3시간밖에 못 잤고 그 기간이 길어져 불면증이 생겼다. 둘째는 시어머니에게 맡기고, 큰아이는 업고 물동이를 머리에 인 채 물을 길어 다니며 살림을 챙겼다. 또, 쌍둥이는 아파도 꼭 같이 아팠다. 신안 암태도에 살 때는 돌 지나고 얼마 안 된 쌍둥이가 홍역에 걸린 뒤 만성 설사로 고생한 적도 있다. 배 타고 목포에 있는 소아과까지 두 아이를 안고 업은 채 데리고 다녔다. 그렇게 키웠더니 좀 크자 둘이 같이 동네를 휘젓고 다녔다. 초등학교에 들어가서까지 하루가 멀다 하고 말썽을 피우는 쌍둥이가 힘에 부쳤다.

쌍둥이와 3년, 2년 터울로 세상에 나온 셋째, 넷째는 얌전한 편이었지만 그렇다고 손이 안 가는 건 아니었다. 아이들 키우는 것도 벅찬데 무서운 시어머니 아래서 겪는 시집살이는 말도 못하게 고됐다. 종렬이 "당신처럼 부지런한 사람은 못 봤다."고 인정할 정도로 부지런하고 생활력이 강한 평님이었는데도 세상에서 아들이 최고인 박성노에겐 며느리가 도통 성에 차지 않았다. 그 마음을 종종 내비치니 평님 속도 까맣게 타들어갔다.

무엇보다도 종렬에게 "검정고시를 봐 학업을 마치겠다."고 결혼하며 했던 약속을 못 지키고 있는 마음 속 불편함이 컸다. 마음의 짐으로 힘들어 하는 평님을 안타깝게 바라보던 종렬이 먼저 "힘든 일이 있으면 모두 이야기하라."며 멍석을 깔아줬다. 평님은 검정고시를 보겠다고 한 약속을 못 지키고 있는 걸 언급하며, "죄책감이 있다. 부부는 뭐든지 동등해야 하는데 그렇지 못해 자존심이 상한다."고 솔직하게 털어놓았다. 평님의 말을 가만히 듣던 종렬이 "그런 거 안 해도 돼. 건강하기만 하면 돼. 당신이 내 옆에 있는 것만으로도 나는 고마워."라고 말했다. 곁엔 어떤 누구보다 든든한 증인이 돼줄 종렬의 아버지, 오정근이 있었다.

매곡동 집에서 인생 말년에 행복을 찾았던 아버지 오정근과 함께

남편의 한 마디에 평님의 얼었던 마음은 사르르 녹고 신경증도 서서히 좋아졌다. 종렬에겐 평님이 짜준 염소젖이 치료약이 되었다. 평님은 염소젖뿐 아니라 종렬의 건강을 위해 익모초즙도 매년 만들고 벌도 키웠다. 종렬은 휴일이나 방학이면 꼴망태기를 메고 다니면서 아내를 도왔다. 그렇게 안정된 환경에서 자연과 벗 삼으며 종렬과 평님 모두 매곡동에서 건강을 조금씩 회복해 갔다. 그렇게 집은 종렬 가족에게 치유의 공간이 되었다.

또, 매곡동 집은 종렬과 평님을 다독일 마지막 피난처이기도 했다. 나중에 종렬이 교사운동을 하다가 파면 당하고 사회운동을 하면서 생활이 어려워졌을 때, 종렬도 평님도 "그나마 집이라도 사둬서 다행이다."라는 말을 자주 했다. 나중에 논밭이던 동네가 헐리고 아파트가 들어서면서 아파트로 이사 갈 수 있었던 것도 다 그 집 덕분이었다.

15. 치유의 공간, 매곡동

종렬의 태몽이 맞았는지도 모른다. 종렬을 가졌을 때 어머니 박성노가 꿈을 꿨다. 꿈속에서 커다란 복주머니가 나타나 박성노가 그걸 펴니 반듯한 기와집이 딱 지어졌단다. 그래서 이름도 처음엔 '집 우(宇)'자를 써서 '우열'로 지었다. 나중에 사주 보는 사람이 이름이 안 좋다는 말을 해 박성노는 우열이 고등학교 때 이름을 오이응으로 바꿨고, 대학교 때 다시 오종렬이란 이름을 지어주었다. 아들이 건강하게 오래오래 살기를 바라는 어머니의 마음이었다. 복주머니에서 기와집이 나올 정도로 아들이 앞으로 대업을 이룰 거라는 믿음이 어머니, 박성노에게 있었던 것이다.

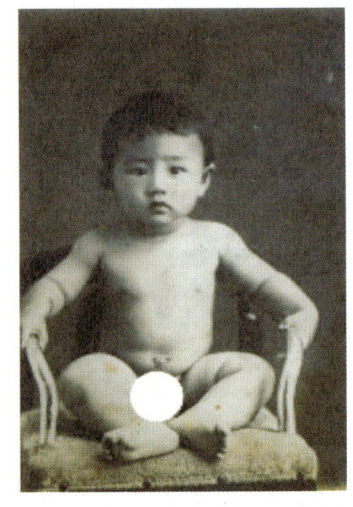

복주머니에서 기와집이 나오는 태몽 속에 태어났던 종렬은 매곡동에서 집을 짓고 산 때가 가장 편안한 시절이었다.

종렬의 아버지, 오정근도 매곡동에서 인생 말년에 짜릿한 행복을 맛봤다. 평생 당국의 감시를 받은 탓에 아내에게도 고통을 안겨 소원하게 지냈던 그다. 홀로 쓸쓸히 지내던 오정근이 80대에 접어들어 집을 짓고 자리 잡은 막내 아들네에서 함께 사는 것 자체가 기쁨이었다. 집 지을 때는 직접 옥상에 기와지붕을 얹고, 마당에 토끼장을 만들기도 했다. 문간채에서 지내던 그는 새벽이면 안채에 올라와 손자들 머리맡에 앉아 손자들이 자고 있는 모습을 흐뭇하게 바라보곤 했다. "아이고, 매곡동 와서는 100살까지 살고 싶네."란 말을 자주 했다.

16
공부보다
몸 단련법을

오종렬은 '힘은 근육에서! 근육은 규칙적인 운동에서!'라는 격언을 신조로 삼고 살았다. '현대 보디빌딩의 아버지'로 불리는 유젠 산도우의 운동철학이다. 고등학교 시절, 폐결핵에 위궤양까지 겹쳐 피골만 앙상했던 몸을 겨우 살려냈던 종렬이었다. 그때 어금니를 악물고 운동을 하며 심신을 담금질했다. "손가락으로 바위를 뚫는다.", "이 손으로 만지면 반드시 이루어진다."는 말을 늘 입으로 되뇌며 스스로를 단련했다.

운동철학은 곧 그의 교육철학으로 이어졌다. 종렬은 아이들에게 머리를 채우기에 앞서 몸을 단련하는 법을 전수했다. 초등학교 6학년 때 첫째 정규가 물었다.

"아빠는 세상을 살아가는데 무엇이 가장 중요하다고 보세요?"

오종렬은 한마디로 대답한다.

"단련이다."

그에게 단련이란 '일관되게 애쓰기'였다. 첫째로 숨쉬기를 중시

폐결핵으로 피골만 앙상했던 몸을 신체단련으로 살려냈던 종렬은 아이들에게도 몸 단련을 강조했다. 사진은 1966년 8월, 교원연수 출장 중 여수 만성리 해수욕장에서

해 의식을 집중하는 복식호흡법을 3단계로 나눠 행했다. 또, "근육은 단련하지 않으면 쉽게 퇴화한다."면서 근력운동도 열심히 했다. 운동을 하면서 참선으로 마음까지 다스렸다. 이후 수십 년 동안 사회운동을 하며 단식투쟁과 옥에 갇히는 어려움을 수차례 반복하면서도 오종렬이 강건할 수 있었던 건 하루하루 일관되게 애쓰며 심신을 단련했기 때문이다.

아이들에게도 운동을 강조해 직접 가르쳤다. 우선 네 아들에게 아침 일찍 일어나 마을 앞 동산까지 뜀박질을 시켰다. 종렬도 집에서 키우는 진돗개를 데리고 같이 달렸다. 산책 코스에는 군인들 훈련장으로 가는 굉장히 가파른 언덕도 있었다. 막 달려서 올라가면 다리가 빳빳하게 굳고 호흡이 목까지 차오르는 힘든 고개였다. 처음엔 끙끙거리며 오르던 아이들이 나중엔 단숨에 올라갈 정도로 단련이 됐다. 넘지 못할 것 같은 고개를 넘어가며 아이들은 어려움을 이겨내는 법을 스스로 깨우쳐갔다.

체구가 작고 성장이 더딘 쌍둥이가 어디 가서 기죽지 않길 바라며 복싱도 가르쳤다. 싸우는 법 하나를 알려준 셈이다. 종렬이 심판을 보고 두 아이씩 스파링을 붙이곤 했다. 근력과 유연성을 길러주는 철봉에, 물구나무 서는 법도 일러 주었다. 웬만한 운동선수들 훈련 프로그램 못지않았다. 덕분에 아이들은 학창 시절이 편했다.

"고등학교 때 기계체조 선수 출신인 체육 선생님이 물구나무를 가르치셨습니다. 다른 애들은 다들 픽픽 쓰러졌는데 저랑 정규 형은 혼자서 바로 물구나무를 서 친구들이 박수를 치며 신통해 했습니다. 청소년기에 아빠와 아들들이 운동을 하며 그렇게 몸으로 부딪힐 수 있었던 건 어마어마한 복이었습니다."

기분 좋게 십대 시절을 떠올린 둘째 오창규는 지금도 끈기, 인내 하나만큼은 자신 있다면서 "아버지는 '신체적으로 강건하라.'와 '사람은 참을성이 있어야 한다.'는 걸 자주 강조하셨다."고 말했다. 창규와 정규가 대학에 들어간 뒤로도 종렬은 "이제는 무도를 익히라."며 아들들을 합기도장에 보냈다. 종렬에게 단련은 잠깐 익히고 마는 운동이 아니라 평생 갈고 닦아야 할 무기였기 때문이다. 이 생각은 오종렬이 내세운 가훈에도 그대로 담겼다. '사람은 시련을 먹고 자란다.' 그와 함께 그는 "인간은 단련을 하면 무엇이든 할 수 있다."고 자주 말했다.

체력단련법을 전하며 아들들에게 큰 영향을 미쳤던 오종렬. 셋째 졸업식에서

교사 오종렬은 자식들 교육은 어떻게 했을까? 따로 아이들 공부를 챙기지는 못했지만 과학만화 전집과 위인전을 한 번씩 사다 줬다고 한다. 아버지가 사다 주신 과학 만화책을 마르고 닳도록 봤다는 오창규는 "과학 선생님인 아버지는 늘 사물을 과학적으로 분석해야 한다고 강조하셨다."면서 "주장할 때도 항상 팩트(사실)에 기반하고, 없는 사실을 가공해선 안 된다고 누누이 말씀하셨다."고 전했다. 생전 오종렬의 연설이 논리적이라는 평을 들었던 까닭도 항상 타당한 근거를 제시하며 논지를 이어갔기 때문이었다.

공부는 챙기지 못해도 아이들이 좋아하는 건 기억하는 아빠였다.

한때 TV에서 통 아이스크림인 삼강 마나나 광고가 한창 나왔다. 아이들은 "여보, 궁금한데 아이스크림 먹을까. 좋았어요, 맛있어요 상감 마나나~." CM송을 부르며 "아빠, 아빠 저거 사줘."라며 졸라대곤 했다. 무심히 별 대꾸가 없던 오종렬은 며칠 뒤 술 한 잔 걸치고 집에 들어오면서 "여기 있다."며 노란 종이봉투 하나를 아이들에게 쑥 내밀었다. 봉투 속에는 아이들이 며칠 동안 노래 부르던 바로 그 아이스크림이 들어 있었다. 사내아이 넷은 한 목소리로 "우리 아빠 최고!"를 외쳤다. 식구들 모두 모여 아이스크림 통을 가운데 두고 숟가락으로 퍼 먹으며 추운 겨울밤을 따뜻하게 보냈다.

퇴근길엔 타고 다니던 자전거에 아이들이 좋아하는 고등어, 갈치, 사과도 곧잘 사갖고 들어오던 자상한 아버지였다. 그런 아빠가 좋아서 초등학교 때 네 아이들은 용돈을 모아 구두 한 켤레를 사 왔다. 뒤축이 다 닳도록 낡은 구두만 신고 다니던 아빠께 드리는 선물이었다. 구두를 받고 종렬은 "내가 죽으면 이 구두를 관 속에 넣어달라고 해야겠다."라고 말하며 함박웃음을 지었다.

종렬의 아이들은 어려서는 아빠 어깨 위에 올라가서 놀고, 좀 커서는 아빠가 빌려온 리어카를 타고 말 달리며 놀았다. 어렸을 적 작은 기억들을 꺼내며 오창규는 "아버지는 큰 정이 있고 잔정이 없는 분"이라고 말했다. 몸 단련을 비롯해 삶에 충실하기 등 세상을 살아가는 원칙을 일깨워준 아버지였다.

"평소엔 우리 형제들한테 한없이 자애로우신데 잘못했을 때는 염라대왕으로 변하셨습니다."

오창규가 말한 잘못한 때란 특별한 때가 아니다. 어린 시절 많은 이들이 한두 번쯤 해본 일들이다. 부모님 호주머니에서 돈을 꺼내 군것질을 했다가 들켜 위기 모면을 위해 거짓말을 했을 때, 학생이 본분인 학업에 충실하지 않고 노는데 정신이 팔려 숙제를 못했을 때 등. 이럴 때면 자상한 아버지 오종렬에게서 불호령이 떨어졌다.

"그럴 때면 아버지가 '종아리를 걷어 올려라'고 하셨습니다. 어린 마음에도 자기 할 일을 다 하지 못한 거니까 잘못한 걸 알았죠. 내가 회초리를 맞아야 한다는 건 받아들이지만 그래도 맞을 때는 엄청 아팠습니다."

회초리는 아팠지만 덕분에 종렬의 네 형제는 거짓말하지 않기, 어른을 공경하기, 본분에 충실하기 같은 기본을 지키며 살게 됐다. 오창규가 자신을 비롯해 형제들의 삶에 절대적인 영향을 미쳤던 아버지 오종렬에 대한 이야기를 덧붙였다.

"40대를 넘어갈 때까지 우리에게 아버지 말씀은 지존의 명령이었습니다. 성장기 때 워낙 잘해주시기도 했고, 말씀하신 건 꼭 실천하고 스스로에게 엄격하고 정의로운 분이였으니까요. 아버지가 잘못하는 걸 본 적이 없어서 성장해서도 아버지 말씀은 다 따를 수밖에 없었죠. 그런데 마흔을 넘어서부터는 아버지도 한 사람의 인간이구나, 한 사람의 남자였구나를 깨달았습니다."

17
참교육의 길로

1987년 7월 11일은 오종렬 일생에 잊지 못하는 날 중 하루였다. 그로부터 한 달여 전이던 6월 19일, 첫째아들 정규가 6월 민주항쟁 한가운데서 벌어진 집회에서 최루탄을 직격으로 맞아 쓰러졌다. 근처에 있던 시민이 업고 급히 대학병원까지 데려다줘 다행히 생명에 지장은 없었지만, 부상이 가벼운 건 아니었다. 최루 가스가 심해 손으로 코를 막고 있던 상황에서 최루탄을 맞아 손뼈가 으스러지고 얼굴뼈도 크게 상했다. 그렇게 큰 부상을 입고 입원해 치료를 받다가 퇴원한 날이 바로 7월 11일이었다.

퇴원수속을 마친 뒤 아들은 아내와 함께 집으로 보내고 오종렬은 동료교사들을 만나러 갔다. 동료들과 금남로쪽을 지나가는데 들머리에 있는 YMCA 앞 기둥에 '민주화를 위한 교사 토론회'를 알리는 안내문이 붙어 있었다. 6월 항쟁의 여파로 민주화의 열기가 뜨거웠을 때다. 같이 있던 교사들에게 "들어가 보세." 하고 권하고선 종렬이 앞장 서 광주YMCA 2층에 있는 백제실로 들어섰다. 꽤 큰 강의실이 교사들로 꽉 차 있었다. 젊은 교사들이 교육 민주화를 어떻게 이룰지에 대해 발제하고 있었다. 패기 넘치는 그 모습을 뒤에서 조용히 바라보고 있던 종렬의 입에서 의식하지도 못한 말이 튀어나왔다.

"워매, 무척 아까운 이 애기들도 또 당하네. 우리 선생님들 큰일 났네!"

막 50대에 들어선 종렬에게 20~30대 젊은 교사들은 애기들로 느껴졌다. 그들이 이 땅의 교육을 바꾸겠다고 나서는 모습을 보니 걱정이 앞섰다. 토론회에 함께 했던 교사 송문재가 그날 마지막에 오종렬이 했던 발언을 전했다.

"나는 상당히 오랫동안 교직생활을 했는데 아직 30, 40대도 안 된 젊은 선생님들이 토론하는 모습을 보면서 한 장면이 떠올랐습니다. 바로 천진난만하게 놀고 있는 노랑 병아리들 수십 마리를 데리고 다니는 암탉의 머리 위 하늘로 커다란 솔개가 나타나 병아리들을 채가려고 노리고 있는 광경입니다. 한 마리 암탉의 힘으로는 도저히 그 병아리들을 다 못 지킬 것 같지만 나라도 암탉의 역할을 해줘야겠다는 그런 사명감이 갑자기 들었습니다."

이날 대토론회는 김경옥, 주진평, 이세천, 신영일, 노준현 등의 젊은 교사들이 마음 졸이며 오랫동안 준비해 이루어진 자리였다. 종렬은 거대한 독재정권인 솔개에게서 병아리 같은 이 젊은 교사들을 지켜줘야겠다는 마음이 들끓었다. 학생들과 우리 교육을 사랑하는 젊은 교사들의 진심이 오종렬을 교사운동으로 이끌었다.

10여일 전 학교 교무실 텔레비전으로 노태우 대통령이 6월 항쟁에 떠밀려 6·29선언을 하는 걸 볼 때도 종렬은 책상을 탁 쳤다.

'아~ 우리가 당한다. 저건 정국 모면용일 뿐이다!'

기만적인 선언으로 국민의 저항이 가라앉을 걸 종렬은 염려했다. 해방되고 만세 소리가 그치기도 전에 미군정이 들어섰다. 또, 4·19로 이승만 대통령이 물러난 뒤에도 곧이어 5·16 군사 반란이 일어났다. 오랫동안 박정희 군사정권 아래 숨죽여 지낸 세월을 아는 그였다. 6·29선언으로 이남 사회가 다시 기나긴 세월 민주화에서 멀어질 것 같은 예감에 휩싸였다.

집안 내력인지 종렬은 시국에 관해서는 말로는 표현하기 힘든, 이른바 '촉'이 예민하게 작동했다. 그런 그의 눈에 교육을 민주화하겠다고 나서는 젊은 교사들이 마치 물가에 내놓은 아이들처럼 보였다. 큰일이 날 것만 같아 불안한데 같이 간 동료 교사들이 토론회가 끝나자마자 빨리 가자고 잡아끌어 종렬도 휩쓸려 나갔다. 그러면서도 참석자 명단을 받는 곳에 이름과 연락처 적는 걸 잊지 않았다.

얼마 뒤 다시 교사 토론회가 열린다는 연락이 왔다. 이번에는 혼자 갔다. 또 뒤에 앉았다. 지켜만 보려고 했는데 종렬이 관심 갖고 있는 문제여서 손을 번쩍번쩍 들고 생각을 밝혔다. 오종렬은 존재만으로도 눈에 띄었다. 젊은 교사 대부분인 교사 토론회에 머리가 허옇게 센 그는 낯선 존재였다. 게다가 건장한 체격에 울림이 큰 목소리는 좌중을 휘어잡기에 충분했다. 당시 함께 했던 많은 교사들이 말하듯 그야말로 "혜성같이 나타난" 준비된 운동가였다.

그만큼 의구심을 품는 사람들도 있었다. 당시 종렬은 전남대학교 사범대학부속고등학교(전대사대부고)에 근무했다. 전라도에서 전대사대부고는 교사들이 교육 관료로 가는 지름길로 여기던 학교였다. 그런 학교 선생이 민주화를 위한 교사 대토론회에 온다는 게 의심을 살 만했다. 일부 교사들은 아는 사람들을 통해 오종렬 교사는 어떤 사람인지 평판을 묻기도 했다.

사람들이 어떻게 생각하든 종렬은 한 가지 생각뿐이었다.

'언젠가 이 사람들은 큰일 난다. 내가 방패막이가 돼줘야겠다.'

그렇게 참교육 운동에 뛰어들려고 하자 교육계 선배들이 말렸다. "교장 시켜줄 테니 교협 활동은 하지 말라."고 찾아온 선배도 있었다. 종렬은 그 선배에게 "나는 교장 안 할라요."란 한 마디로 뜻을 분명히 밝혔다. 그렇게 교육운동에 발을 깊이 디밀었다.

오종렬처럼 출셋길이 보장된 길을 차버린 이가 또 있었다. 전남과학고(현 광주과학고)에서 교편을 잡고 있다가 교육운동의 길로 들어선, 제8, 9대 광주시교육감이기도 했던 장휘국이다. 장휘국도 YMCA 교육대토론회에 참여하면서 교육운동을 시작했다. 과학고에서 근무하면서 한국 영재교육에 대해 많은 문제의식을 품어왔던 그였기에 6월 항쟁을 거치며 분출하던 민주화의 열기가 반가웠다. YMCA가 당시 전남과학고와 1km도 안 떨어진 동명동에 있어서 교육대토론회가 열린다는 공지를 보고 바로 참여했다. 토론회에 나온 사람들의 말이 구구절절 장휘국의 마음에 와 닿았고 자연스럽게 함께하게 됐다.

당시 교육운동을 주도하던 이들은 대부분 사립학교에 근무하던 교사들이었기 때문에 오종렬과 장휘국은 교육대토론회장에서 처음 만났을 때부터 서로를 유심히 바라보았다. 말하지 않아도 통하는 공감대가 있었다. 몇 번 스치듯 만난 뒤, 어느 날 토론회를 끝나고 가면서 오종렬이 장휘국에게 먼저 말을 걸었다.

"장 선생님이 과학고에 근무하니 나하고 비슷한 점이 많은 것 같네요. 앞으로 서로 의견 나누면서 열심히 해봅시다."

운동을 처음 접하기에 불안한 마음도 컸던 장휘국은 먼저 다가와 격려해주는 종렬 덕분에 마음을 조금 놓을 수 있었다. 이 인연은 이후 오종렬이 전면에 나서 전교조 활동을 할 때 더 끈끈하게 이어진다.

1987년 9월 광주 가톨릭센터에 모여 교육 민주화를 위한 광주교사협의회(광주교협)를 출범하기로 했다. 일찌감치 출범식 장소에 가니 이미 전투경찰들이 원천봉쇄를 하고 있었다. 먼저 온 사람들은 대회장에 들어가기 위해 시도를 했고, 과정에서 경찰에 끌려간 이들도 있었다. 그 날 몸 상태가 안 좋았던 종렬은 뒤쪽에서 그 모습을 지켜만 봤다. 불편한 마음이었는데 주최측이 장소를 호남동성당으로 옮겼다는 연락을 받았다.

종렬도 호남동성당으로 바삐 걸음을 옮겼다. 앞쪽으로 가니 전경들 속에 아는 얼굴이 있었다. 제일 앞줄에 얼마 전에 입대했다는 고향 조카가 서 있었다. 조카도 그를 알아봤다. 조카는 주변 눈치를 보면서도 "당숙, 안 돼. 안 돼." 하며 가지 말라고 고개를 가로저었다. 종렬은 "응, 알았어." 하며 조카를 안심시키고는 뒤로 돌아가는 척하면서 담 쪽으로 갔다.

몸상태는 안 좋았지만 담을 넘었다. 담 위에 있는 철조망에 걸려 옷까지 찢어졌다. 찢어진 옷이 문제가 아니었다. 무사히 도착했다는 안도감이 더 컸다. 숨을 헐떡이며 성당 안에 마련된 행사 장소로 가 출범식에 참여했다. 1500명이 넘는 사람들이 경찰의 삼엄한 감시를 뚫고 출범식에 참여했다. 종렬이 회의를 주재해 광주교협 회장도 선출했다. 그의 고등학교 후배인 교사 송문재가 회장이 되고, 종렬은 고문을 맡았다.

그 무렵 광주교협 분회활동가 모임에서 오종렬을 처음 만났던 정병표는 종렬의 첫인상을 "쉽게 범접할 수 없는, 건장한 장수 풍모에 우렁찬 선동가"로 기억했다. 카키색 바바리코트를 입은 종렬은 소개말을 대신해 쩌렁쩌렁한 목소리로 연설을 했다.

"우리 교사들도 이젠 '의식 있는 교사', 즉 깨어 있는 교사가 되어 교육민주화를 이룩합시다."

사립학교인 광주 송원고등학교에서 진학지도에만 열심이고 평범한 교사였던 정병표는 그때 서서히 의식이 깨어가던 참이었다. 86년 5월, 자신이 가르쳤던 서울대생 이재호가 전방입소훈련 거부투쟁 중 폭력경찰 앞에서 분신을 해 세상을 떠났다. 그 소식을 접하고 정병표는 "우리 기성세대가 올바르게 나라를 지켜냈더라면 박정희, 전두환 같은 군부독재시대를 막을 수 있었을 텐데……."라며 반성했다. 그때부터 사회문제에 관심을 갖기 시작했고 교육운동에도 발을 내딛었다. 그 첫 걸음에 만났던 오종렬은 정병표에게 믿고 따를 장수로 다가왔고, 오종렬이 이후 교사운동과 전선운동으로 나아가는 길에 정병표도 첫 마음 그대로 함께했다.

18
주저했던 날들

오종렬이 학교 울타리를 벗어나 세상에 목소리를 내기 위해서는 큰 용기가 필요했다. 다들 몸을 사리던 군사정권 시기로 앞에 나서는 사람들은 누구나 많은 걸 걸어야 했지만 오종렬이 염려한 건 분단 현실이었다. 이미 사관학교 입시 때 신원조회에 걸렸던 그다. 오종렬 집안은 오랫동안 정보기관의 요시찰 대상이었다. 오종렬이 섬을 전전하며 학교를 여러 번 옮길 때마다 이사한 집 근처엔 경찰이 있었다.

71년, 진도에서 광주로 막 옮겨왔을 때도 어느 날 지프차가 오종렬 집 근처에 서 있었다. 수행하는 사병과 함께 장교처럼 보이는 한 군인이 차에서 내렸다. 사병에게 대하는 모습을 보면 분명 장교 같은데 그가 입은 제복엔 계급장이 안 붙어 있었다. 이상하게 여긴 종렬이 사병에게 지나가듯 물었다.

"어디서 왔소?"

사병은 딱딱한 말투로 답했다.

"보다시피 군부에서 왔습니다."

육군보안사령부였다. 이승만 정부가 이남에서 활동하는 공산주의자들을 감시하고 정부에 반대하는 정치세력을 사찰·탄압하는 데 활용했던 군사조직 특무대에서 이름만 바뀐 조직이었다. 고문치사에 암매장도 서슴없이 해 '귀신도 벌벌 떤다.'는 특무대를 종렬은 알고 있었다.

그런 조직이 종렬 가족을 예의 주시하고 있었다.

그러고 보니 종렬이 일했던 진도고성중학교 근처에서도 비슷한 지프차가 왔다 갔다 했던 모습이 떠올랐다. 그때는 학교 가까이에 살고 있는 군부 원로를 찾아왔다고 생각했는데 그 지프차도 종렬을 감시하는 차였던 걸 나중에 깨달았다.

정보기관의 감시는 그 뒤로도 이어졌다. 유신에 들어서고 얼마 뒤엔 갑자기 수사기관에서 집으로 들이닥쳐 아버지, 오정근을 연행해간 일도 있었다. 이번에도 경찰이 아니었다. 그들이 입은 계급장 없는 옷 등을 봤을 때 정보기관에서 나온 이들이었다. 그들은 집안을 샅샅이 뒤져 사진과 책 등을 가지고 갔다. 예비검속(豫備檢束)으로, 범죄를 저지르지 않았는데도 어떤 상황에 대비해 사람들을 구속할 만큼 박정희 정권은 사회운동가들이 움직이는 걸 극히 경계했다. 그렇더라도 오정근은 70대 중반으로 경제능력도 없고 변변한 사회생활도 하지 않는 평범한 노인이었다. 힘없는 노인이 정권에 해가 될 가능성은 거의 없을 터, 어디로 잡혀갔는지도 몰랐던 오정근은 며칠 뒤 가족들 곁으로 돌아왔.

오정근은 인민위원회 활동이라도 했지만 종렬은 아버지가 활동하던 당시 열 살도 안 된 어린아이였다. 그런데도 스무 살 무렵부터 줄곧 그의 주변에 뭔가가 있는 걸 느끼며 살아왔다. 납득되지 않고 이해할 수도 없는 감시와 핍박을 당하니 마음이 편치 않았다. 자신을 그렇게 옥죄는 정권에 대한 반감도 생겼다.

교사를 하면서 그가 가르치는 아이들이 통일의 중심축이 되길 기대한 까닭도 사실은 그의 삶에서 비롯됐다. '통일만 되면 나와 같은 일이 없을 텐데……. 이런 불행은 통일이 되어야만 끝나겠구나.' 생각하며 아이들에게 더 기대를 했던 터다.

그러면서도 함부로 앞에 나서지 못했다. 그나 가족뿐 아니라 주변인들까지 힘들게 할 수 있다는 두려움이 항상 그를 머뭇거리게 만들었다.

아버지 오정근은 오종렬이 사회운동에 몸을 담그길 주저하는 데 영향을 미쳤지만 한편으로는 종렬이 어려서부터 운동가의 원칙을 몸으로 익히는 데 더 큰 영향을 미친 존재였다. 평생 오정근은 '민족'이란 단어를 입에 달고 살았다. 철두철미한 평등지상주의자이기도 했다.

한 선배는 종렬에게 정근에 대해 "네 아버지는 마르크스주의가 아니라 근본은 평등을 추구하는 휴머니스트이자 철저한 민족주의자다."라고 평하기도 했다. 다소 대책 없는 휴머니스트이기도 했다. 아내가 자식들 먹이겠다고 힘들게 먹을거리를 구해오면 정근은 굶주리고 가난한 주변 사람들에게 갖다 주곤 했다.

가난한 이를 돕는 건 결코 나쁜 일이 아니었지만 처자식은 안중에도 없고 밖으로만 도는 남편이 박성노는 영 못마땅했다. 게다가 오정근이 정치사업을 잘해 주변에 그에게 감화 받은 사람들이 많았다. 시대가 좋았다면 이들은 새 조국을 세울 일꾼들로 제 몫들을 다했을 테지만 역사는 거꾸로 뒤집어져 미군정이 들어서고 반공을 최고 가치로 삼은 이승만 정부로 이어졌다. 오정근을 따랐던 많은 이들이 테러를 당하거나 즉결처분을 당해 목숨을 잃는 비극과 맞닥뜨렸다. 박성노 친정에도 정근과 연관돼 희생을 당한 이들이 꽤 있었다. 박성노가 오정근을 좋게 볼 수 없는 이유가 쌓이면서 두 사람은 사이가 나빠져 한 집에서 지내지 않는 날이 많아졌다.

어머니 보호 아래 자랐던 종렬은 어려서는 가장으로서 책임을 다하지 않는 아버지를 받아들이기 힘들었다. 하지만 나이를 먹어가며 세상을 보는 눈이 넓어지면서 "아버지가 이 사회를, 세계를, 역사를 보는 관점은 틀림없다."는 확신이 들기 시작했다.

교사운동에 발을 담그고 나서도 오종렬은 혹시라도 자신의 가족사로 전교협에 좌경용공의 색깔이 덧씌워져 탄압의 빌미가 되지 않을까 걱정했다. 그 때문에 많이 주저했지만 87년 6월 항쟁을 겪은 뒤였기에 조금은 용기를 더 낼 수 있었다. 이제는 죄 없는 사람들을 '빨갱이'로 몰아 마구잡이로 잡아가는 시대는 지났으니 아버지의 뜻을 이어 운동의 전선으로 나아가겠다고 결단했다.

그로써 참교육 운동의 최전선에 오종렬이 서게 됐다. 아버지가 그에게 했던 말, "민족자주 평등사회는 만난(萬難)을 헤쳐 가야할 길이요. 사람으로 생겨나서 반드시 이뤄야 할 세상이다."를 가슴에 품고서.

19
전교조 결성에 한몫

1987년 9월 27일, 서울 한신대에서 경찰의 축복과 성원 속에 민주교육추진전국교사협의회(전교협)가 출범했다. 윤영규가 회장을 맡고 오종렬은 추천을 받아 전국대의원대회 의장에 뽑혔다. 3만여 회원을 품은 큰 조직이었다.

교사운동을 시작하면서 회의 하나만큼은 끈질기게 했던 교사들이었다. 주중에는 학교에 나가야 하니 주로 토요일 오후에 만나 밤을 새면서 토론을 했다. 방학이면 2박3일, 3박4일씩 수련회를 열어 교육 민주화를 어떻게 열어갈지 심도 깊게 의견을 주고받았다. 그 힘으로 전교협을 띄웠고, 다시 그 힘으로 전교협의 미래도 이야기 나눴다.

각 지역에서 치열한 토론을 거친 안건들을 다시 한자리에서 의논하고 사업 방향을 정하는 자리가 바로 대의원대회였다. 오종렬은 전국대의원대회 의장을 맡아 자칫 중구난방으로 흐를 수 있는 회의에서 중심을 잡았다.

정병표는 1988년 8월 경기도 고양시 유스호스텔에서 열린 임시대의원대회에 참가해 오종렬이 회의를 주관하는 모습을 직접 봤다. 그는 회의에서 오종렬이 "이제 우리 전교협은 참교육 실천운동과 함께 민족통일운동도 중심을 둬 한민족이 하나로 통일을 이루어 평화의 시대를 열어나가는데 힘써야한다."고 말하며 '통일교육 실천 선언문'을 만장일치로 채택했던 걸 인상 깊게 기억한다. 그날 오종렬이 우렁찬 목소리로 낭독했던 선언문 중 일부다.

> 지금까지 우리 교육이 민족의 지상과제이자 남한 국민들의 생존권과 평화를 위해서도 절실한 민족통일을 위한 교육이 되지 못하고 도리어 민족의 분단과 대립을 조장하고 강화하는 교육이었다는 데 인식을 같이하고, 앞으로 교사들이 민족통일을 앞당기기 위한 통일교육 실천에 나설 것을 다짐한다.

그날 저녁 조촐한 회식 자리에서 오종렬은 정병표에게 "통일운동은 아버지께서 물려주신 유업"이라고 전했다. 그때 정병표는 종렬의 아버지, 오정근이 해방정국에서 혁명운동을 했다는 걸 처음 알았다. 종렬은 "광주교도소에서 구사일생으로 풀려나신 뒤에 아버지는 늘 '우리 민족이 분열되지 않고 하나로 사는 날을 보고 싶다'며 조국통일을 염원하셨다."는 이야기를 들려줬다.

전교협이 바람을 일으키니 각 학교별로 평교사회가 뜨기 시작했다. 평교사회는 교사들이 평소 학교 근무를 하며 겪는 어려움들을 해결하는 데 힘썼다. 숙직 배당 문제나 숙직수당, 여교사들의 일요일 당직, 사립학교에서 기혼 여교사에게 가해졌던 퇴직 압박 같은 생활상 문제들을 해결해 나가자 교사들로부터 큰 호응을 얻었다. 게다가 정권에 눈엣가시 같은 전교협과 달리 탄압을 받을 위험도 적었다.

"학교별로 평교사회가 뜨는데 지도자들이 힘도 주고 격려사도 하러 많이 찾아갔어요. 그럴 때 오종렬 선생님 같은 분이 필요하단 말이야. 학교에 가면 먼저 교장실부터 찾아가서 오 선생님이 위엄 있는 목소리로 '이 학교에서 평교사회를 꾸리는데 배려해줘서 고맙습니다.' 한마디 하면 웬만한 교장들은 다 꼼짝 못했죠."

함께 활동했던 오창훈이 당시 모습을 생생히 들려줬다. 평교사회 열기가 뜨거워 오창훈이 재직하던 광덕중·고등학교는 전체 교사 85명 중 65명이 평교사회에 참여했다. 광주에 있는 상당수 사립학교들은 비슷한 비율로 평교사회에 함께했다.

교사들이 평교사회에 모이는 건 자연스러웠지만 전교협 회원들 사이에서는 그만큼 전교협이 내걸었던 인간화 교육에서 멀어지지 않을까 하는 우려도 나왔다. 교사들로만 묶인 평교사회는 이익집단에 머무를 수 있어 전체 교직원을 포괄하는 조직으로 발전해야 한다는 목소리도 커졌다. 그러면서 전교협의 조직 비전에 대한 토론이 맹렬하게 이루어졌다.

노동조합으로 가야 단체교섭, 단체행동권을 얻어 힘을 얻을 수 있다고 주장하는 이들이 있었다. 또 한편에서는 아직 노동조합은 시기상조이니 한동안은 평교사회협의회와 비슷한 자주적 교원단체(자교단)로 있다가 노동조합을 추진하자는 의견도 있었다. 모두 전교협을 아끼는 마음은 같았다. 다만 1989년 현재 가장 필요한 선택은 무엇인가를 놓고 치열하게 토론했다. 전국대의원대회는 이 토론의 최종 집결지였다. 오종렬은 대의원대회 의장으로서 양쪽이 의견을 충분히 펼칠 수 있는 장을 만들어줬다. 몇 차례 대의원대회에서 이 사안만 놓고 토론을 이어갔다.

오종렬은 대의원대회뿐 아니라 따로도 움직였다. 큰 지역, 작은 지역 가리지 않고 발 닿는 대로 가 대의원대회 의장으로서 사람들을 모아 "토론 합시다." 하고 토론을 붙였다. 노조로 가야 한다는 사람은 사람대로, 자주적 교원단체(자교단)로 시간을 갖자는 사람은 또 그대로 의견을 굽히지 않았다. 어떤 때는 패싸움 비슷하게 험한 분위기가 조성되기도 했다.

의견은 계속 들을 수 있지만 정권의 압박이 심해지는 가운데 결론을 내려야했다. 대의원대회 의장인 오종렬에게 맡겨진 책무였다. 양자택일을 해야 하는 사안이었고, 토론이 계속될수록 종렬은 "노동조합이 맞다."는 확신이 섰다.

"우리는 '스승'이라는 애매모호한 개념에 너무 길들여져 왔다. 진정한 교사는 노동자라야 한다. 노동자 아닌 스승은 사이비다. 교사는 아이들의 영혼을 일깨우는 존재여야 하는데 우리는 지금껏 길들이기만 해왔지 않나. 유신을 찬양하는 글을 쓰게 하고 방위성금이나 걷고 창피하게 학부모들한테 촌지나 받고……. 자발적으로 혹은 강제로 권력의 종노릇하던 거짓의 굴레를 벗어던지고, 허울뿐인 스승이라는 껍질을 벗자.

또, 우리가 하는 일이 얼마나 힘이 드는가. 밤늦도록 수업지도안을 쓰고, 수업할 때는 목이 터져라 고래고래 소리 지르는 우리가 하는 일이 바로 노동이다. 노동자로 다시 태어나 한 발은 노동자의 생존권과 권익 보장에, 또 한 발은 민족민주인간화교육에 딛는 것이 바로 전교조 건설 투쟁이다."

'아이들을 가르치는 일이야말로, 가장 신성한 노동이다'라는 결론에 이른 데는 잠재의식 속에 가라앉아 있다가 떠오른 이남 최초의 교원노조가 크게 작용했다. 1960년 4·19 직후 전국에 걸쳐 조합원 2만여 명을 거느린 한국교원노동조합총연합회가 출범*했었다. 하지만 '교

---

* 이남희, "또 하나의 잊혀진 과거사, '4·19 교원노조 사건'", 〈신동아〉, 2004년 10월호, 276~287쪽.

육 자주성 회복과 학원 민주화'를 내걸고 힘차게 시작했던 한국교원노조는 1년여 만에 궤멸상태에 이른다. 박정희 군사정권이 5·16 군사쿠데타에 성공하자마자 정당·사회단체를 해산한 탓이다. 박정희 정권은 교원노조 역시 용공 이적단체로 몰아 교사 1500명을 해직하며 숨통을 조였다. 노조 간부급 교사들은 혁명재판에서 10년 이상 징역형을 선고받고, 관련자들은 '빨갱이'라는 꼬리표에 시달렸다. 가족들까지도 연좌제에 걸려 수십 년을 숨죽여 살아야 했다.

몇몇 교사들은 이러한 교원노조 역사를 꺼내들며 노동조합이 되면 그에 못지않은 탄압을 받을 거라고 걱정했다. 종렬은 생각이 달랐다. 시대가 바뀌었으니 선배 교사들이 못 이룬 꿈을 우리가 이룰 수 있다고 확신했다. 또, 이대로 가면 평교사회에 밀려 전교협마저 부서지겠다는 예감이 들었다. 구체적인 실천으로 다져지지 않은 조직은 모래알과 같아 전교조로 가면 정부가 압박은 해오겠지만 투쟁 속에 단단하게 뭉쳐질 거라고도 예상했다. 확신이 서자 종렬은 만나는 교사들에게 자기 의견을 분명히 밝혔다.

다시 몇 차례 수련회와 회의들을 거치면서 교사들의 마음도 교원노조로 모아졌다. 1989년 1월 20일, 전교협 제5차 중앙위원회는 참석자 29명 중 28명이 찬성(1명 기권)하며 '89년 상반기 안에 대중적인 합의를 바탕으로 노조를 결성할 것, 시급하다면 2월 중에라도 결성할 것'을 합의하였다.* 그 뒤 전국 15개 시·도 교협은 대의원 회의 또는 임시총회들을 통해 5차 중앙위의 결정을 의결한다.

---

* 전국교직원노동조합, 『참교육 한길로 전국교직원노동조합 운동사1』, 도서출판 참교육, 2011, 317쪽.

종렬은 전교협 대의원대회 의장으로서 전교협이 교원노조로 전환하는데 애썼다. 1989년 전교협 대의원대회 단성에 선 오종렬

마지막 격론은 2월 12일에 열린 서울교협 대의원대회에서 벌어졌다. "교원노조는 시기상조"라는 이들은 합법이 아닌 상황에서 교원노조로 가면 조합원들이 큰 피해를 당할 것을 우려하며 아직은 교원들의 단결된 힘이 약하다고 판단했다. 윤영규 전교협 회장과 당시 전교협 간부들 중에도 "전교협 회원이 5만 명이 될 때까지 기다리자."는 입장이 많았다. 이날 대의원대회에서도 이런 주장들이 강하게 제기됐지만 치열한 토론 끝에 단 1표 차이로 '교원노조' 안이 통과된다. 우여곡절 끝에 결론이 나자 자교단을 주장했던 교사들을 포함해 누구 하나 뒤돌아보지 않고 교원노조로 전진하기로 결의를 모은다.

결과를 받아들고 오종렬은 전교협 간부들과 함께 전교협 회장인 윤영규를 찾아갔다. 그 동안 경과보고를 하며 '노조 결성 준비위원회' 위원장직을 맡아달라고 간곡히 요청하자 "아직 노동조합은 이르다."고

했던 윤영규 역시 노조 결성에 뜻을 함께하기로 했다.

많은 이들이 서로 마음을 모은 끝에 일주일 뒤 전국정기대의원대회를 맞았다. 서울 단국대 학생극장에서 1989년 2월 19일 오전 10시에 개최한 제2차 전교협 정기대의원대회에 참석한 대의원 280명은 만장일치로 "우리는 이상의 요구를 관철하고 이 땅에 참교육을 실현하기 위해 1989년 상반기 중에 교(직)원노동조합을 반드시 결성한다."고 공식 의결한다.

이날 대의원대회 의장이던 오종렬은 폐회사를 통해 "노조건설특위 구성을 의결함으로써 교사운동의 대전환 계기가 마련됐다."면서 "89년을 교원노조의 원년으로 삼자."고 말했다.* 대회가 끝나고 대회장을 빠져나가는 종렬을 붙들고 한 동료 교사가 "오 선생님, 아까 투표 결과 말할 때 눈물 흘리대요."라고 놀리듯 말했다. 종렬 스스로는 의식하지 못했지만 약간 울먹였었나 보다. 그만큼 감격스러운 결정이었다.

---

* 〈한겨레〉, 1989.2.21.(위의 책, 319쪽에서 재인용)

20
교육운동 최전선에

전교조를 결성하기로 한 5월 28일이 다가오는 가운데 갖가지 악재가 겹쳤다. 3월 25일, 전국민족민주운동 고문이던 문익환 목사가 방북을 했다. 곧바로 공안정국에 들어서고 아슬아슬한 줄다리기가 이어지던 중 동의대학교 사건이 벌어졌다. 5월 3일, 입시부정에 항의하는 부산 동의대생들에게 진압작전을 펼치던 경찰들이 사망하고 중경상을 입어 대학생 91명이 구속된 사건이었다.

안 좋은 외부 여건 속에 전교조를 출범하면 정부로부터 탄압은 예고된 것과 다름없었다. 제2차 전교협 정기대의원대회 결의가 있었음에도 자주적 교원단체에 미련이 남았던 사람들에게서 노동조합 출범을 유보해야 하는 것 아닌가 하는 의견이 올라왔다. 흔들리는 이들을 다 잡기 위해서는 강력한 리더십이 필요했다.

오종렬은 스스로 집행할 수 있는 주력부대를 갖춰 광주에서부터 리더십을 만들어갈 필요를 느꼈다. 그렇지 않고서는 이 위기를 돌파하기 힘들겠다고 생각했다. 그러한 판단 속에 1988년 12월에 있던 광주교사협의회 회장 선거에 나가 압도적인 득표로 당선된다. 기존 집행부 안에서는 느닷없이 나타난 이에게 회장을 맡겨도 되느냐는 우려의 목소리도 있었다. 하지만 교육대토론회 때부터 1년 넘게 종렬이 사람들에게 보여준 모습은 신뢰를 주기에 충분했다. 이미 전남고에서 교사나 학생들 사이에서 커다란 신임을 얻고 있음이 알려졌고, 광주교사협의회 행사 때마다 나와 무게감 있는 발언들을 해왔던 터였다.

"회장은 상당히 위험한 일이잖아요. 그래서 믿을 만한 사람을 찾았지요. 젊은 선생님들 몇이 이야기하는데 오 선생님이 제일 믿을 만한 분이라는데 의견을 일치했어요. 위험하고 어려운 자리인데도 오 선생님은 사양 않고 '내가 잘할 수 있을까?' 하고 묻기만 하셨어요. 어떤 어려움이 있더라도 내가 받아들이겠다는 입장이셨지요.

학생운동 했던 친구들은 경험이 있기 때문에 어려움을 감내할 내성이 있지만 오 선생님은 그냥 평교사로 살아오신 거잖아요. 그런데도 망설임도 없이 자신을 내던져 일을 해내는 모습을 보면서 '내가 똑같은 처지라면 저렇게 할 수 있을까?' 하고 생각했습니다."

그때 함께 활동했던 교사 이세천은 곁에서 바라본 오종렬을 이렇게 떠올렸다.

광주 교사들이 지닌 공통점이 있었다. 전라도 두메산골과 작은 섬들을 전전하며 자존심 꽤나 구기고 고생도 한참 한 뒤 광주로 입성한 이들이 많았다. 어렵게 돌아온 광주이니 출세 길목으로 여기는 사람들도 많았는데 교육운동에 나선 이들은 그들과 달랐다. 마음속에 품었던 한을 이 땅의 교육을 바꾸는 걸로 풀겠다고 나선 사람들이니 마음가짐부터 남달랐다.

종렬은 그들과 함께 한다면 어려운 국면들도 다 이겨낼 수 있을 것 같았다. 광주교사협의회 회장이 됐다고 사무실에만 있지 않았다. 누구보다 먼저 나와 사무실에서 볼일을 보고는 학교 현장을 돌아다니며 민주 교육이 왜 필요한지를 설파했다. 서석초에 근무하던 장범호는 오종렬이 학교를 방문했던 날을 잊지 않고 있다.

"교장, 교감 선생님이 방해를 하는데도 선생님들 중 60~70퍼센트가 점심시간에 모였습니다. 오 선생님이 '우리는 외세에 의존된 교육을 하고 있다. 교사가 주체적인 교육을 해야 한다.'고 말씀을 하시는데 뿅 갔어요. 오 선생님을 만난 지 한 달이 안 됐을 때인데 그 모습을 보면서 '이 양반하고 인생을 걸어볼 가치가 있겠구나.' 하는 생각을 했었습니다."

오종렬과 집행부가 학교를 떠나고 교장에게 불려가 한 소리를 들은 장범호는 "왜 그러요? 학교 잘못 되라는 거 아니고 민주화하자는 거 아닙니까?" 하고 당당히 맞설 수 있었다.

회장이 된 뒤 광주교사협의회 집행부를 꾸리며 전남과학고 장휘국에게 재정부장을 맡기면서 오종렬은 이런 말을 했다.

"장 선생님, 우리는 다른 사람보다 3배, 4배 더 일을 해야 합니다."

박정희 유신에 맞선 반독재 투쟁부터 민주화운동 시기까지 자신을 희생하며 운동해 온 사람들에 견줘 우리는 편하게 생활했으니 더 열심히 활동해야 한다는 말이었다. 어떤 탄압이나 고초가 다가와도 맞서자면서….

전교협에서 전교조로 가는 계획이 확정돼 있던 때여서 큰 집회 연단에 교사들이 자주 올라갔다. 왜 교사들이 노동조합을 만들려고 하는지를 시민들에게 알려냈다. 오종렬은 단골 연사였다. 집행부에서 정책을 맡아 연설문 담당이었던 이세천이 그때 기억을 꺼냈다.

"처음엔 제가 연설문을 써 드리면 그걸 그대로 읽으셨어요. 그런데 언젠가 한번 제가 준비를 못 했어요. 그러자 오 선생님께서 '자네가 준비가 안 됐으니 이번엔 그냥 내가 이야기할까?'라고 물으셨어요. 그러시라고 했더니 제가 써드린 것보다 훨씬 상황에 맞게 말씀을 잘하시더라고요.

우리는 논리로 이야기하는 편인데 오 선생님은 옳고 그름이 아니라 그 상황에 맞고 맞지 않고를 늘 생각하셨어요. 사람들을 끌어들이는 흡입력이 있는 탁월한 대중 연설가이셨어요. 그 다음부터는 연설문을 따로 안 써드렸어요. 그동안 3년 가까이 하실 말씀이 있는데도 안 하셨던 거예요. 요즘 후배들하고 일할 때 '내 스타일, 내 의견 덧붙이지 않고 그렇게 할 수 있을까?' 그런 생각을 합니다."

나중에 오종렬이 전교조 광주지부 초대지부장을 할 때도 이세천은 정책실장을 맡았다. 그때도 종렬은 하나의 원칙을 지켰다.

"뭔가를 결정할 때 정책실에서 내놓은 걸로만 하지 다른 자료는 일체 쓰지 않으셨어요. 후배들이 다른 의견을 내도 정책실을 통해 정리해서 올라오라고 하셨지요. 의사결정과정이 하나로 통일돼야 한다는 철두철미한 원칙이 있으셨습니다."

1989년 5월 28일, '민족민주 인간화교육'을 내세운 전국교직원노동조합이 출범했다. 전날 광주교사협의회는 전남도청 앞 광장에서 참교육을 위해 교사들이 일어섰음을 알리는 집회를 먼저 했다. 광주교사협의회 회장이던 오종렬은 이미 준 수배자 신세였다. 집회가 끝나고 경찰의 눈을 피해 미리 준비했던 승용차를 타고 담양공업고등학교까지 갔다. 거기서 대기하고 있던 다른 차를 타고 서울로 향했다.

예정했던 출범식 장소는 한양대학교였지만 이미 며칠 전부터 전투경찰들이 둘러싸고 있었다. 교사 200여 명만 경찰의 감시망을 피해 26일부터 한양대로 들어가 27일 밤 전야제를 치루고 28일 결성식을 기다리고 있었다. 하지만 경찰들이 철통같이 포위해 지도부를 포함해 행사

1989년 5월 28일 건국대에서 열린 전국교직원노동조합 결성식. 이 사람들의 물결 어디쯤엔가 있었을 오종렬은 연세대에서 전교조가 출범했다는 소식을 듣고 여의도가 아닌 광주로 내려가 조직을 다진다. ⓒ전교조

진행팀 태반은 들어가지 못했다. 이미 내정됐던 윤영규 위원장, 이부영 부위원장, 이수호 사무처장 등 지도부는 2차 장소로 정해뒀던 연세대로 향했고, 다른 교사들은 경찰의 눈을 돌리기 위해 건국대로 달려갔다.

오종렬도 건국대로 향하는 무리 속에 있었다. 건국대에 도착한 사람들은 다음 연락만 기다리며 대기하고 있었다. 연세대에서 다행히 전교조 결성 선언을 하면 건국대에서는 결의대회를 하고, 만약 연세대에서 지도부들이 체포되거나 결성식이 무산되면 건국대에서 결성식을 하기로 했다. 건국대에 함께 들어온 기자들이 "여기가 결성대회입니까, 결의대회입니까?" 하고 물으면 "아 이 사람아, 결자까지만 우선 써놔."라고 말하는 우스운 상황이 벌어졌다.

잠시 뒤, 오후 2시 경 윤영규 위원장이 핸드마이크로 '전국교직원노동조합 창립선언문'을 낭독하고 20분 만에 서둘러 결성식을 마쳤다는 소식이 들려왔다. 이로써 15개 시·도지부와 130개 지회, 600여개 분회와 2만여 조합원을 품은 전교조가 이 땅에 깃발을 세웠다. 건국대에 모였던 수천 명의 교사와 시민사회단체 회원들이 "와~"하고 함성을 질렀다. 그곳에서 종렬은 투쟁연설을 하며 함께 한 동지들과 전교조를 결성한 기쁨을 나눴다.

다시 전교조 지도부가 출범식 직후 연세대를 빠져 나가 여의도 민주당사로 가서 단식농성에 들어갔다는 소식이 들어왔다.

오종렬은 여의도가 아닌 광주로 내려가는 길을 택했다. 인생을 회고할 때, 종렬은 그 선택에 대해 말했다.

"나는 관점이 달랐어. 머리만 둥둥 떠다니면 안 된다. 빨리 손발과 몸통을 만들어야 한다는 생각이었지. 그 역시도 광주교사협의회의 몫이라고 생각했고……. 그래서 바로 학교를 지키는 사수대의 안내를 받아 담을 뛰어넘어 차를 타고 광주로 내려갔지."

광주에는 결성대회 당일 새벽에 출발하려고 광주신역 광장에 모였다가 그 자리에서 막혀 서울로 올라가지 못한 광주, 전남 교사 2천여 명이 기다리고 있었다. 이들은 상경길이 막히자 광주신역 앞에서 연좌농성을 하다가 전남대학교 운동장으로 옮겼다. 결성대회를 막아선 노태우 정권 규탄 및 전교조 결성 보고대회를 열며 서울에 가지 못한 아쉬움을 달랬던 터다.

광주에 내려온 종렬은 바로 1주일 동안 잠행을 하며 이들의 마음을 모아 전교조 광주지부 출범 준비를 했다. 학교들을 돌아다니며 조합원 가입을 독려했다. 많은 이들의 노력 끝에 6월 7일 전남대학교 체육관에서 결성대회를 했다. 3천 명이 넘게 참가해 체육관을 가득 메웠다. 그 자리에서 오종렬은 전교조 초대 광주지부장에 만장일치로 추대되었다. 종렬은 연단에 올라 힘찬 목소리로 외쳤다.

"교사가 바로 서야 나라가 바로 섭니다. 미래의 희망인 우리 아이들을 가르치는 교사만큼 중요한 일을 하는 직업도 없을 겁니다. 지금은 정부로부터 위협 받고 있지만 우리가 가는 길이 바른 길입니다.

이 자리가 칠성판을 메는 자리라는 걸 잘 알고 있습니다. 온갖 고초나 어려움은 내가 감당하겠습니다. 칠성판은 내가 짊어질 테니 여러분, 끝까지 함께 갑시다."

그날 전남대 교문 밖에는 많은 전투경찰들과 장학사들이 대기하고 있었지만 큰 마찰 없이 결성대회가 끝났다. 곧 광주지부는 조합원이 단번에 3천명까지 늘어났다. 교사들로부터 열렬한 호응을 얻었다. "같이 합시다." 손을 내밀면 많은 교사들이 그 손을 잡았다. 나중에 그때를 돌아보며 종렬에게 "내가 벌써 교육계에서 출세했을 사람인데 선생님 만나서 신세를 조져버렸어."라며 한탄하는 교사들도 더러 있었다.

21
사별과 새 인연

이미 오종렬은 앞으로 해임이 되거나 구속이 될 수도 있음을 염두에 두고 있었다. 전교조로 전환되기 전 준비위원회 시절부터 집행부들에게 당부했다.

"정부 탄압은 선생님들이 생각하는 것처럼 만만치 않을 겁니다. 6·29선언에 이어 노태우가 대통령이 됐듯이 정국이 하루아침에 바뀌는 게 아닙니다. 사람들은 '전교조로 되면 100명에서 150명쯤 해직되지 않겠어?' 하고 생각하는데 더 각오해야 할 겁니다. 나는 희생을 최소화하기 위해 노력할 겁니다. 어떤 희생이라도 내가 먼저 당하고, 우리 선생님들은 희생당하는 일이 정말 안 일어나면 좋겠습니다."

아내와 아들 넷, 늙으신 아버지까지 일곱 식구의 생계를 책임져야 하는 처지였지만 한 조직을 대표하는 자리에 선 이상 흔들리거나 물러설 수는 없었다. 모든 걸 각오하고 교육운동에 뛰어들어 전교조 광주지부 기자회견에서 선언했다. "이 판국에 여기서 주춤거리면 죽도 밥도 안 됩니다. 돌파합시다!"

하지만 희생의 날이 그렇게 빨리 다가올지는 몰랐다. 결성대회까지 마치니 주변에서 "출석요구가 계속 오는데 더 이상 피할 이유가 없지 않습니까?"라며 자진 출두를 권유했다. 종렬 역시 조사만 받고 오면 되겠지 싶어 6월 9일 경찰서로 향했다. 그런데 조사로만 끝나지 않았다.

종렬은 바로 그날 구속되고 만다. 그러고선 1989년 7월 5일, 옥중에서 파면 처분을 받았다.

첫 번째 감옥생활이 시작됐다. 그와 함께 오종렬의 세상도 넓어졌다. 잊지 못할 일이 많았다. 하나는 교도관과 얽힌 일이다. 교도소에서 조사를 받으러 검찰로 불려 다녔다. 하루는 포승줄에 묶여 검찰에 가는데 호송하던 젊은 교도관이 슬그머니 주변을 보더니 사람이 없자 후다닥 말을 쏟아냈다.

"선생님, 절대로 항복하시면 안 됩니다. 변치 않으셔야 합니다."

종렬은 교도관에게 그런 말을 들을 줄은 꿈에도 생각하지 못했다. 또, 그 말 속엔 전교조 교사들이 당국이 시키는 대로 하지 않길 바라는 국민의 염원이 담겼음도 깨달았다. 더 마음을 다지는 계기가 됐다.

재판이 있는 날이면 또 큰 힘을 받곤 했다. 법원 앞엔 전교조 조합원과 시민단체 회원들 500명 이상이 모여 석방구호를 외치면서 투쟁의 깃발을 들었다. 또, 재판장에 들어온 사람들은 종렬이 말을 할 때면 박수를 치며 호응했다. 종렬은 당당한 목소리로 변론을 했다.

전남여고 학생들이 믿고 따르던 선생님 오종렬은 옥중에서 파면 처분을 받았다.

"우리는 잘못이 없습니다. 교사도 노동자라는 당연한 말을 하고 있는 것입니다. 그런데 이 정부가 헌법을 유린하고 교육을 유린하고 있습니다."

재판정을 압도하는 울림 깊은 목소리에 방청석이 숙연해지곤 했다.

21. 사별과 새 인연

감옥은 10년 동안 오종렬을 깊은 어둠 속으로 끌어들였던 트라우마를 치유하는 공간이 되기도 했다. 옥에 갇힌 뒤 수임번호가 1818이던 종렬은 노역을 자처했다. '뺑기통' 청소도 자원했다. 같은 방 수인들이 "나라 위해 옳은 일 하는 선생님 청소시킨다고 우리가 욕먹는다."고 말렸지만 걸레를 들어 방바닥을 닦고 변기를 씻는 일을 멈추지 않았다. 마치 과일 껍질을 벗기듯이 방바닥 찌든 때를 박박 문질렀다. 계속 주문처럼 '너의 더러운 가죽을 벗겨라, 냄새나는 가죽을 벗겨라.'며 머리가 빙빙 돌고 하늘이 노랗게 보일 정도로 청소하는 날들이 쌓이면서 그를 괴롭혔던 5·18 트라우마에서도 조금씩 벗어날 수 있었다. 잠들지 못하는 날들이 줄었고 계엄군 총칼에 머리가 깨졌던 아이가 떠올라 먹지 못했던 수박도 조금씩 먹을 수 있게 됐다.

그와 함께 종렬은 감옥 안에서 그 뒤 평생 마음을 쏟을 분들의 사연을 접하기도 했다. 수감생활 동안 종렬은 1년 전 창간한 〈한겨레〉신문을 즐겨 봤다. 어느 날 27년 동안 독방에 갇혀 있는 남아프리카공화국 인권운동가인 넬슨 만델라에 대한 이야기가 실렸다. '어떻게 사람을 이렇게 가둘 수가 있나.' 절망감과 분노, 적개심까지 느꼈다. 그런데 그는 더 큰 절망감을 느꼈다.

"같은 교도소 안에 담장을 경계로 미결수 사동과 기결수 사동이 엄격하게 나뉘는데, 저쪽 담장 너머에서는 30~40년 수용생활한 장기수들이 있었지. 그전에도 장기수분들이 계시다는 것은 어렴풋이 알긴 했지만 심부름 하는 교도소 복역수 등에 의해서 (제대로) 알게 됐어요. 고문당하고, 장애를 얻고……. 이런 끔찍함 속에서 30년을 넘게 살아온 거야. 나는 일평생 동안 지울 수가 없어. 그것을 몰랐던 나의 몽매함, 야만에 가까운 고매함……. 그 아픔을 잊을 수가 없어."*

첫 번째 옥살이에서 장기수의 존재를 알게 된 종렬은 사회운동을 하면서 장기수 선생님들을 늘 마음의 스승으로 모셨다.

스스로 목숨을 끊는 사람이 있을 정도로 심한 고통을 당하면서도 수십 년 동안 신념을 지켜온 장기수 선생님들의 존재를 알고서는 그들의 삶을 존경하고 따르기로 마음먹었다. 종렬은 "노역 생활은 지식분자의 관념적 낭만주의, 그런 껍질을 벗기는데 도움이 됐다."고 생전 인터뷰 때 말했다.

다행히 종렬은 투옥된 지 석 달여 만인 1989년 9월 경 집행유예로 풀려났다. 그가 출소하고 집으로 돌아오자 일생동안 소외와 천대, 탄압 아래 살았던 그의 아버지, 오정근은 "네가 반드시 해야 할 일을 하였으니 나는 이제 여한이 없다."고 말했다. 실제로 풀지 못한 한이 없었는지 석 달 뒤 오정근은 잠을 자던 중 굴곡 많던 아흔넷의 삶을 마치고 영면에

---

* 전문수, "[감옥에서 읽은 책] 오종렬 전국연합 의장". 〈민중의소리〉, 2007.4.13.
  http://www.vop.co.kr/A00000069687.html.

든다. 죽기 얼마 전, 오정근은 "남북통일 빼고 내 소원은 다 이뤘다. 나는 정말 행복하게 살았다."는 말을 남겼다.

오정근의 장례식장은 전국에서 온 종렬의 동료 교사들과 제자들로 3일 내내 북적였다. 그때에야 종렬의 아버지가 걸어온 인생과 종렬이 품은 뜻을 알게 된 동료교사들이 많았다. 발인을 하고 장지로 향하기 전 매곡동 집 앞에서 노제를 지냈다. 제를 올리며 아들 오종렬은 200여 추모객들이 지켜보는 앞에서 상여에 절을 한 뒤 이렇게 약속했다.

"아버지, 아버지가 꿈꾸고 바라던 통일, 제가 기어코 이루겠습니다. 아버지의 뜻을 이어받아 이 운동을 지속하겠습니다."

헤어짐이 있듯 만남이 있었다. 오종렬은 집행유예로 석방되기 며칠 전, 감옥에서 놀라운 소식을 듣는다. 광주지역 고등학생들이 광주지역고등학생대표자협의회(광고협)을 꾸려 전교조를 지지하는 대규모 집회를 벌였다는 뉴스를 접했다. 연대집회 인원이 1만여 명에 이르렀다는 얘기에 종렬은 이들이 5·18 후예답다고 반갑기보다는 걱정이 앞섰다. 분명 누군가는 자신처럼 희생을 당할 것 같아 마음이 불편했다. 그의 짐작대로 광고협 의장을 맡았던 광주 서석고 3학년 강위원과 학생 두 명이 연행돼 경찰서 유치장에 갇힌다.

며칠 뒤 풀려나온 종렬은 광주서부경찰서 마당에서 구치소로 이감하던 강위원과 처음 마주친다. 이미 강위원을 알고 있던 오종렬은 위원의 손을 꼭 잡고 말한다. "위원아, 내가 오종렬 선생이다. 너희들에게까지 이런 어려움을 겪게 해서 정말 미안하구나."

그러면서 그가 감옥에서 깨우친 바도 전한다.

"교도소도 사람들이 사는 곳이란다. 늘 낮은 자세로 걸레자루부터 들어라."

종렬의 말대로 구치소 생활을 했던 강위원은 얼마 뒤 집행유예로 풀려났고, 고향을 떠나 홀로 서울로 올라가 3년 동안 노동자로 살았다. 파면당해 복직투쟁을 하는 중에도 내내 위원이 마음에 걸렸던 오종렬은 수소문한 끝에 위원이 서울에서 힘들게 살고 있다는 소식을 듣고 광주 집으로 데려와 함께 지냈다. 종렬의 집에서 뒤늦게 공부를 시작한 위원은 1994년 전남대학교 국문과에 수석 합격한다. 대학에 들어간 뒤에는 종렬을 대신해 생계를 책임지는 평님에게 미안해 위원이 기숙사로 거처를 옮겼다. 그런데 몇 달 뒤 위원이 중환자실로 실려 갔다는 소식이 전해진다. 급하게 달려간 종렬은 위원이 위에 구멍이 뚫렸다는 진단을 듣는다.

'숨은 쉬나? 맥은 뛰나?'

병실에 홀로 누워있는 위원이 종렬에겐 꼭 숨이 멎은 것처럼 보였다. 위원은 아버지를 어렸을 적 여의었다. 늙은 어머니는 시골에 계신데다가 형제들은 모두 생업을 찾아 멀리 떠나 있는 형편이었다. 아직 도착하지 않은 가족을 대신해 종렬이 앞뒤 가리지 않고 의료진에게 큰 소리로 말했다.

"이 아이는 내 아들입니다. 모든 책임은 내가 질 테니 낫게만 해주십시오!"

다행히 목숨을 건진 위원은 정말로 종렬의 양아들이 되었고, 학생운동에 본격 뛰어들어 집에 들어오기 힘들어질 때까지 종렬의 집에서 생활했다. 그때부터 오종렬과 김평님은 사형제가 아니라 오형제가 있다고 말하고 다녔다. 강위원 역시 두 사람을 똑같이 부모로 모셨고, 오종렬이 세상을 떠나던 날 다른 네 아들과 함께 임종을 지켰다.

22
전교조 광주지부가
버틸 수 있던 힘

감옥 안에서 파면당한 오종렬처럼 전교조에 가입했다는 이유만으로 파면·해임된 교사가 전국에서 1527명에 이르렀다. 전교조 광주지부는 파면·해임자가 서울과 전남 다음으로 많은 130명으로, 교사 수 대비로는 가장 많은 인원이었다.*

해직자수는 많았지만 가입 조합원수에 견주면 광주지부는 희생자가 적은 편이었다. 정부의 조합원 탈퇴 압박에 맞서 전교조 내부에서는 조합원 명단을 공개하자는 의견이 나오기도 했다. 구치소에서 이 사실을 들은 종렬은 명단 공개는 더 많은 희생자를 낼 수 있다는 의견을 전했다. 그에 따라 국공립학교들에서는 조합원 명단을 공개하지 않았다.

학교에는 전교조 탈퇴서를 냈지만 조합 활동은 계속 하는 비밀 조합원들이 생겼고, 이들은 이후 조합 활동에 큰 힘이 돼 주었다. 계속 조합비를 내고 따로 해직자를 위한 후원금까지 내면서 노동조합의 재정을 든든하게 뒷받침해줬다. 광주지부는 현장에 숨어 있는 후원회원, 비공개 분회나 비밀 조합원을 소홀히 하지 않았다.

---

* 정해숙, "[길을 찾아서] 광주지부장 당선되자마자 '해직교사돕기' 전시회", 〈한겨레〉, 2011.8.10.

이는 "현장을 움직일 수 있는 조직을 만들어야 한다."는 오종렬의 조직관 덕분이었다. 당시 전교조 광주지부 집행부였던 박재성은 "오종렬 선생님은 전교조가 해직교사 중심으로 돌아가선 안 된다. 뿌리 조직부터 건설해야 한다."고 강조했다고 전했다. 정부의 탄압은 집요했지만 학교 현장들이 움직여 광주지부는 버틸 수 있었다.

버티긴 했지만 현장이 어렵지 않은 건 아니었다. 집행유예로 풀려난 뒤 광주지부장으로 복귀한 오종렬이 해야 할 일이 많았다. 종렬이 감옥에 있는 동안 각 분회가 현장과 해직교사가 분리되면서 분회 기능이 거의 마비된 상태였다. 종렬은 감옥에서 나오자마자 매일 현장을 돌면서 조합원들이 입은 상처를 치유하기 위해 애썼다. 해고자는 해고자대로 경제적 어려움과 학교를 떠나는 데서 오는 아픔이 있었다. 조합 탈

전교조 출범 이후 오종렬을 비롯해 1527명이 파면·해임 당했고, 이들은 수년 동안 복직 투쟁을 하며 힘든 시간을 보내야 했다. 사진은 전국해직교사 결의대회 모습. 오종렬이 가운데서 현수막을 들고 행진하고 있다. ⓒ민주화운동기념사업회

퇴서를 쓴 조합원들은 그들대로 학교 관리자들의 눈에 보이는, 혹은 보이지 않는 괴롭힘에 시달리고, 해고자들에 대한 미안함에 마음이 편치 않았다. 뿔뿔이 흩어진 조합원들을 하나로 뭉치도록 종렬은 집행부와 함께 일일이 조합원들을 만나러 다니면서 현장 복원에 힘썼다.

해직자 십여 명이 초등학교만 80개 학교를 돌았다. 전교조 조합원이라는 이유로 학교에서 따돌림을 받는 경우도 있었다. 서석초에선 교장이 직원회의 때 조합원에게 좌익 빨갱이 교사라고 대놓고 말하며 괴롭히기도 했다. 그 소식을 듣고 종렬은 집행부 몇 명과 함께 서석초로 찾아가 교장과 담판을 짓고 바로 사과문을 받았다. 그렇게 집행부들이 왔다 가면 조합원들은 위축된 어깨를 펼 수 있었다.

광주지부 정책실장이던 이세천은 "정부가 전교조를 칠 때 광주지역은 오종렬, 송문재, 윤영규 선생님처럼 50대 선생님들이 딱 버티고 구심점이 되어 주셔서 다른 지역보다 안정될 수 있었다."고 말했다. 광주지부 대외사업부장을 했던 박현옥도 오종렬이 회의하던 모습을 떠올리며 그 안정감의 질감을 전했다.

"오 선생님이 참석하는 회의는 무게감이 달라졌어요. 말을 많이 하시지는 않는데 사람들의 말을 경청하고 공감해주셨어요. 1년차 젊은 교사의 말이라도 허투루 듣지 않으셨어요. 그러면서도 사람들 마음을 잘 살펴주시고요. 오 선생님이 계시면 스스럼없이 의견을 낼 수 있는 허용적인 분위기가 있었죠. 우리는 막 얘기하고 선생님은 잘 들어주시고요. 그러면서도 핵심은 정확하게 짚어주고 가야할 목표도 분명히 제시해주셨지요."

광주지역 해직교사들은 나이도 많은 편이었다. 외벌이가 많은 때라 당장 살 길이 막막한 집들이 많았다. 일곱 식구를 건사하던 오종렬 집도

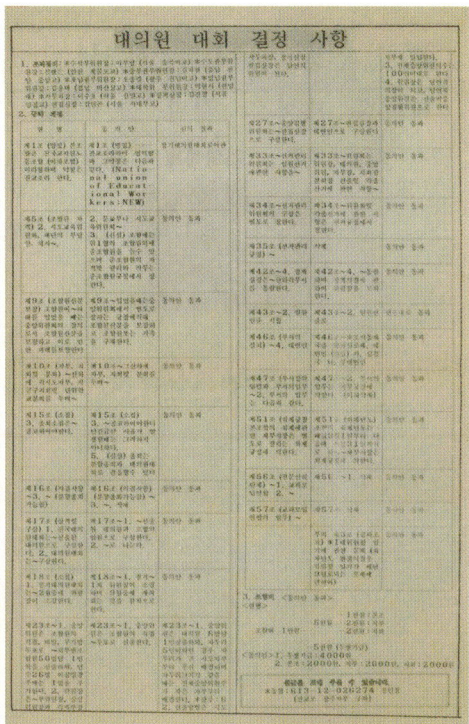

전교조 광주지부는 파면·해임자가 130명이나 됐지만 지부장 오종렬을 비롯한 50대 해직자들이 중심을 잡아 힘든 시기를 이겨나갔다. 사진은 1989년 12월 23일자로 발행한 전교조 광주지부 소식지이다. ⓒ민주화운동기념사업회

마찬가지였다. 아들 셋이 대학을 다니고 있고 막내는 이제 고등학생이었다. 종렬이 언젠가 장휘국에게 아내한테 미안한 마음을 털어놓았다.

"새벽에 잠이 깨서 일어나 옆에서 자고 있는 아내를 보는데 한없이 애처롭고 저절로 눈물이 나데. 나한테 시집 와서 이제껏 어려움을 많이 겪었는데 앞으로 어떻게 될지 몰라 미안했어. 그렇지만 내가 앞장서 가는 상황에서 내가 주저앉거나 물러설 수 있겠냐 말이지."

몇 해 전 집을 지어 집세 걱정을 하지 않아도 되는 건 그나마 불행 중 다행이었다. 그 점에 가슴을 쓸어내리면서도 종렬은 세를 사는 후

배들에게 미안해하며 많이 걱정했다. 주변 교사들을 만나면 "집 없이 해직된 우리 조합원들 아파트 지어서 같이 사는 게 꿈"이라는 말을 자주 했다.

전교조에서는 생계대책특별위원회를 만들어 '참교육사'라는 이름으로 문구류, 티셔츠, 액자, 도자기 찻잔 세트, 탈목걸이, 손수건 같은 기념품 들을 제작했다. 외국어가 들어간 공책, 티셔츠가 아니라 우리말의 아름다움을 살린 아이디어 상품들도 개발했다. 그 제품들을 집회·시위 현장과 학교, 노동조합들을 돌며 팔아 해직 교사들의 생활비를 적은 액수라도 보조해줬다.

늘 '선생님 사모님' 소리만 들었던 교사 부인들도 느닷없이 생활전선으로 내몰렸다. 참교육사에서 만든 손수건, 볼펜, 공책 따위를 담은 보따리를 들고 시위 현장을 쫓아다니거나 대학가에 가 좌판을 깔고 팔았다.

구속된 오종렬을 대신해 그동안 집에서 가족들만 돌보던 아내 김평님도 참교육사 일을 함께 했다. 길거리에서 낯선 이들을 상대하는 힘든 일이었지만 평님은 한 번도 창피한 줄을 몰랐다. 전교조에서 함께 마음을 모은 여 선생님들이 자주 찾아와 평님에게 힘을 줬기 때문이다.

"오 선생님이 참교육을 위해 일 하다가 감옥에 가셨지만 곧 나오실 겁니다. 거기서도 공부도 많이 하고 잘 계실 테니 사모님도 굳세게 사셔야 합니다."

선생님들의 격려에 '우리 오 선생님이 좋은 일 하시는구나.' 생각하며 더 힘을 냈다. 하지만 생계문제는 현실이었다. 참교육사일만으로는 대가족 생활비를 충당하기 힘들었다. 게다가 종렬의 아버지 오정근이 중풍으로 쓰러져 투병 중이었다. 평님은 새벽에 시아버지 식사를 챙겨

1990년 4월, 전교조 '온 나라 걷기' 투쟁 중 광주에 모인 교사들. 전교조 광주지부는 해직자가 많은 어려움 속에서도 함께하는 힘으로 굳건히 버텼다.

놓고 나온 뒤 오전엔 동양매직, 대우전자, 남양알로에, 파빅스 등 회사 네 곳을 돌며 주부사원으로 판촉 활동을 하고, 오후엔 참교육사 일을 했다. 주변에서 소개해줘 물건도 많이 팔았다. 나중엔 남양 알로에 지부장까지 했다. 그런 평님에게도 판매 원칙이 하나 있었다. 아무리 물건을 많이 산다고 해도 전교조를 나쁘게 이야기하는 손님은 거절했다. "물건 안 사도 되니까 가라."고 당당히 요구했다.

나중에는 전교조 전남지부에서 전남대 학생회관과 동구 장동에 참교육 매장을 냈다. 평님은 그중 동구 장동 매장을 관리했다. 장사하면서 힘든 적도 많았다. 가게에 종종 도둑이 들었다. 한번은 손수건 답례품을 문의하며 정신을 빼놓던 손님이 돈이 들어있던 가방을 들고 내뺀 적도 있었다. 별의별 사람을 다 만났다. 어려움이 많았지만 평님은 굴하지 않았다. IMF를 맞아 가게를 접을 때까지 10년 동안 장사를 하며 어려운 가계를 이끌었다.

22. 전교조 광주지부가 버틸 수 있던 힘

오종렬도 지부장으로서 재정사업에 앞장서며 해직자들의 생계지원금 마련에 힘썼다. 후원금이 제대로 모이지 않자 "장 선생, 나랑 어디 갈 데가 있네."하며 당시 사무국장이던 장휘국을 앞세워 봉고차를 타고 지리산으로 향했다. 전남대 해직 교수들이 지리산에서 꿀을 받아와 팔았다는 얘기를 듣고 무작정 찾아 나선 길이었다. 두 사람은 해직 교수들에게 받은 연락처와 주소에만 의지한 채 골짜기를 돌고 돌아 양봉을 하는 한 농가에 도착했다. 그곳에서 한꺼번에 벌꿀 100통을 받아와 학교와 광주시내 노동조합들을 돌면서 팔았다. 금세 100통이 동이 났고 지리산에 다시 다녀와 200통 이상 팔았다. 시중 가격보다 몇 배는 비싸게 팔았는데도 해직 교사들을 돕자고 나선 이들은 흔쾌히 꿀들을 사줬다.

리어카를 하나 사서 해직 교사들과 함께 굴비를 팔러 다닌 적도 있다. "굴비요~굴비~" 외치면서 다녀야 하는데 처음엔 목소리가 안 나오다가 날이 지날수록 점점 목소리가 커졌다. 30명 넘는 상근자들이 오고가는 사무실을 하루 반찬값 5천원으로 운영하던 때였다. 절박함이 창피함을 앞설 수밖에 없었다.

23
광주전남민주연합과 투쟁 중심에서

광주·전남지역 전선체인 광주전남민주연합이 1991년 출범한다. 오종렬은 광주전남민주연합 노동부문 공동의장에 선출된다. 전교조 광주지부 지부장 선거가 있었지만 집행부의 강력한 권유에도 종렬은 "전교조에서 할 역할은 어느 정도 했으니 한국사회 전체 민주화를 위한 일에 함께하겠다."며 지부장 연임 대신 광주전남민주연합에 복무하는 길을 택했다.

87년 민주화운동 이후 많은 시민사회단체들이 생기고 활발히 활동하면서 상근 활동가들도 많이 필요했다. 전교조의 해직 교사들이 각 부문에 파견돼 그 역할을 하고 있었다. 농민회, 참교육학부모회, 노동조합 등에 들어가 전교조에 우호적인 대중을 조직하는 사업을 하고 있었고, 종렬 또한 그 중요성을 강조해온 터였다. 연장선에서 이제 종렬이 직접 전선운동에 복무하며 그 역할을 하겠다는 의지를 밝히는 것이었다.

또, 전교조 광주지부 안에는 "오종렬 지부장이 강하니 연임은 적절치 않다."는 의견을 내는 사람도 몇몇 있었다. 종렬은 "소수라도 그런 의견이 있으면 내가 지부장을 계속하는 건 아니"라며 전선운동으로 활동방향을 잡았다. 스스로도 전교조 운동을 하며 교직원의 힘만으로는 한계가 있음을 느꼈기 때문이다. 세상을 바꾸기 위해서는 교사만이 아닌 노동자,

농민, 여성과 청년학생 등 각계각층이 힘을 모아야 한다는 걸 깨달았다.

그렇게 광주전남민주연합으로 옮기면서 한 가지를 바랐다. 바로 개인 오종렬의 결합이 아닌 전교조에서 파견하는 형식으로 해달라는 거였다. 전교조를 출범하고 활동해 오는 과정에서 민주화 단체들이 보내준 지원과 격려에 보답하는 길이라고 생각했기 때문이다. 그 뜻에 따라 전교조 광주지부에서는 광주전남민주연합으로 공동의장 오종렬과 함께 정병표를 사무처장, 장석웅(제18대 전남 교육감)을 기획실장으로 함께 파견했다.

1992년 6월, 오종렬은 광주전남민주연합 상임의장 권한대행이 된다. 당시 일부 집행부는 종렬에게 상임의장을 맡기려고 했지만 종렬이 회의에서 역으로 제안한다.

"정광훈 의장이 감옥에 있다. 영어의 몸에서 풀려날 때까지 그가 영원히 광주전남연합의 상임의장이다. 나는 권한대행을 맡겠다. 대신 우리가 합의해 결정한 사항을 실천함에 있어서는 내가 책임지겠다."

1991년 대학 졸업 직후부터 광주전남민주연합 준비위부터 선전 담당 간사로 결합했던 정당금은 상근자 중 가장 어렸다. 그는 종렬이 있어 사회운동에 잘 적응할 수 있었다.

"오 의장님께서 처음에 오셔서 '나도 처음인데 너도 처음이지? 누군가 나를 연합에 덩그러니 버린 것 같았는데 처음 시작하는 너희들이 있어 참 좋다.'고 말씀하셨는데 그 이야기를 들으며 동병상련을 느껴 힘을 냈습니다."

전선운동을 처음 접하며 공허함을 느꼈던 오종렬은 금세 광주전남민주연합 의장으로 우뚝 섰고, 정당금도 함께 성장했다.

당시 광주전남민주연합 집행위원장이던 김정길은 "일제 때 3·1운동에 참여하고 농민운동하신 아버님 밑에서 철저히 교육을 받으셨더라."며 "전선운동 경험이 없었는데도 운동의 원칙에 대한 훈련이 돼 있어서 깜짝 놀랐다."고 전했다.

"대체로 전교조, 농민회 같은 단일조직에 있으면 그 계층, 그 계급의 이해관계에만 몰입되기 쉽습니다. 전교조도 교육운동의 한계에 갇힌 교사들이 있었고, 그 한계를 깨는데 오래 걸렸는데 오 의장님은 이미 처음부터 그 한계가 벗겨져 있었습니다. 각계각층을 모아내는 실천을 안 해봤음에도 함께 어떻게 꾸려나갈지 감각을 지니고 있었습니다. 조직 운영에 있어서도 지도자로서 책임질 줄 아셨죠. 우리는 이분이 단순히 전교조의 지도자만이 아닌 한국의 지도자로서 역할을 해야 한다는 생각에 보좌하려고 애썼습니다."

광주전남민주연합 사무처장을 맡았던 이경률도 오종렬을 추억했다.

"전교조 집회를 하는데 제가 사회를 봤습니다. 광주지부쪽을 보는데 한가운데 덩치가 큰 분이 서 있어요. 호랑이상으로 인상이 굉장히 강렬해서 '저 분이 누구시냐?' 물었는데 사람들이 오종렬 선생님이라고 하더군요.

그 뒤에 광주전남민주연합에서 다시 만났는데 회의에서 뭘 하자고 하면 오 의장님은 한번도 거부를 안 하셔요. '응, 그래. 그렇게 하지.'라고 말씀하시죠. 약간 이견이 있을 때도 '응, 그런 것도 있는가?'라고 묻기만 하지 예민하게 각을 세우지 않으시죠. 그땐 좀 논쟁하고 밀어붙이는 분위기가 있었는데 의장님은 절대 그러지 않으셨어요. 지금도 수수께끼입니다. 저렇게 후배들을 존중해줄 수 있는가. 사람들 말을 수용해서 판단하는 걸 보면 천성이 그러셨던 것 같습니다."

1990년대 초는 국민의 마음을 대변하는 투쟁이 들끓던 시기였다. 전남지역 투쟁의 중심엔 광주전남민주연합이 있었다.

1991년 4월 26일 명지대학교 1학년생인 강경대가 등록금 인상 반대 시위 도중 '백골단'으로 불리던 사복경찰들에게 붙잡혀 쇠파이프로 무자비하게 폭행 당해 사망에 이르는 사건이 발생한다. 이 사건은 대통령 당선 이후 계속 공안정국을 조성하고 민주화와는 거리가 먼 행보를 이어온 노태우 정권에 대해 쌓였던 대학생들과 민주시민들의 분노가 폭발하는 계기가 된다.

4월 29일, 전남대학교 학생 박승희가 강경대 사건 규탄 집회 중 분신을 한다. 그 뒤로 5월 1일 안동대학교 학생 김영균, 5월 3일 가천대학교 학생 천세용, 5월 8일 전국민족민주운동연합(전민련) 사회부장 김기설이 잇따라 분신을 하며 민주화 시위를 이어간다.

5월 10일엔 전날 분신 뒤 투병 중이던 박승희에게 문병을 다녀왔던 스물두 살 노동자 윤용하가 전남대에서 "노태우 정권 타도!"를 외치며 분신*을 한다. 5월 18일에도 전남 보성고등학교 3학년생인 김철수가 보성고 학생회가 주최한 5·18 기념행사를 치르던 도중 운동장에서 온몸에 불을 붙이고 행사장으로 달려가며 "참교육 실현!" "노태우 정권 퇴진!"을 외치며 쓰러졌다. 5월 22일에도 김철수가 나온 보성고등학교 선배인 스물다섯 살 트럭운전사 정상순이 김철수가 치료받던 전남대병원을 두 번 찾은 뒤 전남대병원 영안실 위에서 "노태우 물러가라!"며 분신 후 투신하는 사건이 벌어졌다.

광주전남연합 상임의장이던 오종렬은 박승희, 윤용하, 김철수, 정상순 열사의 장례위원장을 맡고 장례투쟁을 진두지휘한다. 광주전남민주연합이 중심이 돼 YMCA 등 22개 조직을 묶어 대책위를 꾸렸다.

---

* 민족민주열사·희생자 추모(기념)단체 연대회의 홈페이지 '열사의 삶' 참조

전남대 의대 학생회실을 비우고 매일 대책회의를 열었다. 경찰들이 열사들의 시신을 탈취할 것에 대비해 남총련 학생들 1000여 명이 들어와 전남대 의대를 에워싸며 지켰다.

분신 정국에 거의 날마다 도청 앞 분수대에선 수천, 수만 명이 모이는 대규모 집회가 열렸다. 집회는 보통 2~3시간씩 이어졌고 이후 경찰과의 전투는 매일 자정께까지 벌어졌다. 싸움이 정리되면 다시 회의가 시작돼 새벽 3~4시에 끝났다. 그렇게 거의 밤을 새우다시피 하는 생활을 광주전남민주연합 활동가들은 50일 동안 했다. 그들과 똑같이 하루를 보내고 매번 연단에 올랐지만 오종렬은 연설을 시작하면 20~30분씩 사자후를 토하며 끝낼 줄을 몰랐다.

당시 집회 사회를 많이 봤던 이경률은 "의장님이 발언하실 때 집회에 참가한 사람들뿐 아니라 주변에서 구경하는 시민들, 학생들 표정을 보면 우리를 대변하는 우리의 지도자로 바라보는 모습이었다. 그때 오종렬이란 이름이 진보계를 대표하는 보통명사화됐다."면서 "그때 의장님과 광주 시민들이 같이 호흡하던 모습은 지금으로서는 상상이 안 될 정도. 발언을 한다는 건 나아갈 방향, 메시지를 전달한다는 건데 그 발언을 듣고 시민들은 우레와 같은 박수를 쳤다."고 과거를 회상했다.

나중에 오종렬은 이경률에게 그 시절을 그리워하며 말했다. "그때 우리는 힘이 있었어. 광주전남민주연합이 광주에 미치는 영향력이 컸고 자부심도 있었지. 마음먹으면 뭐든지 할 수 있었어." 이경률은 "의장님이 원래 그런 말씀 잘 안 하시는데 그때가 그리우셨나 보다. 대중과 함께 가면 우리가 역사를 바꿀 수 있다는 느낌, 확신이 강했던 시절이었으니까."라며 그 마음을 짐작했다.

광주전남민주연합 준비위원회 때 간사부터 결합해 분신 정국 때 상황실에 있었던 임선진은 "1991년 소련 붕괴 이후 동구권도 무너지던 시절에 민족민주운동도 영향을 받고 있었지만 광주전남민주연합은 그때가 정점이었다."면서 "매일 밖에서 자면서도 신명 나고 즐거웠다."고 회상했다. 선전 담당이던 정당금이 그 신명 났던 시절의 한 부분을 들려줬다.

"광주전남민주연합 이름으로 선전물을 2만부씩 찍었습니다. 광주 시내 여러 단체들은 물론이고 해남, 완도까지 갔어요. 버스터미널에 싣고 가서 2천부, 3천부씩 버스 기사님들께 갖다 드리면 해남, 완도 담당자들이 버스터미널에 나와 받아 갔습니다. 버스 기사님들도 흔쾌히 도와주셨고요. 당시엔 자가용이 있는 사람이 거의 없었는데도 그 선전물들이 모든 단위로 다 내려갔습니다.

분신 정국 때는 전남대 의대 학생회실을 상황실, 간호학과 학생회실을 선전국 사무실로 썼습니다. (박승희 열사가 분신한) 4월 29일부터 6월 중순까지 밥은 학생들이 싸온 거 먹으면서 그곳에서 생활했지요. 매일 집회가 있었고, 우리가 잠을 잤는지 안 잤는지도 모른 채 살았어요. 시민들도 마찬가지고요. 5·18때 광주에서 보였던 공동체의 모습이 그때도 그대로 재현됐습니다."

전남대병원 장례식장 앞에 친 상황실 천막에는 많은 이들이 오갔다. 열사 유족들은 물론 일반 시민들도 와서 가마솥에 밥을 해주고 조문도 끊이지 않고 이루어졌다. 80년 5월을 기억하는 시민들이 걱정하면서 들려 쌀과 부식들을 놓고 가기도 했다.

또, 응급실 마당엔 의사, 간호사들이 상주하면서 투쟁 과정에서 다친 환자들이 오면 바로 치료를 해줬다. 전경들이 장례식장 가까이까지 오면 의사들이 나와서 막아주기도 했다.

매일 집회 때마다 모금을 했는데 성금이 계속 많이 걷혔다. 덕분에 한 달반 동안 상황실이 굴러갈 수 있었다. 그 힘을 받으며 광주전남민주연합 상근자들도 불협화음 없이 혼혈일체가 되어 힘든 시기를 이겨냈다.

임선진은 "항상 공권력과 대치상태로 너무 많은 스케줄이 있었다."고 당시를 떠올렸다. 어디든 앉으면 잠이 들 정도로 편하게 잠자기도 힘든 때였다. 그런데도 가장 일정이 많았던 오종렬은 "언제나 서두르지 않고 느긋한 모습"이었다고 회상했다.

광주전남민주연합 조직국장, 총무국장을 거쳐 집행위원장까지 맡았던 문희태는 "오종렬 의장님은 혼자 다니시지 않고 꼭 누군가 같이 다녔다."며 "군것질을 좋아하셔서 과자를 챙겨드리곤 했다."고 전했다. 그러면서 신기했던 점을 소개했다.

"잠을 잘 못 잘 때여서 회의를 하다가 의장님께서 눈을 감고 조실 때가 있었습니다. 그러다가도 한 번씩 눈을 떠 발언하시는데 회의에서 나온 이야기들을 관통하는 의견을 말씀하셔서 놀라곤 했습니다."

이와 함께 문희태는 "의장님이 '조직적 결정'이란 말에 약하셨다."고도 했다. 종렬이 두 번째 감옥생활을 하던 1995년, 3·1절을 맞아 종렬은 민족정기를 세우는 감옥 안 단식에 함께 했다. 1주일이 넘어가면서부터 젊은이들도 하나둘 단식을 끝내는데 종렬은 3주가 다 되도록 멈출 기미를 안 보였다. 건강을 염려하던 광주전남민주연합 간부들이 교도소로 찾아가 "조직적 결정"이라며 단식을 그만두길 요청했다. 정말 조직적 결정이냐고 묻던 오종렬은 결국 21일 만에 단식을 그만뒀다.

노동연구소에서 광주전남민주연합으로 파견됐던 김영집은 "오종렬 선생님은 혼자 나서기보다는 같이 움직이는 걸 좋아하고, 뭘 제시하기보다는 조직을 품는 역할을 하셨다."고 전하면서 "사람들은 나이 들면 '왕년에'를 떠올리며 현실에 안주하려고 하는데 오 선생님은 시간이 지날수록 실천을 통해 계속 진화하셨다."고 말했다.

24
운암대첩 승리와
아버지 따르는 아들들

운암대첩은 지금껏 많은 이들의 기억 속에 박혀 있다. 4월 26일 강경대 학생이 시위 도중 숨진 뒤 서울에서는 책임자 처벌을 요구하는 장례투쟁을 이어갔다. 20일 넘게 투쟁이 계속되자 강경대 유족들은 5월 18일 광주 전남도청 앞에서 노제를 지낸 뒤 광주 영령들이 묻힌 망월동에서 장례절차를 마무리*하겠다고 밝혔다.

그런데 5월 18일, 서울시청을 제외한 어느 곳에서든 노제를 허용하겠다던 경찰이 말을 바꿨다. 연세대에서 출발한 운구는 가는 곳마다 경찰병력에 막혔다. 하루 종일 공방전을 벌이다 오후 늦게야 공덕동 로터리에서 수만 명의 추모인파와 함께 첫 번째 노제를 지냈다. 그렇게 운구행렬은 늦은 밤에야 고속도로에 들어섰다.

그 시각 광주에서는 고속도로와 맞닿아 있는 운암 톨게이트와 도청 주변, 양쪽에서 시위를 벌이면서 운구 행렬을 맞을 준비를 하고 있었다. 19일 새벽 네 시가 돼서야 운구차량이 서광주 IC에 도착했다. 경찰 병력에 막혀 운구차량이 옴짝달싹 못하고 있다는 소식이 전해지자 그 새벽에 5천명이 넘는 시민과 학생들이 운암동으로 몰려들었다. 시민과 경찰은 서로 돌을 던지고 최루탄을 쏘면서 공방을 이어갔다.

---

* 권경원, "91년 광주 '운암대첩'을 아십니까?", 〈오마이뉴스〉, 2019.8.13.

오전 10시, 분신 뒤 전남대 병원에서 치료를 받고 있던 박승희가 숨을 거뒀다는 비보가 전해졌다. 분노한 학생과 시민들 눈에서 불꽃이 튀었다. 저지선을 뚫기 위해 대학생들이 몸을 사리지 않고 신들린 사람처럼 육탄으로 돌진해 달려들며 전선을 격파하였다. 흡사 전쟁터가 떠오르는 현장이었다. 오종렬은 그 투쟁 선두에 서 있었다.

치열한 공방이 정오를 지나 16시간 넘게 반복되는데도 경찰이 물러서지 않자 문익환 목사와 강경대의 아버지는 노제를 포기하고 망월동 묘역으로 바로 가자고 했다. 20일 넘게 투쟁하면서 시신이 부식되기 시작한 상태에서 언제까지고 기다릴 수만은 없는 상황이었다. 광주전남민주연합 김정길 집행위원장은 "그 마음 충분히 이해하지만 이건 우리가 결정하지 못합니다."고 버텼다. "그럼 누가 결정하느냐?"는 문익환 목사의 질문에 그는 "광주 시민들이 결정합니다. 저희는 광주 시민들의 명에 따라 움직입니다. 광주 시민들을 설득해 주십시오."라고 요청했다. 결국 문익환 목사가 영구차에 올라가 시위대에게 하소연을 했다.

그러나 시위대는 꼼짝하지 않았다. 여기서 투쟁을 멈출 수 없다는 의지를 침묵으로 내비쳤다. 오히려 "광주 망월동에 묻힐 자격이 없다. 올라가라."고 성을 냈다. 다시 전투 개시 명을 내렸고 밤이 다가왔다. 이때 시민들이 기지를 발휘했다. 일부 시민들이 고속도로 가드레일을 걷어내고 보도블록과 공사장 쓰레기 자루를 날라 배수로를 메워 길을 만들었다. 약간 경사가 진 곳이었지만 사람들은 운구차를 밧줄로 묶어들고 새로 만든 길로 올렸다. 경찰이 쏘아대는 최루탄이 연막탄이 돼 경찰은 시민들의 움직임을 살피지 못했다. 시위대는 눈물, 콧물을 쏟으면서도 작업을 멈추지 않았고 마침내 운구 행렬은 중외공원으로 빠져나가 광주 시내로 들어갈 수 있었다.

경찰도 더 막으면 제2의 광주항쟁이 될 수도 있다는 우려로 심하게 대응하지 않았다. 시위대는 뛰어가며 "도청"을 연호했고, 도청에 가까워질수록 동참하는 시민들의 수가 늘어났다. 19일 밤 10시, 드디어 운구 행렬은 도청이 보이는 금남로3가에 멈춰 섰다. 어느새 도청 앞 광장은 전국에서 온 10만 명이 넘는 사람들로 가득 차 있었다.

그들 앞에서 오종렬은 "민중은 위대하다."고 포효하며 연설했고, 강경대 열사 아버지 역시 "광주 시민 여러분, 감사합니다."라며 눈물을 흘리며 감사인사를 했다.

자정을 넘겨서까지 노제가 이어졌고 20일 새벽 3시에야 망월동 묘역에 도착해 하관식을 진행할 수 있었다. 50일간 다섯 번의 민주국민장을 치른 광주에서 맞이한 마지막 승리였다. 문익환 목사는 "이 승전보를 전국에 알려야 한다."면서 하관식을 끝내고 잠도 안 자고 바로 서울로 향했다.

운암전투에서 보듯 당시 광주전남민주연합의 힘은 셌다. 집회를 하다가 학생들, 농민들이 경찰에 잡혀가면 빼내는 것도 연합 상근자들의 일이었다. 김정길은 "그때 집행위원장이던 나는 검사를 만나러 가도 공안 담당 검사도 안 만났다. 최소한 부장검사를, 그것도 검사장실에 앉아서 담당 검사를 불러서 만났다. 경찰서에 가서도 서장실에 가서 담당 경찰관을 불렀다. 전선 자체가 힘"이었다고 당시를 회상했.

"제 운동 역사에서 분신 정국 당시가 가장 행복했던 시절입니다. 오종렬 의장님께서 나를 비롯해 간부들이 마음껏 운동할 수 있도록 판을 벌이면서도 책임은 당신이 지는 역할을 해주셨습니다. 연합을 힘과 권위를 가진 조직으로 만드셨지요. 그때가 제 운동의 고향입니다."

광주전남민주연합 의장으로 오종렬이 광주·전남지역 시민사회운동을 진두지휘할 때 둘째 아들 창규는 학생운동을 하고 있었다. 86년도에 전남대학교에 입학한 오창규는 군대에 다녀와 본격으로 학생운동에 뛰어들었다.

"86~87년 민주화운동 때는 집회에 단순 동참해 짱돌이나 던지는 평범한 대학생이었습니다. 군대 다녀와서 복학해 취업준비하려고 도서관에 앉아 있다가 91년, 승희(박승희 열사)가 분신했을 때 뛰어나왔죠. 한 달 동안 거리와 학생회관에서 살았습니다."

그 뒤 선배들의 권유로 과회장 보궐선거에 나가면서 학생회 활동을 시작했다. 활동은 이어져 1993년 전남대학교 총학생회장이자 광주·전남지역총학생회연합(남총련) 의장까지 맡았다. 오창규는 과정에서 "아버지와 상의할 짬은 없었지만 내 마음속엔 늘 아버지가 계셨다."고 털어놓았다.

"교사에서 전선으로 나섰던 아버지의 행보에 많은 영향을 받았습니다. 우리 아버지가 제일 훌륭한 어른이라고 생각하며 자랐어요. 커서는 아버지가 집회 연단에서 사자후를 터트리는 모습을 봤고요. 아버지의 정의로운 행보, 언론에 비치는 모습, 또 선거에 나가셨을 때까지, 그런 모습들을 보면서 당신의 삶, 노선을 따라 배우고 존중하는 관계가 이어진 거죠. 그 길이 사회변혁운동의 길이었습니다."

오창규가 학생운동에 들어선 뒤로 아버지와 아들은 집에서보다 연대단체 회의석상이나 시위가 벌어지는 거리에서 더 많이 만났다. 오창규뿐만 아니다. 오창규가 전남대 학생회장을 하던 해에 쌍둥이 형인 오정규는 전남대 공대 학생회장을 맡고 있었다. 셋째인 명규도 고등학교 때 학생회장을 하고, 막내 동규는 고등학교 때 4·19를 맞아 학교에 대자보를 붙이다가 걸려서 퇴학을 당할 뻔한 일도 있었다. 오종렬 가문에는 불합리한 사회를 바꾸지 않고는 못 배기는 피가 흐르나 보다.

25
광주광역시
첫 광역시의원

1991년 31년 만에 지방선거가 부활했다. 61년 5·16군사쿠데타로 중단됐던 구·시·군/시·도의회의원 선거가 실시된 것이다. 광주에서도 6월에 제1대 광주직할시의회(현재 광주광역시의회) 의원 선거를 치렀다. 석 달 전 기초의원 선거에서 교사 4명을 기초의원에 당선시킨 전교조 광주지부에서는 광역의원 선거도 준비했다.

광주전남민주연합을 비롯해 광주전남지역의 시민사회지도자들이 당시 평화민주당 김대중 총재를 찾아가 광주에서 시민후보가 정해진 지역을 평화민주당이 후보를 내지 않는 '무공천 지역'으로 해달라고 요청했다. 김정길 당시 광주전남민주연합 집행위원장은 "김대중 총재에게 지방자치를 할 수 있게 된 건 경하하지만 평민당만 한 게 아니라 우리 시민사회진영도 노력했으니 우리 몫을 달라고 당당히 요청했다."고 설명했다. 함께 했던 지역 국회의원들은 완강히 반대했지만 면담자리에서는 침묵을 지켰던 김대중 총재가 결단해 시민후보들을 낼 수 있게 됐다.

시민사회단체와 함께 '범시민연대선거대책본부'를 꾸려 5명의 후보를 확정했다. 평민당에 무공천 지역을 요구하자 평민당 측에선 "오종렬 의장을 출마시켜라. 그래야 당원들에게 명분이 선다."고 답했다. 무공천 지역을 관철하기 위해서는 종렬의 출마가 불가피했고, 깊은 논의 끝에 출마하기로 결정한다. 하지만 전교조와 전선 운동을 마음에 품고 있던 오종렬은 출마가 흔쾌하지 않았다.

"선거사무실을 꾸리고 의장님께 가시라고 해도 안 가시는 거예요. 분신정국 투쟁본부가 아직 있던 때여서 계속 전남대 의대에 있던 투쟁본부 사무실에 계시려고 했어요. 우리가 강력히 말씀드려서 선거사무실로 가시는데 못내 아쉬워 자꾸 뒤를 돌아보셨지요."

김정길의 회상대로 종렬이 내켜하지 않아 간부들이 열심히 설득했다.

"그때 오종렬 의장님 연세가 50대 초반이셨습니다. 전선을 지도하면서 폭을 넓히는데 시민들을 만나는 시의원 활동이 도움이 될 거라고 봤습니다. 의장님이 교사 시절 학교에서 행정을 해보셨지만 제도권에서의 행정은 다르니까요. 할 수 있으면 정치 경험을 해봐야 한다고 생각했습니다. 국회의원 한번 하고 자기 원칙을 버리고 사는 사람들도 있는데 오종렬 의장님은 그럴 일 없고 활동의 폭을 넓히는데 도움이 될 거라고 생각했습니다."(김정길)

당시 광주에서는 평화민주당만 내걸면 당선이 되는 분위기였기에 평화민주당 후보가 없으면 시민후보들도 해볼 만했다. 우여곡절 끝에 5개 지역 중 3개 지역이 무공천 지역이 됐다. 종렬이 출마하기로 한 북구6선거구 운암·동림지역도 무공천 지역에 포함됐다.

쉽게 선거를 치르겠다고 안심했지만 복병이 숨어있었다. 평화민주당에서 공천 받을 준비를 했던 한 후보가 무소속으로 출마를 한 것이다. 힘든 상황이었다. 오종렬은 광주지역 시민사회운동계에서는 꽤 이름이 알려졌지만 기성 정치인으로서는 햇병아리였다. 선거전에 돌입하니 무소속 후보쪽으로 판세가 많이 기울었다.

하지만 이에 굴할 시민사회진영이 아니었다. 해직 교사들과 대학생 등 자원봉사자들을 중심으로 바닥을 훑는 선거운동을 진행했다. 새벽 4시에 일어나 집집마다 찾아다니며 명함과 유인물을 돌리며 '정치인 오종렬'을 알렸다. 돈으로 환심을 사는 기존 정치인들과는 다른 선거운동이었다. 선거자금이 없어 홍보물도 전부 손으로 쓰고 사진도 풀로 붙이면서 직접 만들었다. 아무도 안 알아주는 후보였지만 정성스러운 선거운동이 조금씩 알려졌다.

분위기는 합동유세에서 뒤집어졌다. 대중유세에서 퍼진 입소문이 중요했던 당시 선거판은 건장한 체격에 달변가인 오종렬에게 딱 맞았다. 경양초등학교에서 있던 첫 번째 합동유세가 끝나고 시장에 나가자 시장 상인들이 박카스, 막걸리 등을 건네며 악수 좀 하자고 몰려왔다. 당시 광역시의원 후보 캠프 실천단으로 활동한 홍성칠이 대중유세 때 분위기를 떠올렸다.

"선거운동 중반에 광주고등학교에서 범시민후보들이 모두 참여한 통합유세를 했습니다. 민족민주세력은 다 모이기로 해서 유세장인 광주고 운동장이 가득 찼지요. 유세가 끝나고 유세단과 시민들까지 수천 명이 함께 도청까지 행진을 해 갔는데 그 모습이 장관이었습니다."

처음엔 지명도가 0에 가까웠던 오종렬은 선거운동이 진행될수록 급속도로 지지도가 올라갔다. 여론조사는 물론 시장이나 주택가를 지나면서 느껴지는 여론도 판세가 뒤집어지고 있음이 느껴졌다. 당시 학생운동을 하다 선거에 파견됐던 이기훈은 그런 가운데도 자기 뚝심을 지키던 오종렬을 기억했다.

"선거운동하면서 유권자들을 만나면 시민들이 꼭 물어봤습니다. '무소속인데 선거 끝나면 민주당으로 들어가지? 들어가야 해.' 그렇게 다들 확인하려고 하는데 의장님은 한 번도 '예'라고 답하지 않으셨습

"북구 제6선거구(운암·동림동)은 신민당이 공천하지 않은 지역입니다."
"**오종렬** 후보(기호 2)는 함께 내세운 후보입니다."

궁금증을 풀어봅시다

《주민질문》
왜 이지역에
신민당 후보가 없을까요?

《답》
○ 신민당 총재와 민주진영의 대표인 오종렬 후보가 3차례에 걸쳐 협상을 하였습니다.
○ 그 협상결과 민주대연합 건설에 합의했고, 그 구체적 실천방안으로 민주진영 몫으로 신민당은 운암, 동림지역을 포함한 3곳에 신민당 후보를 내지 않기로 결정했기 때문입니다.

걸어온 길

- 광주시 광산구 삼도 출생
- 서석국교, 광주사범병설중, 광주고, 광주사범대학, 전남대 자연과학대학 졸업
- 고흥 금산국교, 진도 고성중, 전남고, 동명여중, 전대대부고, 전남여고 교사
- 광주교사협의회 고문 및 회장
- 전국교사협의회 대의원의장(1, 2대)
- 전국교직원노동조합 광주지부장(1, 2대)
- 전교조 활동으로 해직, 투옥
- 광주·전남 민주연합 상임의장
- 고 강경대 열사 살인만행 규탄 및 박승희 학생 분신 광주·전남대책위의 공동의장
- 전교조, 민주연합 단일후보
- 공안통치 분쇄와 민주정부 수립을 위한 광주·전남대책위의 공동의장

선거사무소 : 동운2동 90-26 (오성주유소 건너편 용궁횟집 2층)
☎ 54-7910, 529-0054~5

전교조가 낳고 광주가 키운
이시대 양심의 보루

오종렬 기 **2** 호

투쟁현장에서는 단호했고
교육현장에서는 푸근했습니다!

지방자치는 때묻지 않은 양심과 해박한 지성을 요구하고 있습니다

    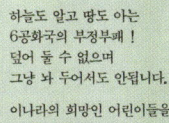
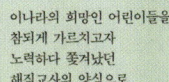

하늘도 알고 땅도 아는
6공화국의 부정부패!
덮어 둘 수 없으며
그냥 놔 두어서도 안됩니다.

이나라의 희망인 어린이들을
참되게 가르치고자
노력하다 쫓겨났던
해직교사의 양심으로

애국 운암·동림 주민의
뜻을 받들어
독재정권에 준엄한 심판을 내리고
민주정부 수립에
있는 힘을 다하겠습니다.
힘을 주십시오.

광주시의원 후보 당시 선거공보물. ⓒ민주화운동기념사업회

니다. 자신이 선거에 왜 나왔고 재야후보로서 앞으로 어떻게 하겠다고 한 분 한 분 설득하시더라고요. 옆에서 보기 답답할 정도로요."

그런 뚝심을 유권자들이 좋게 봤는지 지지세가 꺾이지는 않았다. 선거날을 이삼일 앞두고 종렬이 선거운동원들을 다 모아놓고 말했다.

"아무래도 내가 될 것 같다. 내가 능력이 뛰어나서가 아니라 민주세력의 몫으로 가는 거여서 당선이 가능한 거다. 5·18 진상규명과 책임자를 처벌하라고 민중이 나에게 맡기는 책무 같다. 그 의미를 무겁게 받아들이겠다."

결과는 예상대로였다. 오종렬은 압도적인 득표로 광주광역시 첫 광역의원에 당선한다. 함께 시민후보로 나선 안성례(광주 서구), 이윤정(광주 동구)도 당선돼 광주광역시의회에서 시민사회진영이 어느 정도 목소리를 낼 수 있게 됐다. 기관장이 소속된 정당이 다수를 장악하고 있는 지방의회는 시 집행부의 거수기 역할을 하기 쉬운데 이들 시민후보 출신 시의원들은 균형을 잡아주며 광주 시의회가 지방 행정을 견제하는 본연의 역할을 할 수 있게 만들었다.

광주전남연합 상근자였던 정당금은 오종렬이 광역시의원에 당선된 뒤, 연합 사무실을 정리하던 모습을 떠올렸다.

"오서서 가방도 없이 짐들을 책보에 싸셨어요. 제가 '의장님, 이제 시청으로 가셔요?'하니까 '나는 가기 싫은데 가라고 하지 않느냐.' 하셔요. '의장님은 어디로 가고 싶으셨는데요?' 물으니 '나는 연합이 아니면 전교조로 가고 싶었지. 그래도 어쩌겠냐.'고 하시더라고요. 책보 보따리 하나 들고 '나는 간다.' 하고 가시던 모습이 생각납니다."

◀▶ 정치인으로서는 인지도 0에 가까웠던 종렬은 대중유세 뒤 퍼진 입소문으로 선거판을 뒤집었다.

광역시의원이 된 오종렬은 주민들 일에 앞장서, 말 그대로 시민들의 손, 발이 되어 움직였다. 특히 1992년 2월, 광주 시내에 도시가스를 독점 공급해오던 해양도시가스회사에서 폭발 사고가 났을 때는 누구보다 앞장 서 주민들 곁을 지켰다. 30톤짜리 대형가스저장탱크 2기가 폭발하는 대형 화재였다. 회사가 위치한 용봉동은 물론 종렬의 지역구이기도 한 운암동까지 수백 가구의 유리창들이 와장창 깨지고 문틀, 방충망들이 뜯겨나갔다. 사고현장 근처 과수원이 불타고 짓고 있던 교회

25. 광주광역시 첫 광역시의원

건물이 무너졌다. 양계장의 닭들도 불타고 전기가 끊겨 양식장의 역돔 5천여마리가 죽기도 했다. 주민들은 곧바로 주민대책위원회를 꾸렸고 종렬도 같이 결합해 주민들이 피해보상을 제대로 받을 수 있도록 광주시청과 시의회를 누볐다.

광역시의원이 된 뒤에도 종렬은 시민의 곁인 현장에 있었다. 의정보고회도 큰 회의실을 빌리는 다른 시의원들과 달리 운암시장 뒤 어린이놀이터, 중외공원 같은 곳에서 시장 상인들, 주민들을 모아놓고 했다. 활동하는 모습 자체도 달랐다. 비서가 모는 자동차를 타고 다니던 다른 시의원들과 달리 버스를 타고 다니면서 시민들 바로 곁에서 호흡하며 의원활동을 해 다른 시의원들에게도 귀감이 됐다.

광역시의원이 됐다고 일을 독단적으로 하지도 않았다. 문교사회분과위원장을 겸임하면서 교육감이나 교육청 관계자를 만나러 갈 때면 동료 교사들을 데리고 가곤 했다. 이야기를 나누고 와서는 함께 간 이들에게 꼭 "이 문제를 어떻게 풀었으면 좋겠냐?"고 의견을 물으며 지혜를 모았다.

교사 출신이고 문교사회분과위원장이기 때문에 교육 분야 일은 더 열성적으로 했다. 학교 앞 신호등 설치를 위해 백방으로 뛰어다녔다. 또, 교육청에서 폐교된 광주동초등학교 청옥분교를 매각하려고 한 계획을 미래의 교육자산이라고 강력히 항의해 계획을 철회시키기도 했다. 이처럼 왕성한 활동들을 높이 사 비록 구속된 뒤였지만 1995년 광주기독교청년회 시정지기단은 오종렬을 우수의원으로 선정했다.

시의원들이 모인 회식 때 운동권 노래인 '아침이슬'을 불렀다고 구설수에 오르기도 했던 종렬은 정치인일 때도 광야에 있을 때와 다름없이 시련 속에서 작은 미소를 배우곤 했다.

26
광주전남을 호령하다가
두 번째 구속

광주 제도정치권에서는 광역시의원으로, 재야에서는 광주전남민주연합 공동의장으로 오종렬은 강렬한 존재감을 떨치며 열성적으로 활동했다. 5·18처럼 큰 대중집회 때는 금남로에 설치된 연단에 올라 두 손에 쌍 마이크를 잡고 몇 만 대중의 마음을 흔드는 선동을 하곤 했다.

그 사이 정권도 바뀌었다. 김영삼 정부가 이른바 문민정부를 내걸며 1993년 2월 25일 출범했다. 김영삼 정부는 집권 초기 토지공개념을 도입하고, 군부에서 하나회를 척결하는 등 개혁 정치를 펼치면서 국민에게 상당한 지지를 받았다.

여세를 몰아 김영삼 대통령은 광주와의 화해도 시도했다. 취임 바로 다음달인 3월 18일, 첫 순방지로 광주를 택하면서 이전 군사정권들과 차별화를 시도한다. 또, 현직 대통령으로선 처음으로 광주 민중항쟁 희생자들이 잠든 5·18 망월동 묘역을 방문하려고도 했다. 하지만 광주·전남지역총학생회연합(남총련) 소속 대학생들이 "철저한 진상 규명과 책임자 처벌을 먼저 약속하라."며 막아선 탓에 방문은 못했다.

비록 5·18묘역 방문은 불발됐지만 김영삼은 '지역 화합'을 내세우며 광주를 향한 손짓을 계속했다. 5월 18일을 앞둔 1993년 5월 13일엔 '5·18의 연장선에 선 문민정부'라는 제목으로 '5·18 광주민주화운동 관련 담화문'을 발표한다. 이제껏 공공연하게 '광주사태'로 불리던 5·

18을 정부에서 광주민주화운동으로 공식적으로 처음 명명한 것이다.

담화문에서는 '5·18 광주 민주화운동의 정신을 기리고 그 명예를 높일 수 있는 사업을 적극 지원'하겠다고 밝혔다. 이에 망월동 묘역을 민주성지로 가꾸어 나가도록 묘역 확장 등에 따른 필요한 지원과 함께, 5·18 항쟁의 최후 항전지였던 전남도청을 이전하고, 도청 위치에 5·18 광주 민주화운동 기념공원을 조성할 방안을 적극 검토, 지원하겠다고 했다.

책임자 처벌 같은 근본 치유책은 아니었지만 어느 정도 정부의 진정성이 느껴지는 조치들이었다. 그런 뜻에서 3월에 학생들이 김영삼 대통령의 5·18묘역 방문을 막아선 건 대중들의 인식과 괴리된 투쟁이었다는 의견이 많다. 이 투쟁이 오종렬의 이후 인생에 큰 영향을 미치게 된다. 대학생들을 대상으로 한 인생관 강연에서 오종렬은 그때 상황을 설명했다.

"당시 나는 광주광역시 초대 의회 문교사회위원장이었다. 제도권과 비제도권 양쪽에 다 발을 걸치고 있으니 당국으로서는 상당히 거슬렸을 게다. 계속 정권과 긴장관계를 이어가다 갈등이 극단에 치달은 사건이 바로 93년 김영삼 대통령의 망월동 묘역 방문이었다."

광주전남 민족민주운동을 총괄하던 광주전남민주연합으로서는 아무 조건 없이 대통령의 망월동 묘역 방문을 받기는 어려웠다. 정권 책임자로서 김영삼 대통령이 광주 민주항쟁의 진상규명 약속을 해달라는 성명을 발표하고 핫라인을 통해 그 부분에 대해 의사타진을 하고 있었다.

그런데 열혈 청년들이 너무 앞서갔다. 남총련 소속 대학생들이 김영삼 대통령이 방문하기로 한 망월동 묘역을 전남 밤부터 점거하고 시위를 했다. 오종렬이 직접 가서 학생 지도부를 타일렀다.

"애들아, 우리가 강을 건넌다. 그런데 겨울에도 헤엄쳐서 건널 수 있느냐. 여름에는 배를 타거나 헤엄쳐야 하지만 겨울에는 스케이트를 타야 하지 않느냐. 상황에 따라 대응해야 한다. 그러지 않으면 우리는 전부 익사한다."

학생들은 정권에 빌미가 될 행동을 전혀 하지 않겠다고 약속했다. 남총련 지도부는 대기하고 있던 학생들에게 물리적으로 막지 말고 묘역을 청소하는 모습을 보이라고 주문했다. 하지만 일부 학생들이 지도부의 말을 듣지 않고 점거농성을 하는 모습을 취했다. TV에는 학생들이 쇠파이프를 들고 있는 모습만 나왔다. 학생들을 폭도, 패륜아로 모는 언론의 비판 보도가 쏟아졌다. 당시 광주 시민들도 80% 넘게 김영삼 대통령의 망월동 참배를 찬성해 여론의 반응도 싸늘했다.

오종렬은 이에 대해 "방향도 잘못 잡고 작전도 잘못 짜 대중사업에서 중요한 기회를 잃은 사건"이었다면서 "아무리 말려도 내 눈에서 벗어났으니 도리가 없었다."고 안타까워했다. 평가는 그렇게 하면서도 학생들 앞에서 직접 책망하는 일은 없었다. 오히려 사건 이후 언론에서 연일 패륜아, 폭도로 학생들이 매도당할 때 5·18광장에서 시민들에게 호소했다.

"오늘날 시민 여러분들은 5·18 당시에 청소년이었고, 형제자매와 이웃들이 신군부에게 당하는 걸 보고 들은 분들이지 않습니까. 이 청년들을 지키지 않으면 우리 사회, 이 국가에 미래가 있겠습니까? 여러분이 지켜주십시오."

대학생들과 상관없이 오종렬을 노리고 있던 사법당국에게 이 사건은 좋은 빌미가 됐다. 이만으로는 부족하다 생각했는지 바로 기소하지는 않았다. 그런데 대학생들이 또 다른 구실을 제공했다. 1994년 7월 8일, 조선민주주의인민공화국의 김일성 주석이 서거하자 남총련 학생들이 전남대 구석에 추모 공간을 꾸렸다는 소문이 돌았다. 이에 대해 경찰이 수사를 시작하자 오종렬이 남총련 간부들을 불러 물었다.

"정말 빈소를 차렸느냐? 사실대로 말해라."

학생 간부들은 "절대 그런 일이 없습니다."라고 답했다. 종렬은 그 대답을 믿고 경찰이 잘못된 수사를 하고 있다고 비판하는 기자회견을 했다. 그런데 절대 그런 일 없다고 했던 학생들의 주장과 달리 전남대 학생회관에서 증거물들이 나오면서 오종렬은 오히려 역공을 당한다.

광주전남민주연합 차원에서 발표한 김주석 사망을 애도하는 성명에 대해서도 사법 당국은 문제 삼았다. 성명에서는 '김일성(金日成)주석이 핵문제와 남북정상회담 등과 관련, 자주와 평화통일을 위해 힘써온 점을 민족적 관점에서 평가한다. …정상회담을 목전에 두고 사망한 점에 안타까움을 느끼며 심심한 애도를 표한다.'*고 밝혔다.

여러 사안들을 축적해온 검찰은 결국 1994년 12월 10일, 남총련 등이 벌인 각종 시위의 배후, 93년 6월 범민련 광주시, 전남지역본부 결성을 주도한 혐의 등으로 오종렬을 구속한다.

시의원으로서 이례적으로 구속되기는 했지만 오종렬은 혼자가 아니었다. 시의회에 있는데 검찰이 찾아올 것 같다는 연락을 받았다. 학생들이 바로 몰려와 의자로 바리케이드를 치고 막겠다고 나섰다. 오종렬은 "하지 마, 막지 마."라고 말리고선 시장실로 향했다. 강운태 광주시장, 장정숙 시의원과 마지막 대화를 하며 뒷일을 부탁했다. 서너 시

---

* 선우정·김민철, "서부전선 조용하다/휴전선 최전방 도라OP서 본 선전마을", 〈조선일보〉, 1993, 7, 11. 31면.

간 뒤 찾아온 검찰 관계자들을 순순히 따랐다. 오종렬이 시청을 벗어날 때까지 광주 시청 앞에서는 학생들이 당국을 비판하는 집회를 계속했고, 강운태 광주시장은 안기부까지 함께 가며 신의를 지켰다. 10여 년이 흐른 뒤에도 강운태는 오종렬을 "매우 인간적이고 합리적인 사람"으로 기억하면서 존경을 표했다.

그때 그의 둘째 아들, 창규는 수배 중으로 전남대에서 생활하고 있었다. 잡혀가기 열흘 전, 종렬은 전남대를 찾아가 몇 달 만에 아들을 만났다.

"혼자 오셔서 몇 가지 물어보시고는 쑥색 바바리코트에 양손을 찔러 넣은 채 '나 간다.'하고는 공대를 넘어가는 고개로 올라가셨지요. 오랜만이어서 많이 반가운 만남이었는데 묘하게 여운이 남았습니다. 아마 구속될 걸 감지하고 아들 한번 보고 가시려고 오셨던 것 같아요."

오창규의 말 대로 강제 이별을 예상했었나 보다. 열흘 뒤 오종렬이 구속되고 부자는 한동안 만날 수 없었다.

27
감옥 안과 밖

생애 두 번째로 구속된 오종렬은 광주교도소에서 1년 5개월을 지낸 뒤, 이후 충청남도 홍성교도소로 이감됐다. 홍성교도소는 시설이 매우 낙후된 교도소로, 창은 있으되 창문이 없어 비닐로 창을 씌워놨었다. 종렬이 생활하던 방은 그나마도 비닐이 어딘가 찢어졌는지 영하 10도~15도 하던 겨울 찬바람이 매섭게 들이쳤다. 이불을 뒤집어써도 드러난 이마와 발이 얼음장같이 차가워져서 얼얼하게 아렸다. 종렬은 아주 고약했던 그 시절을 회상했다.

"요새는 교도소에 온돌도 해주고 텔레비전도 있고 그러는데, 난 전혀 상상이 안 돼. 그때는 교도소에서 유리는 안 해주잖아요. 비니루로 창을 해놨더라고. 근데 어떻게 찢어졌는지 자다가 매우 고통스러워서 보니까 찬바람이 들어오는 거더라고. 그리고 거긴 재래식 화장실이었는데, 날파리 같은 것도 많고 벌레도 많이 나와. 그게 또 귀찮고 고통스럽고 냄새나고."*

악조건에서 대상포진 병마와 싸우고 추위에 고초를 겪어야만 했다. 의료시설이 변변치 않아 자가 치료를 할 수밖에 없었다. 열악한 환경 탓에 자연스럽게 단전호흡에 많은 관심을 쏟았고, 기 수련의 구체

* 전문수, "[감옥에서 읽은 책] 오종렬 전국연합 의장", 〈민중의소리〉, 2007.4.13.
http://www.vop.co.kr/A00000069687.html

적인 내용을 자녀들에게 편지로 전하기도 하였다.

감옥에서 종렬은 가족들에게 여러 편의 편지를 보냈는데 그 중에는 아이들에게 전한 가훈 시조 8수도 있었다.

가훈시조 8수

봉래산 제일봉에 낙락장송 되려 말고
깊은 산 골짜기에 하늘 닿게 자랐다가
일주문 짓는 자리에 기둥 되게 하소서

솟은 위용 고운 자락 빼어난 그 모습에
사람들이 넋을 잃고 봉우리만 우러를 제
하늘에서 내린 비는 골짜기로 모이누나(모인다네)

눈보라 칼바람이 옥창을 두드릴 때
광야에(서) 말달리던 그 모습 그리다가
스텐카라친 뱃노래로 서린 한을 달래주(보)네

백두산 오름 길에 고개 마루 넘었더니
마주 오는(던) 벗님네가 이웃마을 가느냔다(가느냐한다)
조용히(말없이) 머리 끄덕여(이며) 웃음 띠어 보낸다

용천설악 벼리는데 시련(담금질)이 으뜸이요
닭은 모이를 (쪼아)먹고 자라고
(시련 이긴 망아지가 천리마로 거듭나듯)
사람은 시련을 먹고 자란다

27. 감옥 안과 밖

아기용도(이) 시련 먹고(뚫고) 허물 벗어 승천하니
만백성 지켜내고 단비 내리게 하여 주소

근하신년
늘 사랑과 웃음(으로) 가득하며, 일을 다룰 때는 하늘에서
　내리쏘는 매와 같이,
사람을 만나서는 봄날 햇볕 같게 하여 주십사

병자원단 아빠가

홍성교도소에는 공안사범들이 별로 없었지만 일반 제소자들과 사이가 나쁘지 않았다. 당시 옥살이를 같이 했던 홍성우가 감옥에서 만났던 오종렬의 모습을 들려줬다.

"조직폭력배들도 의장님이 지나가실 때면 깍듯이 인사를 하고 어르신으로 모셨습니다. 그들이 징벌방에 갈 뻔할 걸 의장님이 보안과장에 항의를 한 적이 있었거든요. 또, 족구대회 같은 걸 하면 의장님께서 라면 한 박스를 사서 돌리기도 하셨고요."

학생운동을 하다 조직사건으로 잡혀왔던 홍성우는 종렬이 "그때도 '표현의 수위는 낮게'라는 말을 많이 하셨다."면서 "운동 시간에 거닐면서 남북 관계, 북미 관계 들에 대해 함께 토론도 많이 했는데 저를 가르치려고 하지 않고 표현을 아주 부드럽게 하셨다."고 말했다.

종렬이 다시 감옥에 갇혀 있는 동안 집안 경제는 계속 김평님이 책임졌다. 평일에는 참교육사와 여러 업체에서 주부사원으로 일하고, 일요일이면 홍성교도소로 면회를 갔다. 역에 가면 경찰서에서 붙인 수배자 명단에 둘째 창규 사진이 붙어 있어서 보기가 힘들었다.

밤이면 다시 불면증에 시달렸다. 간신히 잠에 들었다가도 가슴이 답답하고 숨이 안 쉬어져 벌떡 일어나는 날이 많았다. 물을 마시고 다시 자기 위해 애썼지만 깊이 잠들지는 못했다. 몸이 견디지 못하는 날이 많았지만 마음만은 굳게 먹었다.

'사람 죽이고 도둑질 한 거 아니니 우린 떳떳하다. 우리 아저씨는 곧 나오실 거다. 친구 남편 중엔 벌써 세상을 떠난 사람들도 있는데 나는 가서 얼굴도 보고 말도 할 수 있으니 다행 아닌가.'

그 마음으로 평님은 2년 8개월을 버텼다. 또, 수배자 아들을 둔 어미로서 할 일도 많았다. 판매일을 하는 틈틈이 양심수 가족들이 모여 만든 민주화실천가족운동협의회(민가협) 활동도 같이 했다. 전교조 사무실에서 얻어 입은 노란 티셔츠를 걸치고 청와대 앞에 가서 농성도 하고 여의도 여당과 야당 당사를 뻔질나게 드나들었다. 당시를 떠올리던 평님은 "그때는 내가 완전히 투사였지. 오 선생님이 감옥에서 나와 보니 내가 의젓하게 장사도 잘하고 집회도 잘 쫓아다니고 있거든. 그러니 안심하고 전국연합에 올라가신 거지."라고 이후 종렬의 행보가 가능했던 까닭을 설명했다.

2

전선운동으로

28
전선체의 역사

두 번째 감옥살이를 끝낸 뒤 오종렬은 서울로 올라와 민주주의민족통일전국연합에서 전선운동을 하게 된다. 그 이야기에 앞서 한국의 연대운동체가 어떻게 발전해 민주주의민족통일전국연합에까지 이르렀는지 그 역사를 짧게 소개한다.

1) 민통련

한국전쟁 이후 최초로 연대전선체를 자임했던 조직은 민주통일민중운동연합(이하 민통련)이었다. 민통련 등장에는 80년 광주가 자리 잡고 있다. 5·18광주항쟁이 준 교훈은 분명했다. 광주라는 지역에 국한되고, 분산된 투쟁으로는 좌절과 패배를 넘지 못한다는 것이다. 또, 운동진영은 광주항쟁을 겪으면서 미국에 예속된 한국사회의 성격과 모순을 직면한다. 이에 '미국의 지배와 재벌체제'라는 두 가지 모순을 해결하기 위해선 각계의 분산된 투쟁으로는 가능하지 않다는 점을 명확히 깨닫는다. 또한 국민을 억누르는 군부독재 정권의 통치를 끝내기 위해선 민주세력을 규합해 나가는 것이 급선무였다. 그래서 반독재 민주화 운동단체들은 부문과 지역의 연대체, 투쟁체, 전선체를 구축하기 위한 노력을 기울여 전국적인 대응태세를 구축해 나섰다.

당시 최대 정치 쟁점은 임기 말에 들어선 전두환 군부정권을 연장하느냐 아니면 권력교체를 통해 독재를 청산하느냐였다. 이에 재야 사회운동 및 민주시민사회단체들은 대통령 직선제 개헌을 추진해 군부통치 종식과 정권교체를 위해 애썼다. 첫 결실로 1985년 3월 29일 의장 문익환, 사무총장 이창복을 중심으로 한 민주통일민중운동연합(민통련)을 결성한다. 민통련에는 23개 재야 단체가 연합했으며, 1984년 같은 해에 출범한 민중민주운동협의회(민민협)와 민주통일국민회의(국민회의)가 조직 간 상층 통합을 통해 발족했다.

민통련은 결성 선언문에서 "운동의 통일, 통일을 바라는 민중의 뜻을 받들어 두 단체가 시대적 사명감으로 자발적으로 통합했다."고 밝혔다. 또한 전두환 독재 타도와 민족통일 문제가 하나라는 점을 규정하고 민중이 주체가 되는 통일운동이 민주화운동과 병행되어야 한다고 했다.

이어 1985년 9월 20일에는 민청련, 한국기독교농민회총연합회, 노동선교협의회, 민중불교운동연합, 전남사회운동협의회, 전북민주화운동협의회, 부산민주화운동협의회, 충남민주화운동협의회, 충북민주화운동협의회, 인천지역사회운동연합, 서울노동운동연합 등이 합류하면서 민통련은 더욱더 전선체의 면모를 갖춰 나갔다.

민통련은 민주화 열기를 등에 업고 민주헌법 쟁취투쟁을 이끌었다. 1986년 5월 3일에는 인천에서 국민헌법 제정과 헌법제정민중회의 소집을 요구하는 시위가 벌어졌다. 1만여 명에 이르는 민통련의 재야와 학생운동 세력이 모인 1980년 이후 최대 가두투쟁이었다. 격렬했던 이 날의 투쟁은 한국전쟁 이후 최대 반외세 투쟁으로 평가받기도 한다.

독재정권을 향한 국민의 분노는 들끓었고, 반대편에선 독재정권을 연장하기 위한 전두환 정권의 공안통치가 극에 달하고 있었다. 일촉즉발의 위기감이 감돌던 상황에서 1987년 1월, 박종철 고문치사 사건이 발생했다. 서울대 언어학과 학생이던 박종철이 치안본부 대공분실에서 물고문과 전기고문을 받다가 끝내 숨진 사건이 세상에 드러난 것이다.

민통련은 이 사건을 반민주적이고 비도덕적인 전두환 정권의 민낯을 보여주는 사건으로 규정하고 곧바로 전국 주요 도시에서 도심 시위를 주도했다. 시민들은 열렬히 호응했고, 정부를 향한 국민의 분노가 들끓자 전두환은 1987년 4월 13일, 개헌 논의를 유보하겠다는 대통령 특별담화를 발표했다. 이른바 4·13 호헌 조치였다. 현행 헌법에 따라 권력을 이양하겠다는 이 조치에 대응해 재야와 시민사회운동 진영은 5월 27일 민주헌법쟁취국민운동본부(국본)을 결성하는데 민통련이 그 중심 역할을 했다.

천주교 김수환 추기경을 비롯해 각계에서 호헌 조치를 비판하는 시국성명을 발표하고, 전국에서 시위가 벌어지는 가운데 6월 9일 연세대 학생 이한열이 학교 앞 시위 중 경찰이 쏜 최루탄에 맞아 목숨을 잃으면서 일부 운동권의 투쟁은 전 민중의 항쟁으로 번져나갔다. 결국 정부는 대통령 직선제를 뼈대로 하는 6·29선언을 발표하게 이른다.

민통련은 87년 6월 항쟁과 이후 벌어진 7.8.9월 노동자 대투쟁 때 중요한 역할을 해냈지만 그 뒤 극심한 내분에 휩싸인다. 10월 10일 김영삼이 대통령 후보로 출마를 선언하자 민통련을 비롯한 운동 진영 안에서 비판적 지지와 후보 단일화를 놓고 의견이 갈린다. 운동권의 분열은 1987년 12월 대통령 선거에서 노태우 후보가 당선돼 군부 독재가 이어지는 뼈아픈 결과를 불러왔다. 선거 결과를 놓고 운동진영은 통렬한 반성을 한다. 대선 과정 중 분열을 극복하기 위해 민통련을 발전적으로 해소하고, 그 뒤를 이어 전국민족민주운동연합(전민련)을 결성하기로 한다.

2) 전국민족민주운동연합(전민련)

1989년 1월 21일 창립한 전민련은 민통련과 마찬가지로 민족, 민주세력의 전국적 연대 전선체 조직이었다. 87년 6월 항쟁과 7.8.9 노동자 대투쟁을 통해 대중운동 역량은 엄청난 비약을 하고 있었다. 노동조합이 크게 늘어났고 기존 조직들도 활발히 활동하며 내실을 다졌다. 1987년 9월 27일에는 민주교육추진 전국교사협의회가 만들어지고, 1989년 5월 28일에는 전국교직원노동조합이 결성되었다. 가톨릭농민회와 기독교농민회는 1989년 3월 통합해 전국농민운동연합을 결성하고, 1990년 2월에는 전국농민회총연맹으로 발전하였다. 1989년 11월에는 전국빈민연합이 출범했다.

이들 단체들을 아우른 조직이 바로 전민련이었다. 전민련은 결성선언문을 통해 민중이 주인되어 민족의 자주화와 통일 그리고 민주주의를 실현하는 것으로 활동방향을 잡았다. 진정한 민중해방과 자유평등 사회 실현을 위해 반외세 자주화 운동, 반독재 민주화 운동, 자주적 조국통일 운동을 3대 투쟁과제로 제시했다. 연대전선 운동이 전민련에 이르러 보다 대중적인 강령으로 진전되고 공고화되었다.

가입조직의 구성도 서울민족민주운동협의회 등 지역운동 통합단체 12개, 전국노동운동단체협의회, 전국농민운동연합 등 부문운동 통합단체 8개 등 통합단체 20개와 개별운동단체 200여 개에 달했다. 공동대표는 이부영, 오충일, 이창복, 배종렬, 이영순, 윤정석 등이 맡았고, 김근태가 정책기획실장을 담당했다.

전민련은 각종 경제 정책을 비판하고 대안을 제시하며, 국가보안법 폐지와 주한미군 철수 운동 들을 주도하기도 했다. 노태우 정권도 가만히 있지만은 않았다. 1988년 4월 열린 제13대 국회의원 선거에서 여당인 민주정의당이 과반수 의석 확보에 실패하자 노태우는 여소야대 정국을 타개하기 위해 1990년 본인이 총재로 있던 민주정의당과 김영삼의 통일민주당, 김종필의 신민주공화당과 3당 합당을 추진한다. 그렇게 1990년 3월 국민의힘의 전신인 민주자유당(민자당)이 창당하고, 노태우는 초대 총재에 추대되었다.

인위적인 정계개편으로 여소야대 정국을 뒤엎자 학생들이 먼저 투쟁에 나섰다. 촉발점은 강경대 열사 투쟁이었다. 1991년 학내시위로 가두투쟁을 벌이다 백골단에 의해 명지대 1학년 강경대 학생이 타살되자 '민자당 해체' '노태우 퇴진'을 요구하는 집회가 전국으로 확대되었다. 이어 성균관대생 김귀정 학생마저 시위현장에서 토끼몰이 진압 끝에 압사당하며 목숨을 잃었다. 학생들의 분노는 극에 달했고 증오는 노태우 정권을 정조준했다. 4월 29일 전남대학교 학생 박승희 열사가 강경대 사건 규탄 집회 중 분신했다. 이어 5월 1일 안동대학교 학생 김영균 열사, 5월 3일 가천대학교 학생 천세용 열사, 5월 8일 전민련 사회부장 김기설 열사, 5월 10일 노동자 윤용하 열사들이 잇따라 분신하면서 이른바 '분신 정국'이 이어졌다.

그런 가운데 노태우 정권은 전교조를 불법화한 정원식 전 문교부 장관을 총리로 지명했으니 학생들의 반감은 클 수밖에 없었다. 한국외대에서 강연을 마치고 나오는 정원식 총리서리는 학생들로부터 밀가루와 계란 세례를 받는다.

노태우 정권은 국무총리 밀가루 파동을 패륜으로 몰며 기세를 잡고선 전면적인 공안탄압을 시작했다. 탄압 속에서도 노태우 정권의 인위적인 정계개편을 통한 여대야소 국면에 대한 저항은 지속되었고, 이 과정을 통해 학생운동, 노동운동 등은 비약적으로 성장하였다.

1991년 열린 전국연합 발족식 모습. 사진 가운데가 오종렬 ⓒ박용수, 민주화운동기념사업회 제공

전민련은 1991년 강경대 열사 투쟁 등을 거치면서 부문과 지역운동으로 확대됐으나 이내 '합법 정당 결성'을 둘러싼 내부 논쟁과 정권의 탄압으로 약화되었다. 이에 1991년 12월 결성된 민주주의민족통일전국연합으로 발전, 계승되면서 역사의 뒤안길로 사라졌다.

3) 민주주의 민족통일 전국연합

전민련 이후 진보 민중진영의 제 단체가 재결집해 만든 연대전선체가 바로 민주주의민족통일전국연합(전국연합)이다. 1991년 12월 1일 건설된 전국연합은 민주노총의 전신인 전국노동조합협의회(전노협), 전국농민회총연맹, 한총련의 전신인 전국대학생대표자협의회(전대협) 등 14개 운동단체와 13개 지역운동단체들이 참가했다. 지역과 부문을 포괄하며 명실상부한 전선체를 구축한 것이다.

출범 이후 전국연합은 자주통일투쟁, 민권민생투쟁 들을 활발하게 전개했다. 다양한 자주통일운동도 벌였다. 8·15를 전후로 한 남·북한과 해외동포가 함께 하는 공동행사, 북한동포돕기운동, 평화협정체결운동, 주한미군의 범죄를 근절하기 위한 한미주둔군지위협정 개정을 위한 운동, 미군기지 되찾기 운동 등등. 자주권을 지키기 위한 지속적인 노력을 기울여 왔다.

　민생투쟁에도 힘썼다. 전노협에 대한 정권의 파상 공세에 대한 대응, 주거권 실현을 위한 철거민들과 도시빈민들의 생존권 투쟁에 대한 지지 및 지원, 쌀과 기초농산물 수입개방저지 투쟁, 5·18학살자 처벌을 위한 활동, 전교조 해직교사 복직과 전교조 합법화 및 교육대개혁 운동 등을 노동자, 농민, 도시빈민과 연대해 전개하였다. 한국사회에서 부문과 지역의 울타리를 넘어 근본적인 대개혁을 위한 연대운동을 본격 시작한 셈이다.

29
침몰하는 난파선
전국연합을 일으키다

한창 성장하던 민주주의민족통일전국연합(전국연합)에 위기가 닥쳤다. 1993년 2월 문민정부를 표방하며 출범한 김영삼 정부가 1994년 대북 화해 협력을 주장하자 문익환 목사는 대중적 통일운동체를 건설할 필요성이 있다며 범민련을 해산하고 새로운 통일운동조직(민족회의)을 만들 것을 주장했다. 이 주장을 둘러싼 극한 대립이 전국연합 안에서 벌어졌다.

이 대립은 1997년 대선을 앞두고 정치세력화에 대한 입장차로 다시 불거진다. 1997년 6월 전국연합 대의원대회에서는 국민승리21에 참여하여 권영길 후보를 지지할 것을 결정했으나, 일부 지역과 부문에서 민주대연합을 고수하면서 대의원대회 방침을 거부하고 비판적 지지론(김대중 새정치국민회의 후보 지지)으로 선회했다.

이후 몇몇 지역연합들에서 해산 움직임이 일고 당시 이창복 전국연합 의장 등이 전국연합 해산을 주장하기에 이른다. 94년 7월 김일성 주석 사망 이후 극심한 자연재해까지 겹쳐 고난의 행군을 겪고 있는 북은 곧 무너질 테고, 대중적인 통일의 열기도 시들해진 시점에서 전선체의 역할이 무용하다고 보는 사람들이 생겨난 것이다. 자민통 운동 내부가 극심한 혼란에 휩싸여 전국연합은 변혁을 향한 항해에서 한치 앞을 내다볼 수 없는 난파선의 처지가 됐다.

1998년 초 전국연합 대의원대회를 앞두고 혼란을 잠재워줄 사람이 필요했다. 많은 이들이 바로 몇 달 전인 1997년 9월 홍성교도소에서 만기 출소한 광주전남민주연합의 전 의장, 오종렬을 떠올렸다. 출소 후 몸을 추스르고 있던 종렬도 일부 지역연합이 해산하려고 한다는 소식을 듣고 걱정하고 있던 터였다. 대의원대회 준비위원장을 맡아 달라는 요청에 흔쾌히 응해 중앙 간부들과 착실히 준비하며 해산 논의를 중단시켰다. 무사히 대의원대회가 열렸고, 이창복 의장을 설득해 다시 전국연합 의장으로 추대했다. 맡은 바 소임을 다했다는 홀가분함을 안고 종렬은 다시 광주로 내려갔다.

하지만 그렇게 해서 잠잠해질 혼란이 아니었다. 나침반을 잃고 갈 곳을 몰라 헤매던 제주, 경남, 전북 등 지역연합들이 1998년 하반기부터 해산을 시작했다. 1998년 말, 다시 사임 의사를 밝힌 이창복 의장을 비롯해 전국연합 지도부가 전부 사퇴하면서 전국연합은 존재 자체가 흔들렸다. 자칫하면 자주민주통일이라는 노선에 근거한 연대연합체인 전국연합이 역사 속으로 사라질, 말 그대로 절체절명의 위기였다. 난파선을 다시 일으켜 세울 선장이 절실했다. 또 다시 오종렬을 떠올렸다.

1998년 11월, 한충목 당시 전국연합 사무처장과 인천연합의 강희철, 울산연합의 정대연, 광주전남민주연합의 오병윤 등이 광주로 향했다. 한충목이 그때를 회상했다.

"그때 전국연합에 남아있던 노동, 농민운동을 하는 여러 간부들과 오 의장님을 찾아뵙습니다. 제가 절박한 마음에 의장님 앞에 무릎을 꿇었습니다. 그리고선 '전국연합이라는 우리들 조직의 미래가 상실돼 가고 있습니다, 전국연합을 지켜주십시오. 전국연합 의장이 돼 주십시오.'라고 말씀드렸습니다. 제 기억으로는 의장님께서 1분 정도 깊이 생각하셨던 것 같아요. 좌중이 조용해졌고 오래지 않아 '편히 앉으소, 한충목 동지'라고 말씀하신 뒤에 '난파선을 세우는데 기꺼이 내 생을 바치겠소.'라고 답하셨습니다."

전국연합 의장이 되면 광주를 떠나 서울에서 상근을 해야 했다. 3년 가까이 옥에 갇혔다 막 출소한 처지에서 가족들과 다시 떨어져 살아야 하는 어려운 결심을 해야 했다. 하지만 고민의 시간은 짧았다. 변혁운동 주체 중 하나가 통일전선체이기 때문에 전선은 어떠한 일이 있어도 지켜야 한다는 종렬의 신념이 확고했기 때문이다. 진보정당이 이제 막 출발한 상황에서 자주 민주 통일을 향한 변혁운동 주체 중 하나가 통일전선체인 전국연합일 수밖에 없다고 생각했다. 바로 다음날 종렬은 서울로 향했다.

"전선 없이는 변혁운동의 승리도 없다. 니들이 알아서 나를 가져다가 써라."는 말로 전국연합 의장직을 수락한 종렬에 대해 그를 잘 아는 한 활동가는 "전국연합이 잘 굴러가고 있었으면 의장직을 수락하지 않으셨을 것이다. 어려운 상황임을 아셨기에 자임하신 것"이라고 그 뜻을 설명했다.

1999년 2월 7일, 동국대학교에서 열린 전국연합 제8기 정기대의원대회 및 8기 출범식에서 오종렬은 2000여 명의 관중 앞에서 준비된 원고도 없이 쩌렁쩌렁한 음성으로 포효하듯 취임연설을 쏟아냈다.

용사들이 갑옷을 입고 말에 올라타고 있습니다!

진용을 갖추었습니다. 말은 달리자고 굽이쳐 굽을 내딛고 있습니다. 용사들은 갑옷을 입고 말에 올라타고 있습니다. 바로 여러분들입니다. 여러분들은 조국의 미래를 위해서, 여러분들이 물려줄 자

1999년 2월, 전국연합 출범식에서 노수희 의장과 함께

식들의 세상을 위해서 이제 다시금 떨쳐 일어섰습니다. 여러분들은 더 이상 장할 수가 없습니다. 여러분들의 모습, 더 이상 아름다울 수 없습니다.

이제 우리는 자주민주통일의 한길에 서있습니다.

작은 것을 서로 나눕시다. 큰 것으로 하나 됩시다. 우리의 이상이, 우리의 큰 뜻이 한결같을진대 작은 다름이 어찌 큰 문제이겠습니까.

특히 청년학생 여러분!

우리의 미래는 여러분들에게 달려있습니다.

청년학생 여러분! 우리 조국의 미래는 여러분들에게 달려있습니다. 그대들의 가슴이 크게 열릴 때, 그대들의 눈물이 그대들의 웃음이 함박꽃처럼 피어날 때 그 속에 조국의 운명이 달려 있습니다. 간혹 방법에 있어서, 간혹 순서와 절차에 있어서 서로 다른 점이 약간 있

29. 침몰하는 난파선 전국연합을 일으키다

다하더라도 그대들의 통큰 의지, 그대들의 통큰 결의가 모든 것을 날려버리고 한길로 가리라고 굳게 믿습니다.

그대들을 믿습니다. 그대들이 있어서 우리가 있습니다. 다시금 이르노니 청년학생들이여! 더욱 아름다워라. 청년학생들이여! 더욱 겸손하여라. 청년학생들이여! 더욱 예절 바라라. 청년학생들이여! 조국을 구하는 그 애국의 대오로 더욱 든든하게, 더욱 결의차게, 더욱 당차게 앞서 나가라. 거듭 부탁드리겠습니다. 청년학생들이여.

자식을 가슴에 묻고 포한의 세월을 살아가시는 어머니 아버지.

어머니 아버지를 뵐 때 우리는 항상 죄인입니다. 왜냐하면 우리 민족민주열사를 우리는 구하지 못했기 때문입니다. 민족민주열사는 우리를 대신해서 저 세상으로 먼저 가셨습니다. 그분네들의 타오르던 시선, 그것이 바로 우리 자주민주통일 해방된 세상이올시다.

우리는 그 짐을 그 빚을 갚기 위해서, 어머니 아버지들의 눈물을 닦아드리기 위해서 이 한길을 함께 가고자 합니다.

기꺼운 마음으로, 사랑해주시는 마음으로 저희들 등을 쓰다듬어 주시고, 또 등을 밀어주시기 바랍니다. 어머니 아버님들 힘내겠습니다.

우리를 1만년동안 먹여 살려 오신 농민 여러분.

여러분들이 있어서 우리는 1만년동안 사람으로서, 사람의 종자로 살아올 수 있었습니다. 여러분들이 땅을 파먹고, 여러분들이 그 땅을 파먹고 흘린 젖줄에 의해서 우리는 1만년동안 사람의 자식으로 이렇게 살아올 수 있었습니다.

그런데 이제 농민, 농업, 농촌이 궤멸상태에 이르게 되었습니다. 여러분들이 죽어갈 때, 이 나라 이 땅 미래의 농사가 죽어갈 때, 농촌이 죽어갈 때 여러분들이 죽는 것이 아니라 바로 우리가 죽는 것입니다.

우리는 살고 싶습니다. 그래서 우리는 여러분과 함께 합니다. 우리 함께 우리의 대동세상, 우리의 자주적 세상, 해방된 세상을 엮어나 갑시다.

이마에 흐르는 땀으로, 등줄기에 흘러내리는 땀으로
이 세상의 모든 생활품과 가치를 생산해내는 노동형제 여러분.

우리는 너무나 고초를 받고 살아왔습니다.
너무나 고초를 당해왔습니다.
그런데 이게 뭡니까. 이제 와서 이게 뭡니까.
국난, 대란의 그 모든 책임을 지고 이렇게 거리에 널브러져 계십니다.
형제 여러분 차마 눈뜨고 뵈올 수 없습니다.

이제 우리 손을 맞잡읍시다.
군살 굳게 배긴 그 억센 손 우리 함께 잡아봅시다. 이 세상의 모든 가치들은 여러분들의 손에 의해서, 여러분들의 땀에 의해서 생산되었고 여러분들의 슬기에 의해서 창조된 것 아닙니까.

노동형제 여러분 함께 떨쳐 일어섭시다.

이 나라 이 땅의 지식인 여러분.

지식인은 책무가 무겁습니다.
지식인은 그 지식 쪼가리 팔아먹고 사는 그런 장사치가 아닙니다.

지식인, 그것은 지고의 가치를 품에 안고, 지고의 가치를 등에 지고 그리고 시련의 십자가를 함께 짊어지고 갈 그러한 숭고한 사람들입니다. 이것이 지식인입니다.

29. 침몰하는 난파선 전국연합을 일으키다

지식인 여러분, 이 나라 이 땅의 지식인 여러분! 함께 갑시다. 고난의 길 함께 갑시다. 노동자의 눈물, 농민의 피땀, 청년학생들의 그 어려움 우리 함께 안고 갑시다. 그리하여 그대들과 함께 이제 자주민주통일의 대동 한 세상을 열어갑시다. 지식인 여러분.

우리에게는 많은 스승이 계십니다.

수년 수십년 그 옥창에서도 자기 신념을 버리지 않고 우리에게 많은 지혜와 의지를 가르쳐주신 분도 계십니다. 전 세계 그 유례가 없습니다. 저는 그분네들의 신념이 옳고 그름을 말하는 것이 아닙니다. 어쩌면 자기 신념 하나에 자기 생애를 걸고 그렇게 오랫동안 지켜 오실 수 있었을까요.

이 지구상에 어느 나라 어느 민족에 이 땅 우리의 스승처럼 그러한 생애를 엿볼 수 있었던지 한 번 예를 들어보라 하십시오. 누구 나와 보라 하십시오. 어디에 있습니까. 이 선생님들의 가르침, 저희에게는 소중합니다. 우리 자식들에게도 소중합니다.

더욱 강건하셔서 저희들에게 조국통일의 대의를, 그리고 슬기를, 사람이 사람을 사랑하고 동지가 동지를 아끼고 그리고 미워할 줄 모르면서, 미움을 어여쁨으로 바꿔낼 수 있는 그런 사랑의 지혜도 함께 가르쳐 주시기를 간절히 부탁 말씀 올립니다.

끝으로 내 마음 속의 한 가지 것만 말씀 올리겠습니다.

저는 대중집회 때 몇 차례 신창균 선생님을 소개해 올린 적이 있습니다. 몰라서가 아닙니다. 여러분들이 몰라서가 아닙니다. 선생께서는 50여년 전에 당시의 스승인 김구 주석을 모시고 남북협상을 위해 38선을 넘으신 걸로 알고 있습니다.

> 당신의 스승은 흉탄에 쓰러지셨습니다. 그 후 50여년 동안 당신의 스승의 염원을 안고 한결같이 오셨다는 그것을 기리기 위해서, 그게 너무 아름다워서, 그게 너무 거룩해서 그래서 신창균 선생님을 그렇게 모신 것입니다. 다른 뜻이 있어서가 아니올시다. 저에게도 많은 스승이 있었습니다. 정말로 많은 스승이 있었습니다.
>
> 그런 스승님들 뜻을 받들어서 모시고 그러면서 여러분과 함께, 여러분에게 이 한 몸 던졌습니다. 이 나무가 썩은 나무 같으면 조각할 수 없을 것입니다. 이 돌이 썩은 바위 같으면 또 조각할 수 없을 것입니다. 썩은 바위가 아니고 썩은 나무가 아니라면 여러분들 뜻대로 조각해 주십시오. 다윗이 되든지, 골리앗이 되든지, 아니면 사오정을 만들든지 여러분 뜻대로 만들어서 여러분 뜻대로 써주시기 바랍니다.
>
> 말씀드렸거니와 여러분들이 만들었으면 그 다음 여러분들은 그 지도에 엄격하게 복무해야 할 것입니다. 그것은 저 한사람 얘기가 아니라 함께 하시는 노수희 공동의장님, 우리 홍근수 공동의장님 똑같습니다. 우리 세 사람, 삼위일체올시다.
>
> 여러분, 아낌없이 사랑해주시고 아낌없이 지도해 주시고 아낌없이 믿어주시기 바랍니다.

전국연합 의장으로 전선운동에 몸을 던진 오종렬은 하루 24시간이 모자라다는 듯 살았다. 해산된 지역연합을 복원하기 위해 전국을 돌아다녔고, 극심한 갈등 속에 놓인 통일운동 진영을 모으기 위해 정파를 가리지 않고 활동가들을 만났다.

30
남북 화해 분위기를
통일 투쟁으로

전국연합 상임의장으로서 오종렬이 해야 할 일은 한두 가지가 아니었다. 한국사회 자체가 혼란 속에 있었다. 1997년 IMF 구제금융을 받으면서 한국사회는 전면적인 신자유주의 질서 속으로 포섭되었다. 정리해고로 노동자 수백만 명이 일시에 일자리를 잃었다. 공기업은 민영화되고, '노동 유연화'라는 이름으로 비정규직, 파견직, 단시간 일자리가 생겨났다. 금융의 자유화로 초국적자본은 금융수탈을 강화했다. 농업 개방을 통해 농민들도 벼랑 끝에 섰다. 한 마디로 노동자, 농민, 빈민 등 민중의 삶은 위태로웠다.

한편 조직적으로는 해산된 지역연합을 복원하고, 극심한 갈등 속에 놓인 통일운동 노선도 모아나가야만 했다. 줄곧 탄압받던 학생운동이 96년 연세대항쟁*을 거치며 더 큰 탄압이 예상되고 있어 그 바람막이도 돼 줘야 했다.

여러 과제 중 오종렬은 먼저 통일운동 세력을 모으기 위해 애썼다. 첫 시도로 1999년 8·15 통일대회를 하나의 대회로 성사시키기 위해 뛰었다. 몇 년 동안 통일운동 진영에서는 범민련 해소와 새로운 통일운동체 구성, 8·15 대회 명칭과 주최 등을 둘러싸고 극심한 분열이 계속되었다.

남쪽의 분열을 극복하기 위해선 통일의 당사자인 북과의 연계를 강화해야 한다는 생각에 종렬과 전국연합은 통일방북을 추진한다. 노력 끝에 1999년 범민족 통일대축전 행사 중 하나로 평양에서 열린 '전민족대단결 결의대회'에 남측 대표단이 참가할 수 있었다. 대표단에는 범민련 남측본부 고문 나창순과 전국연합을 대표해 부산연합 의장 이성우, 금속연맹 전북조직부장 박기수, 범민련 청년대표 서원철, 한총련 대표 황혜로, 전국연합 기관지인 〈민〉 기자로 강형구 등이 참여했다. 이러한 행보는 남·북·해외 3자 연대를 온전히 복원시키고, 통일운동의 분열을 극복하기 위한 첫걸음을 뗀 것으로 평가받았다.

　오종렬은 해외에서 통일운동 하는 활동가들과도 교류했다. 1999년에는 일본을 방문해 재일한국민주통일연합(한통련)을 이끄는 곽동의 6·15공동선언실천 해외측위원회 공동위원장과, 2000년에는 한국을 방문한 미주 평화통일운동가 이행우 선생과 의형제를 맺고 형제의 예를 갖춰 소통하며 지냈다. 당시 전국연합 사무처장이던 한충목이 오종렬의 이러한 노력의 의미를 설명했다.

---

* 연세대항쟁은 1996년 8월 연세대에서 열리는 제9차 범민족대회와 범청학련 통일대축전을 김영삼 정권이 불법집회로 규정 원천봉쇄하면서, 집회에 참여하려는 한총련 학생들과 공권력이 정면충돌해 벌어진 사건이다. 8월 13일부터 연세대 주변에서 격렬한 충돌이 벌어지기 시작했고, 15일 이후에는 경찰이 학생들을 종합관과 과학관에 몰아넣고 포위, 고립, 봉쇄하였다. 한총련 측에서는 행사종료를 선언하고 해산하겠다는 의사를 표명하였으나, 김영삼 정부는 봉쇄망을 더 강화했다. 그와 함께 대부분의 언론매체에서는 '한총련이 불법적이고 폭력적인 점거농성을 하고 있다'며 공격하였다.

　건물 내에 고립된 대학생들은 음식물이 다 떨어진 상태에서, 단전, 단수까지 당하며 극한의 상황으로 몰렸고, 8월 20일 새벽, 진압이 시작돼 종합관 건물에 남아 있던 3천여 명은 전원 연행되고, 과학관에 있던 2천여 명은 연희동으로 탈출을 시도해 이 중 절반은 무사히 빠져나왔지만, 나머지 천여 명은 연행되고야 말았다. 그 결과, 총 5848명이 연행되고, 462명 구속되었다.

"6~7년 동안 8·15만 되면 두 개의 대회, 세 개의 대회가 열렸었는데 오종렬 의장님께서 그걸 하나의 대회로 만드는 데 결정적인 기여를 한 겁니다. 그렇게 분열을 딛고 통일운동을 단결시켰기에 2000년 6·15공동선언 이후 대중적인 통일운동, 변혁운동을 열어낼 수 있었다고 생각합니다."

2000년 들어 남북 화합의 기운이 한반도를 감쌌다. 제16대 총선이 막바지를 향해 가던 2000년 4월 10일, 남북 정부는 남북정상회담을 오는 6월 12일에서 14일까지 평양에서 개최하기로 약속했다고 발표한다. 두 달 뒤 약속대로 한반도 분단 역사상 최초로 남과 북의 두 정상이 만났고, 2000년 6월 15일 공동선언을 한다.

6·15공동선언은 분단 후 55년간 지속되어온 조국통일운동의 결과물인 동시에 한반도를 갈등에서 화해로, 분단에서 통일로 나아가게 하는 변화의 출발점이었다. 무엇보다도 첫 남북정상회담의 결과물이라는 데 의미가 컸다. 뿐만 아니라 두 정상은 남북공동선언문을 통해 서로 체제를 인정하면서 통일의 주체를 남과 북 한민족으로 천명했다. 통일방안에 대해서도 합의했다. 또, 경제협력을 비롯한 사회·문화·체육·보건·환경 등 다양한 분야의 남북 교류·협력이 활성화되는 기반을 마련했다.

실제로 6·15 선언 이후 남북의 교류는 활발해졌다. 2000년 한 해 동안 남북 교역액만 약 4억 3천만 달러에 이르렀다. 문화예술 교류 등 남북간 인적 왕래도 크게 늘었다. 2000년에만 6846명이 방북해 과거 수십 년 동안의 인적 왕래수를 한 번에 넘어섰다.

더 큰 건 여론의 변화였다. 조·중·동이 '대범한 지도자 김정일'이라는 제목으로 기사를 쓰는가 하면, 여론조사에서 북의 지도자에 대한 남쪽 국민의 호감도가 무려 70%를 넘어섰다. 언제 남북이 서로를 헐뜯었냐고 물을 지경이었다.

전국연합은 무르익은 남북 화해 분위기에 힘입어 통일에 걸림돌이 되는 문제들을 공론화하기로 한다. 북을 반국가단체로 규정한 국가보안법의 문제점과 주한미군이 우리민족끼리 화합하는데 걸림돌이 되고 있음을 알려간다. 특히 주한미군 문제와 관련해서는 한국전쟁 당시 미군 지휘 하에 광범위하게 벌어졌던 양민학살을 조사하기로 하고, '미군학살 만행 진상규명 전민족 특별조사 위원회(전민특위)'를 결성한다. 미군 양민학살 진상규명 투쟁을 벌이며 대중과의 접점도 만들어나갔다.

더불어 국가보안법 철폐 투쟁의 불씨를 되살려 여론을 통해 정부를 압박하고자 했다. 범민련과 한총련 이적 규정 철회, 양심수 전면 석방, 비전향장기수 송환 등의 사안을 투쟁과 밀접히 결합해 나갔다.

이러한 투쟁을 전개함에 있어 오종렬은 여러 난관이 있을 것으로 내다봤다. 하지만 그는 "구경이나 하고, 손뼉이나 치고, 웃고 즐기고만 있다가는 '끓던 냄비'가 차디차게 식어 '빈 그릇'으로 허망하게 남을 수 있다"고 강조했다.

종렬이 이러한 고민을 풀어내며 전국연합 기관지 〈민〉에 썼던 글이다.

> 남북의 형제자매가 단일팀으로 뭉쳐 국제대회에서 위용을 떨칠 때, 우리는 모두 기뻐했습니다. 또 남북의 예술단이 서울과 평양을 오가며 공연을 나눌 때, 역시 우리는 이를 한없이 사랑하였습니다. 그러나 그 모든 기쁨과 기대는 오래 가지 못했습니다. 함께 웃고 손뼉치며 기뻐하다가, 다시 대결과 분단의 장벽 뒤로 돌아서 버린다면

무엇을 남길 수 있습니까, 무엇을 이룩할 수 있습니까? 생각해 보십시오. 남북이 서로 사상과 체제를 인정하고 존중하는 가운데 적대 관계를 벗어나자는, '화해하고 불가침하며 교류 협력하자'는 남북 합의서를 내놓은 지 몇 해가 지났습니까? 10년 세월입니다. 7·4남북공동성명을 채택한 후 무심히 지난 시간은 무려 30년, 한 세대를 흐르고 있는 것입니다.

7·4남북공동성명이 하늘을 울리고 땅을 흔든 직후, 오히려 감옥에 갇힌 애국자들은 가장 잔인하고 혹독한 고문에 시달렸습니다. 이것이 무엇을 의미합니까? 그러한 일은 냉전시대, 잔학하고 간교한 군부 독재 시절의 옛 이야기라고, 이번에는 남북의 최고 당국자들이 직접 합의한 것이니 아무 염려가 없다고 말하는 이들도 많을 것입니다. 그러나 나는 강조합니다. 바라보고만 있어도 저절로 이루어지리라, 행여 꿈꾸지 맙시다. 부디 허황한 믿음은 버립시다. 가로막은 내를 건너고 막아서는 바위를 뚫지 않고서는, 꿈은 꿈으로 끝나기 마련입니다.……

종렬은 모두가 기뻐하고 설레어 할 때 수면 아래 깊은 내막을 살필 것을 요구했다.

…일제의 마수에서 벗어나 자주독립국가를 건설하려는 순간, 미국 점령군은 멀쩡한 우리의 조국을 둘로 가르고 강토를 두 동강냈으며, 한 핏줄을 찢었습니다. 그로 인해 동족상잔이 벌어졌고 550여만 명의 희생을 가로질러 국토는 더욱 첨예하게 분단되었고, 극단으로 내닫는 적대적 군비경쟁은 결국 이 땅을 세계제일의 군사력 밀집지역으로 내몰았습니다. 민중이 흘린 피와 땀의 결실과 사람들의 정신적 에너지 등 사회의 모든 자산은 모조리 강제로 징발되어 동포를 겨

> 냥하는데 일차로 배치되었습니다. 근래에 다소 완화되었다고 하나, 그 근본적인 구조와 체질은 아직 한 치도 변하지 않았습니다. 그렇게 민족적 힘을 아깝게 낭비하는 동안, 수많은 강대국들은 자기들의 이익을 위해 우리 민족의 온몸에 촉수를 뻗었습니다. 그리고 지금, 미국을 비롯한 제국주의 자본의 새로운 침략, 신자유주의 세계화 전략이 우리들의 골수까지 파고들어 어지럽게 얽혀 들고 있습니다.
>
> 이제는 끝내야 합니다. 대결로 얻을 것은 민족의 고통이요, 통일로 잃을 것 역시 민족의 고통입니다. 분단고착은 반드시 민족절멸의 재앙을 다시금 불러올 것입니다. 그렇다고 해서, 통일을 내세우며 무력을 사용코자할 때, 그 또한 1950년과 같은 참화를 면치 못할 것이 매우 분명합니다. 하기에, 우리 민족은 더 이상 적화요, 흡수요 하는데 매달려서도 안 됩니다. 대결의 낡은 강을 성큼 뛰어넘어 민족의 대의(大義), 생존과 번영의 대도(大道), 새롭게 밝아오는 새 아침으로 훌쩍 나아가야 합니다. 한 핏줄 한 민족으로서 한 나라를 이룩해야 합니다. 통일된 하나의 조국 안에서 서로의 사상과 체제를 인정하고 존중하여 각자의 실정에 맞는 자주적 민주정부를 세워야 합니다. 이것이 바로 연방제 방식의 통일이며, 우리 민족의 살길입니다. 그렇기에, 1민족 1국가 2체제 2정부의 연방조국 건설은 우리의 흔들림 없는 당면과제이자 최고의 목표인 것입니다.……

오종렬은 6·15 남북정상회담으로 대격동기가 열리는 시점에서 국가보안법과 싸워야 하며, 그 일을 해낼 핵심간부 육성이 중요하다며 〈민〉지에 '여러분이 바로 그 핵심이다. 씨앗이다. 우리에게 목표는 명확하다'라는 제목의 글을 쓰기도 했다.

형제 여러분!

남북 정상회담(북남 최고위급회담)은 민족자주역량이 승리의 한길로 나아가고 있다는 시대의 징표입니다. 우리를 부르는 시대의 깃발입니다. 그렇습니다. 싸워야 합니다. 남북의 정상이 웃으며 서로 만나고, 합의를 이룩하여 함께 발표하고, 다시 만날 것을 약속하며 포옹으로 석별의 정을 나누는 이때, 국가보안법이 엄연하다는 것은 거대한 기만입니다. 그러므로 특별히 우리는 국가보안법과 싸워야 합니다. 그러나 "남북 정상회담도 국가보안법 위반이다!"하는 식의 비아냥은 결코 옳지 않고 바람직하지도 못하다고 나는 단호히 말합니다. 이는, 두 가지 이유 때문입니다. 첫째, 남북 정상회담은 절대로 폄하되어서는 안 됩니다. 그것을 훼손하는 순간, 회담에서 이룩한 긍정적인 성과는 조롱거리로 떨어집니다. 둘째, 투쟁은 진취적인 방향으로 겨누어져야 합니다. 남북정상회담을 국가보안법으로 '처벌'하는 것보다는 국가보안법을 철폐하여 누구든지 동포를 사랑하고, 얼싸안고, 단결할 수 있는 세상을 만드는 것이 훨씬 아름답고 올바른 일입니다.

동지 여러분! 형제 여러분!

정세는 급격히 변화하고 있습니다. 오랜 시간 감추어졌던 모습과 함께, 축적된 민족자주역량이 급격히 성숙하고 일거에 발현하는 대(大)격동기가 열리고 있습니다. 지각 저 아래에서, 그리고 하늘 저 너머에서 변혁의 굉음이 한꺼번에 울려오고 있지만, 급할수록 돌아가라는 말을 굳이 인용하며 한가한 소리 같은 말씀 하나를 꼭 드려야겠습니다.

문제는 변화를 이끌어내는 '핵심'입니다. 거친 대지를 푸른 숲으로 변화시키는 핵심은 하나의 작은 씨앗입니다. 척박한 세상을 아름다운 삶터로 바꾸는 핵심은 바로 민족간부입니다. 세상은 사람으로 이루어지고, 역사는 사람이 만들어갑니다. 그러나 비약, 발전의 당위와 요구가 아무리 절실할지라도 그것만으로는 역사를 변혁하지 못합니다. 그렇습니다. 문제는 핵입니다. 씨앗입니다.

동지 여러분! 형제 여러분!

여러분이 바로 그 핵심입니다. 씨앗입니다. 우리에게 목표는 명확합니다. 온갖 고난을 물리치고 앞으로, 앞으로 나아갑시다. 밝아오는 통일조국의 새 아침으로 달려갑시다. 가서, 7천만 겨레와 함께 달려가서, 연방통일 조국을 건설합시다. 자손만대에게 영원히 물려줄 번영하는 조국, 아름다운 통일조국을 일으켜 세웁시다.

31
전민특위와
정유미

6·15 선언 직후인 2000년 6월 24일, 미군 학살만행 진상규명 전민족특별조사위원회(전민특위)가 결성된다. 한국전쟁 당시 미군의 양민학살 범죄를 단죄하고 그들에게 그 범죄의 책임을 묻겠다는 한민족의 의지를 담았다.

오종렬은 전민특위 결성과 활동에 힘을 쏟았다. 통일을 향한 길에서 7천만 겨레가 움켜쥐고 나아갈 4대 정치 과제(주한미군 철수, 연방연합제 통일, 국가보안법 폐지, 평화협정 체결) 가운데 주한미군 철수를 누구보다 중시한 그였다. 민족의 분단과 동족상잔의 아픈 역사가 오늘까지 지속하는 것도 미국의 군사적 강점에서 비롯됐다고 보았기 때문이다. 그런 시각에서 6·15선언 이후 미군 철수투쟁도 달라져야 한다고 생각했다. 당위 차원에 머물렀던 기존 방식에서 벗어나 현실적으로 주한미군 철수를 이루는 과정으로 나아가야 한다는 판단이었다. 그러기 위해서는 미군 범죄에 책임을 물을 필요가 있었고, "전민특위는 거대한 괴물인 미국의 급소를 파고드는 정의의 칼, 자주의 칼, 승리의 칼"이었다.

1999년 AP통신이 미군의 노근리 주민학살 만행을 보도하면서 미군의 민간인 학살에 대한 관심이 커졌고, 이후 남북 공동으로 전민특위를 구성해 한국전쟁 전후부터 현재까지 미군범죄와 학살만행 고발을 위한 조사를 진행한다.

전범재판을 준비하며 전민특위 남측본부는 2001년 5월 21일, '6.23 국제 전범재판 성사를 위한 램지 클라크(전 미법무부장관) 남북 동시방문 기자회견'을 연다. 이날 기자회견에서 램지 클라크 전민특위 국제진상조사단 단장은 "국제 전범재판에서는 1945년부터 1950년 한국전쟁 전후시기 동안의 미군 만행과 53년 이후 현재까지 주한 미군 범죄를 중심으로 다룰 것"*이라고 전했다.

특히 그는 "전쟁 상처 중 가장 큰 것은 분단"이라면서 "제네바와 헤이그를 비롯한 국제법들로 미국이 남과 북을 분단시키고, 분단유지를 강요하는 것 또한 '평화범죄'로서 '국제 전범재판'에서 중요하게 다뤄질 것"임을 알렸다. 광주민중항쟁도 거론했다. 그는 "광주민중항쟁은 전쟁기간 중 있었던 학살이 분단 속에서도 계속되고 있음을 보여주는 단적인 예"라면서 "이 모든 과정 속에 미군의 지배와 통치가 있었음을 잊어서는 안 된다."고 힘주어 말했다.

이후 전민특위는 중국 베이징에서 남과 북의 법률가들이 만나 남북공동기소장을 만들기도 했다. 또한 전민특위는 매향리 미군 폭격장 폐쇄를 위한 국제연대 활동도 전개해 그 활동폭을 넓혔다. 미국과 독일, 오키나와, 푸에르토리코 등지에서 온 국제조사단원들의 활약이 컸다.

이 전범재판에서 오종렬은 공동재판관 중 한 명의 역할을 맡아 미국에서 열리는 코리아국제전범재판을 위해 출국하려고 했다. 하지만 공항에서 출국금지 조치가 돼 있음을 알고 가지 못해 원통해 했다. 정부 당국이 전국연합 상임의장인 오종렬을 비롯해 코리아국제전범재판에 참

---

* 송정미, "전민특위, '미국정부를 반드시 미국법정에 세우겠다'", 〈통일뉴스〉, 2001.5.21, https://www.tongilnews.com/news/articleView.html?idxno=704

가하는 4명에 대해 '국가의 명예를 훼손할 우려가 있다.'는 이유로 출국을 금지했던 것이다.

비록 종렬은 가지 못했지만 1년여를 준비한 전범재판은 2001년 6월 23일 미국 뉴욕 인터처치센터에서 전민특위와 미국의 인터내셔널 액션 센터, 평화를 위한 재향군인회 등이 주최해 열렸다. 검찰단 측에서 노근리 양민학살을 비롯한 1945년 이후 현재까지 미군의 범죄를 전쟁범죄와 반인류·반평화 혐의로 기소했고, 이와 관련된 증인들이 나와 생생한 증언을 들려줬다. 미 국무부의 입국비자 발급 거부로 참석하지 못한 북 대표단도 황해도 신천 양민학살 사건 등 북쪽에서 이뤄진 미군의 전쟁범죄들에 대해 비디오를 통해 증언했다.

재판 결과, 캐나다와 호주 등 한국전 당시 유엔군으로 참전했던 16개국과 제3세계 국가의 대표들로 구성된 배심원단은 한국전쟁 중 미군의 양민학살을 비롯해 19개 혐의에 대해 유죄 평결을 내렸다. 공동재판관을 맡은 지펜드라 샤르마 전 인도 대법관과 브라이언 윌슨 변호사(평화를 위한 재향군인회 회장)는 배심원단의 유죄 평결이 내려진 뒤 △북 주민에 대한 충분한 식량 및 의료지원 △관련문서 공개 △양민학살과 파괴행위에 따른 피해보상 등 6개항을 담은 권고문을 발표하며 미 측이 이행할 것을 촉구했다.

전민특위는 이날 나온 배심원단의 유죄 평결문을 유엔에 제출하고 한국전쟁 발발 51주년인 6월 25일, 워싱턴의 의사당에서 백악관까지 항의행진을 벌였다.

전민특위는 코리아국제전범재판의 성과를 이어 2003년 8월, 제네바에 위치한 유엔의 유럽본부도 찾아갔다. 그곳에서 미군에 의한 양민학살 문제를 국제 이슈로 만들기 위해 다양한 활동을 한다.

당시 유엔 활동을 이끌던 사람은 전민특위 미주 공동 사무국 사무차장이던 정유미였다. 노근리 사건 외 다른 여러 학살 사건들이 베일에 가려진 점이 안타까워 유엔 유럽본부를 찾을 생각을 했다. 그는 "한국전쟁 정전 50년을 맞이했지만 피해자들 처지에서는 아직도 전쟁은 끝나지 않았다."며 유엔 인권소위 논

전민특위 공동사무처장이었던 정유미 열사

의가 "최근 이라크와 아프가니스탄 등에서 미군이 저지른 전쟁범죄 행위에 대한 국제 여론을 환기하는 계기가 되기를 기대한다."고 전했다.

2006년 6월, 정유미는 6·15 공동선언 6돌 기념행사에 참여하기 위해 한국에 입국한다. 그 한 달 전인 5월 미국 워싱턴에서 한미FTA 정부 간 협상이 있었고, 한국의 원정시위대 50여명이 워싱턴까지 건너가 한미FTA 저지 활동을 전개했다. 정유미는 통역과 대외 사업을 도맡아 하며 한국 원정투쟁단을 도왔다. 헌신적으로 일하는 모습에 한국원정시위대는 그에게 두터운 신임을 보냈던 터라 한국에 온 정유미가 유독 반가웠다.

오종렬은 입국한 정유미를 유심히 보더니 건강에 문제가 있는 거 아니냐고 물었다. 몸이 안 좋아 보인다며 병원에 한번 가보라고 진지하게 권했다. 한미FTA 저지 원정투쟁단 상황실장으로 워싱턴에서 역시 함께 만났던 주제준도 정유미가 워싱턴에서부터 소화가 잘 안 된다고 말

하던 걸 떠올렸다.

"누나가 한국에 와서도 속이 안 좋다고 했어요. 안색도 좋지 않았고요. 그래서 '누님, 병원에 가보셨어요?'라고 물으니, '아픈 지 몇 달 됐다, 병원에서 헬리코박터균 감염이라고 해서 약을 먹고 있는데 나아지는 것 같진 않다.'고 하셨어요. 덜컥 겁이 났습니다. 바로 녹색병원에 가서 진료를 받으라고 했죠."

진찰 결과, "위암이 난소까지 전이돼 6개월에서 1년을 버티기 힘들다."는 청천벽력 같은 통보를 받았다. 오종렬을 비롯해 많은 이들이 너무도 안타까워했다.

하지만 정유미는 자신의 건강 걱정보다 "연구를 계속할 수 없게 돼 속상하다."는 말부터 전했다. 그는 컬럼비아대학교 인권학 석사논문으로 '한국전쟁 당시 성범죄와 한국군 위안부 등 알려지지 않은 인권유린 사례 연구'를 준비해 오던 차였다. 그만큼 한국전쟁 당시 인권유린 및 미군의 민간인 학살책임을 규명하기 위한 의욕으로 가득 차 있었지만 그 뜻을 이루기엔 남은 시간이 너무 적었다.

14살 때 한국을 떠난 정유미는 시카고 일리노이드 대학에서 회계학을 전공하던 대학생 때부터 통일·평화운동을 해왔다. 고3이던 1980년 텔레비전에서 광주민중항쟁의 충격적인 실상을 접한 뒤로 심장이 이끄는 대로 운동의 길로 들어섰다. 그는 대학을 졸업하고 금융회사인 ING 그룹 계열회사에서 공인회계사로 일했다. 한국에서처럼 미국에서도 회계사는 안정된 직장과 객관적으로 풍요로운 생활이 보장된다. 하지만 정유미는 보장된 여유로운 생활을 거부한 채 사회운동을 계속하다가 2000년에는 25년 동안 살던 시카고를 떠나 전민특위 공동사무국이 자리 잡은 뉴욕으로 자리를 옮겨 본격적인 사회운동을 시작했다.

공동사무국 사업비와 자신의 교통경비도 자비로 마련했던 그였다.

2008년 7월 29일, 마석 모란공원에서 정유미 열사의 하관식을 마치고 평토제를 올리고 있다. ⓒ통일뉴스

지인들 말에 따르면 정유미는 회계사로 번 돈의 대부분을 가족들을 돌보고, 동포사회 활동, 전민특위 활동에 썼다. 해외에서의 사회운동은 한국의 시민사회단체들처럼 상근간사를 둘 만큼 재정이 넉넉하지 못하다. 그런 상황에서 정유미는 5~6년간 직장을 다니면서 집안일을 하고 밤에는 공부를 했다. 전민특위 활동까지 하면서 스트레스가 만만치 않았을 거라고 그를 아는 이들은 입을 모았다.

말기암으로 병원에서도 별 다른 치료방법이 없어 정유미는 전통의학과 식이요법, 운동으로 몸을 보살폈다. 각계 통일운동진영은 정유미 후원회를 만들고 본격적인 활동을 벌였다. 정유미는 한국의 지인들이 마련해준 충북 충주 교현동의 아파트에서 이민자 인권운동가인 미국인 약혼자 조니 클라인과 함께 살며 투병생활에 들어갔다. 정유미와 조니 클라인은 2007년 6월 혼례를 올리고, KBS1TV 〈인간극장〉에도 방영돼 화제가 되기도 했다. 그렇게 "행복한 암 환자가 됐다"고 웃어 보이던 정유미는 2008년 7월 27일, 사랑하는 이들을 남기고 끝내 세상을 떠났다.

　7월 29일, 영원히 잠든 정유미를 눕힌 운구 행렬이 도착한 곳은 경기도 남양주시 마석 모란공원이었다. 하관에 앞서 진행된 추도식에서 오종렬은 "민족을 넘어서 지구상에서 핍박받은 사람들의 눈물 고인 자욱자욱마다, 살고자 하는 사람들이 있는 곳마다 일본, 유럽, 남미를 마다않고 유미는 다 갔다. 그러면서 민중의 벗이 되었고, 인류의 벗이 되었다."*고 가슴 아파했다. 그러면서 그는 "유미는 우리에게 영원한 혁명의 꽃으로 돌아올 것"이라며 "혁명의 꽃은 지지 않고 날로 새롭게 피어날 것"이라고 작별을 고했다.

＊　백현범·고성진, "유미는 우리에게 영원한 혁명의 꽃으로 돌아올 것이다", 〈통일뉴스〉, 2008.7.29., http://www.tongilnews.com/news/articleView.html?idxno=79586

32
11년 만에
다시 돌아간 학교

전국연합 상임의장을 맡아 하루를 1년처럼 보내는 나날이 이어진 가운데 오종렬은 교사로 복직할 기회를 얻는다. 1989년에 해직된 지 11년 만이었다. 전교조 건설 과정에서 종렬과 함께 해직됐던 교사들은 대부분 1993년에 복직됐으나 종렬은 그때 광주시 광역의원으로 활동 중이어서 복직을 미뤘다. 광역의원 임기를 마치고 복직하려던 계획도 94년 국가보안법 위반으로 구속되면서 물거품이 되었다.

전선의 지도자가 된 뒤로는 천직으로 여겼던 교직으로 돌아가 학생들과 동고동락하고 싶다는 바람은 종렬의 가슴 속에만 있었다. 세월이 흐르고 민주를 표방하는 정부가 들어서면서 가슴 속 꿈을 꺼낼 수 있게 되었다. 1998년에 들어선 김대중 정부가 2001년 1월 '교원의 노동조합 설립 및 운영 등에 관한 법률'(교원노조법)을 국회에서 통과시키면서 전교조가 합법화되었다. 그에 따라 정부는 그때까지 복직하지 못한 해직교사들을 특별채용하겠다고 밝혔고, 종렬도 그 대상에 포함됐다.

오종렬의 복직을 두고 전국연합 안에서도 여러 논의가 있었다. 전국연합 9기를 세우고 그 여세를 몰아가야할, 전선체에겐 절체절명의 시기였다. 전국연합 간부들 중엔 종렬에게 복직 대신 전선체를 튼튼히 하는데 힘써줄 것을 요구하는 이들도 있었다. 교사와 전국연합 상임의장직을 동시에 수행할 수 있겠느냐는 우려도 많았다.

그때 종렬은 전국연합 9기 대의원대회장 벽면 한쪽에 걸려있던 '전선간부는 현장으로, 현장간부는 전선으로!'라는 현수막 글귀를 떠올렸다. 이 말은 전선과 현장 사이의 교류만이 아닌, 전선과 현장의 일치를 뜻했다. 교육노동자로서, 참교육실현의 스승으로서 교단생활을 마감하고 싶다는 염원도 작용했다.

"원래 내 직분은 교사다. 우리가 해직교사 투쟁할 때 구호가 늘 '교단으로 돌아가고 싶다.'였다. 국민과의 약속이자, 신념의 약속이었다. 내가 다급하다고 아이들과의 약속을 저버릴 수는 없다. 교직 생활의 마지막 1년은 아이들과 보내고 싶다."

그 이면에 있던 남모르는 아픔을 2000년 4월 〈민〉 권두언을 통해 전하기도 했다

> 민주주의민족통일전국연합 8기 상임의장을 맡을 때, 나는 나의 모태 조직인 전교조의 합의나 결의를 거치지 못했습니다. 나에게 이것은 예사로운 아픔이 아닙니다. 저간의 사정을 굳이 말하지 않더라도, 조직운동을 하는 사람이 개인적 결단으로 전선의 최고지도부에 나섰다는 사실은 -다시 그때와 같은 형편에 이른다면 똑같은 결단을 할 수밖에 없다고 해도- 정말이지 나에게 너무나 깊은 아픔이었습니다. 복직했다 해서 그 아픔이 말끔히 사라지는 것은 아닐지라고, 교육노동자로서의 나의 행보는, 무너지고 쓰러진 우리들 참교육의 현장을 함께 일으켜 세우는 거룩한 투쟁을 향한 나의 행보만큼은 분명히 해야 한다는 것, 그것이 내가 현장으로 달려온 또 다른 그리고 중요한 까닭입니다.

과거 전교조 안에서 합의를 얻지 못하고 전국연합으로 올라왔을 때의 아픔이 다 씻기지는 않더라도 복직으로 '교육노동자'로서의 정체성을

확인하고 싶었던 것이다.

원직 복직이 아닌 특별채용 형식이었기에 한계는 있었다. 종렬은 이를 "짓밟힌 명예도, 빼앗긴 권리도, 잃어버린 세월도 우리에게 되돌려지지 않았다."는 말로 아쉬워했다. 그렇다고 아예 의미가 없던 것은 아니다. "분명한 것은 빼앗겼던 교육현장만은 다시 찾았다는 것"이라며 기뻐하면서 종렬은 정년을 한 해 앞둔 2000년, 교단에 다시 섰다.

2000년 3월 3일, 입학식을 치르는 광주광역시 북구 용봉중학교에서 오종렬은 전교생과 학부모 앞에서 부임 인사를 했다. 거듭 사양했으나 교장 선생님의 권유가 쉽사리 그칠 것 같지 않아 마지못해 단상으로 올랐다.

"…… 오늘 여러분 곁으로 돌아온 저의 나이는 예순 세 살입니다. 오늘 아침 학교에 들어서면서, 저는 제 나이에서 오십 년을 뚝 잘라 교문 위에 높이 걸어두었습니다. 이제 열세 살 소년으로서 여러분 앞에 이렇게 섰습니다. 여러분과 함께 뛰놀고 여러분과 함께 공부하며 여러분과 함께 자라나고 싶습니다. 용봉중학교 청소년 여러분, 그리고 학부모 여러분, 이 백발 소년의 마음을 받아주시겠습니까? …… '쓰러진 학교', '무너진 교실'이란 말들이 요즘 많이 떠돌고 있습니다. 선생님들의 결의와 실천, 그것만 가지고서는 절대로 다시 세울 수 없습니다. 자기 생명보다도 더욱 자녀를 사랑하시는 학부모 여러분이 손 맞잡고 함께 일으켜 세워주셔야 합니다. 학교를 다시 세우고 교육을 새로 일으키는 그 일에 우리 함께 힘을 모읍시다."

앞서 소개한 2000년 4월 〈민〉 권두언에는 복직 뒤 중학생들과 생활하며 지내는 심정도 담겨있다

어렵사리 교실에 들어서면 거기, 아이들이 있습니다. 11년 전의 그 사랑스런 아이들과 똑같은 아이들이 거기 있습니다. 그런데 사랑스러움은 예나 지금이나 변함이 없지만, 녀석들이 마구 나대고 떠들어댈 때면 정신이 통째로 달아날 지경입니다. 딴 짓 하는 아이, 짝꿍과 장난하는 아이, 앞뒤 건너뛰며 마구 떠드는 아이, 엎어져 잠자는 아이, 그런 아이들을 달래고 어르고 깨워야 하기 때문입니다. 그리운 교단에 다시 올라서며 나는 두근거렸습니다. '학습자료를 살피자.' '의문이 생기면 마음껏 토론하여 진리를 깨우치자.' '사물의 이치를 탐구하자.' 이런 제안을 안고 내가 아이들에게 다가가면, 마치 벌떼처럼 아이들이 무섭게 달려들 줄 알았습니다. 헌데, 전혀 아니었습니다. 그쪽으로는 움직임이 없었습니다. 갑자기 막막해지고 피곤해지는 것이었습니다."

교사를 천직으로 여겼던 베테랑 교사 오종렬도 11년 사이 바뀐 학교 현장에 적응하는 게 쉽지 않았다. 그럴수록 아이들의 진정한 스승이 되기 위한 일을 게을리 하지 않는다. 교재연구를 비롯해 자기통찰, 자기혁신을 계속 모색한다. 그와 함께 학생들에게도 그의 간절함을 전한다.

"······얘들아, 나는 시한부 생명이란다. 올해가 지나면 나는 정년퇴직을 해야 한단다. 다시는 교단에 설 수 없단다. 그래서 너희들이 나에게는 마지막 제자들이란다. 비록 짧은 기간이지만, 너희들과 함께 지내는 동안 나는 세 가지를 꼭 하고 싶다. 하나, 사물의 이치를 탐구해 나가는 능력을 얻는 것, 둘, 돋보기가 태양광선을 한 초점에 모으는 것과 같은 집중력을 기르는 것, 셋, 이기심과 충동을 조절하여 남과 더불어 올바르게 살아가는 공동체적인 품성을 계발하는 것. 이 세 가지를 너희들에게 꼭 나누어주고 싶다. 너희들과 함께 그 일을 이루는데 온 힘을 쏟고 싶구나."

이 마음으로 종렬은 할아버지 과학 선생님으로서 손자손녀 같은 아이들 틈바구니에서 1년을 보냈다. 비록 11년 동안은 교탁 앞에 설 수 없었지만 35년 동안 '선생님'으로 불렸던 오종렬의 교직생활은 해피엔딩이었다.

33
군자산의 약속

1997년 IMF 사태와 2000년 6·15 공동선언은 한국 사회를 뒤흔들어 놓았다. IMF로 정리해고가 일상화되고 불안정노동이 확대되는가 하면 공기업 민영화, 금융의 자유화 등도 거침없이 이루어졌다. 한편 2000년 6·15 남북공동선언으로 남북관계에서도 근본적 변화가 일기 시작했다.

오종렬은 시대적 요구를 반영한 새로운 운동노선과 전략을 세워야 할 필요가 분명해졌다고 생각했다. 당시 전국연합 집행위원장이던 한충목은 이때를 선명하게 기억한다.

"좀처럼 앞장서 입장을 내지 않던 오 의장님이 2001년 초 간부들을 모아서는 '이제 우리의 전략을 만들어내야 한다'고 하면서 '간부들이 머리를 맞대고 전략을 만들어 보라'고 하셨죠. 그러면서 '빠르게 변화되는 정세에 조응해 우리의 목표와 노선을 분명히 해 민족간부들이 새

이른바 '군자산의 약속'이 선언된 보람원에서 참가자들과 만세를 외치고 있는 모습

로운 길을 개척할 수 있도록 해야 한다'고 힘주어 말씀하셨습니다."

그렇게 전국연합 간부들이 머리를 맞댔고 그 결과, 2001년 9월 전국연합은 '3년 안에 광범위한 민족민주전선과 민족민주정당을 건설하여 10년 안에 자주적 민주정부를 수립하고 연방통일조국을

전국연합 10돌 행사에서 '자주적민주정부 수립'을 호소하는 오종렬. ⓒ 통일뉴스

건설하자'는 전략을 담은 특별결의문(3년의 계획, 10년의 전망), 이른바 '군자산의 약속' 또는 '9월 테제(9월 방침)'를 채택하게 된다.

9월 테제에선 변혁운동 승리를 위해선 전민항쟁과 선거의 결합을 통해 진보정당이 집권해야 한다는 점을 명확히 했다. 이를 위해선 먼저 전민항쟁을 조직하기 위한 광범위한 민족민주전선을 구축해야 했는데 전국연합에는 노동자들의 대표체인 민주노총이 가입돼 있지 않은 한계가 있었다. 민주노총이 가입된 상설적연대투쟁체를 구축할 필요가 있었다.

이를 위해 전국연합은 3년 안에 광범위한 민족민주전선을 구축하기로 한다. 6·15 공동선언 발표 이후 통일연대를 전면화하고 남-북-해외 연대사업을 전면으로 펼치면서도 민중연대를 폭 넓게 조직해 민주노총, 전농 등 대중조직을 포함하는 상설 연대투쟁체의 꼴을 갖춘다. 외환위기 이후 벼랑 끝에 내몰린 민중과 함께 투쟁해 생존권과 기본권을 보장받고 나아가 변혁의 주체로 노동자, 농민을 세우고자 했다.

다른 한편, 전민항쟁이 결합된 선거에 승리하기 위해서는 진보정당의 역할이 중요했다. 민주노동당을 노동자, 농민에 튼튼히 뿌리 내린 진보정당으로 만들어 진보집권의 시대를 열어가고자 했다. 정세를 바라보는 시선을 맞추고 여러 부문과 지역의 소통을 강화하기 위해 전국연합 기관지 〈민〉을 전국적으로 구독하기로 하고, 구독자 배가운동에도 나선다.

이후 전국연합은 태세를 다시 정비하고 9월 테제를 실현하기 위한 활동을 본격화한다. 그 중심에 오종렬이 있었다.

34
효순·미선 죽음에 분노한 반딧불이 바다

　미군 장갑차에 의한 중학생 사망 사건은 한국을 뜨겁게 달궜던 한일월드컵 한가운데에서 일어났다. 2002년 6월 13일, 그날은 지방자치단체장 선거일이기도 했다. 당시 경기도 의정부 조양중학교 2학년이던 신효순, 심미선 학생이 경기도 양주군 광적면 효촌리 소재 국도 갓길을 걷다가 주한 미군 미 보병 2사단 대대 부교 운반용 장갑차에 깔려 현장에서 목숨을 잃는다. 사건 다음날이 효순양의 열네 살 생일이어서 여학생 다섯 명이 모이기로 한 약속에 맞춰 가던 길이었다.
　이날 오전 10시 45분 경 두 여학생은 마을을 나와 친구 집으로 길을 따라 올라가고 있었다. 이때 맞은편에서 M2/M3 브래들리 기갑 전투차량 5대가 덕도리에서 무건리 훈련장으로 오고 있었다. 사고가 난 도로의 폭은 3.3미터 정도인데 반해 사고차량의 폭은 3.65미터였다. 사고차량의 너비가 도로 폭보다 넓은 데다 마주오던 차량과 무리하게 교행을 시도했다는 점에서 이 사고는 이미 예견된 살인행위였다.
　하지만 이 살인행위의 책임자인 미군 당국은 죄를 인정하지 않았다. 처음에 미 보병 2사단 참모장 등은 위로금이란 이름으로 피해 유가족에게 각 100만원씩만 전했다. 그와 함께 6월 15일에 장례를 치르면 사단장과 면담을 잡겠다고 약속했지만 장례식을 마치자 면담 약속을 파기하며 유가족을 기만하였다.

그런데도 이 사건은 월드컵 열기 속에 한국 국민의 관심을 받지 못 했다. 사고 다음날에 치러진 한국 대 포르투갈 전에 관심을 쏟았던 우리 국민은 한국팀이 이 경기를 이기고 16강에 진출하면서 더더욱 월드컵에 열광하고 있었다. 사건 자체가 완전히 묻힐 판이었다.

국민의 무관심 속에도 움직이는 사람들은 있었다. 여중생들의 처참한 죽음에 분노한 경기동부연합 활동가들을 중심으로 의정부와 양주시에서 가장 먼저 투쟁이 시작됐다. 서명운동과 크고 작은 집회를 이어가면서 미군부대 진입 투쟁까지 전개하며 여중생들의 죽음을 알렸다.

이러한 노력 끝에 6월 26일, 500여 시민사회단체들이 참여한 '미군장갑차 여중생 고 신효순 심미선 양 살인사건 범국민대책위원회(여중생 범대위)'가 구성된다. 오종렬은 여중생 범대위의 공동대표를 맡으며 누구보다 먼저 투쟁에 나섰다. 아직 인생을 꽃 피우지 못한 두 중학생들의 억울한 죽음이었고, 미군 범죄라는 점에서 종렬이 이 투쟁의 최선두에 선 건 어찌 보면 너무도 당연한 수순이었다.

'미군장갑차 살인사건 희생자 고 신효순, 심미선 49재 추모제'에서 헌화를 하는 오종렬. ⓒ통일뉴스

효순미선 49제 추모제. 미도파 백화점 앞 대로에서 정리집회를 하고 있는 참석자들. ⓒ통일뉴스

유가족들도 움직였다. 6월 28일 차량 운전병과 관제병, 미2사단장 등 미군 책임자 6명을 업무상 과실치사 혐의로 의정부지청에 고소하고, 미측의 재판권 포기를 요청한다. 이에 따라 한국 검찰도 관련 미군에 대해 자체 조사를 벌이기로 했다. 하지만 미군 측은 신변 위협을 이유로 검찰의 소환조사에 응하지 않았다. 그러자 법무부는 7월 10일, 사상 처음으로 미측에 재판권 포기 요청서를 보냈다.

이에 미군 당국은 7월 3일 운전병과 관제병을 과실치사죄로 미 군사법원에 기소하는 한편, 라포트 주한 미군 사령관의 사과를 전했다. 그러면서도 8월 7일, "동 사고가 공무 중에 일어난 사고이기에 재판권이 미국에 있으며, 이제껏 미국이 1차적 재판권을 포기한 전례가 없다."는 이유를 들어 재판권 포기를 거부했다. 이후 11월 18일부터 11월 23일까지 동두천 캠프 케이시 내 미 군사법정에서 열린 군사재판에서 배심원단은 기소된 미군 2명 모두에게 공무를 행하던 중 발생한 과실 사고임을 근거로 무죄(not guilty) 평결을 내린다. 무죄 평결 얼마 뒤 가해자들은 미국으로 줄행랑을 쳤다.

미군 가해자의 무죄평결 이후 국민의 분노는 점점 타올랐고 촛불시위를 제안하는 글이 인터넷에 올라왔다. 촛불시위를 처음 제안한 네티즌 '앙마'(김기보)는 "광화문을 효순·미선의 영혼인 반딧불이 바다로 만들어 평화로 미국의 폭력을 꺼버리자."고 호소했다. 이 호소는 삽시간에 인터넷 곳곳으로 퍼졌고, 한 네티즌의 진심 어린 제안이 수천수만의 네티즌을 '오프라인'으로 끌어냈다.

이 제안이 있던 주말인 2002년 11월 30일 토요일. 1만 여명의 시민이 광화문 네거리를 촛불로 밝혔다. 일주일 뒤인 12월 7일엔 5만개의 촛불이 켜졌고, 다시 일주일 뒤인 14일엔 10만여 명의 사람들이 광화문을 '반딧불 바다'로 만들었다. 2002년 12월 대통령 선거를 앞둔 후보들의 유세장에는 청중들이 모이지 않아도 광화문 촛불시위의 반미투쟁 현장에는 시위대가 자발적으로 모여들었다. 집회 현장에는 아픔을 함께 나누려는 또래 중고등학생들부터 청년들, 6월 항쟁을 겪은 386세대는 물론 종교계, 노동자, 농민, 문인, 정치인, 인기연예인 등 각계각층이 동참했다. 투쟁의 파장은 일파만파로 퍼져나갔다.

여중생 범대위에서 조직팀을 맡았던 주제준에게도 여중생 촛불은 새로운 모습의 시위였다. 뜨거웠던 국민들의 호응을 잊을 수 없다.

"9월쯤 대한문 앞에서 가해 미군에 대한 처벌을 요구하는 서명을 받고 있었습니다. 줄을 길게 늘어설 정도로 사람들이 많았습니다. 도중에 바람이 불어서 서명용지 몇 장이 차도로 날아갔는데 줄에 서 있던 한 시민이 날아간 서명용지를 잡으러 차도로 뛰어 들었어요. 대한문 앞은 왕복 10차선이 넘는 큰 도로이고 워낙 차량 이동이 많아서 자칫 사고가 날 수도 있었습니다. 시민은 다행히 안전하게 서명용지를 주워왔고, 주위온 서명용지를 건네며 씩 웃으며 한 말이 아직도 기억납니다. '얼마나 소중한 서명인데 잘 지켜야죠'."

여중생 범대위 공동대표였던 오종렬은 투쟁에 앞장서며 과정에서 두 가지에 분노했다. 첫 번째는 미군의 재판관할권 문제였다. 재판권이 미군으로 넘어가면서 미 군사재판에서 공무상 사고라는 이유로 가해 군인에게 무죄평결이 내려졌다. '피해자는 있지만 책임지는 가해자가 없는' 기이한 결론이 내려진 셈이다. "판사와 변호사, 검사, 배심원 모두 미국사람이어서, 마치 공범을 재판하는 것"이라며 종렬은 분개했다. 또, 미군의 무죄평결을 두고 단순히 "미 군사법원의 무죄 선고는 한국과 미국의 법문화 차이에 기인한다고 점잔빼고 말하는 것은 숭미의 다른 모습일 뿐"이라고 일갈하기도 했다.

두 번째로 찔끔찔끔 나온 당시 미 대통령인 부시 대통령의 간접사

서울 시청앞 광장에서 '국민주권 회복의 날' 행사에서 펼쳐신 10만 촛불행렬. ⓒ통일뉴스

과에도 분노했다. 부시 대통령은 촛불시위에 전 국민이 나서자 한 번은 허버드 주한 미대사를 통해, 또 한 번은 아미티지 국무부 부장관을 통해 간접사과를 했다. 부시가 첫 간접 사과를 한 그날, 미국은 괘씸하게도 무죄 평결을 받은 두 미군을 본국으로 급히 송환했다. 속전속결로 급한 불부터 끄자는 심보였다. 그런데도 투쟁이 사그라질 줄을 모르자 대규모 시위를 예고한 12월 14일 '주권회복의 날' 집회 하루 전인 13일 밤에 김대중 대통령에게 전화로 사과표명을 한다.

여중생 참사 규탄 4차 범국민대회. 의정부역 동부광장에서 마무리 집회를 가졌다. ⓒ 통일뉴스

12월 14일 10만이 함께 한 '주권회복의 날' 시위의 공식 명칭은 '오만한 미국 규탄과 주권회복을 위한 범국민평화대행진'이었다. 집회 참가자들은 미국의 '오만함'을 성토하면서 부시 대통령이 무릎 꿇고 직접 사과할 것을 요구했다. 한국에서 벌어진 대중적 반미 투쟁의 시작이었고 그 앞에 오종렬이 있었다.

국민여러분께 드리는 글

12월 31일 100만 촛불대행진으로 민족자주권 되찾자!

자랑스런 대한민국 국민여러분!
우리는 해냈습니다. 자랑스런 국민여러분이 해냈습니다.

미대사관을 10만개의 촛불인파가 집어삼킬 듯이 포위했으며 전국 방방곡곡과 16개국가 해외동포들과 함께 전세계적으로 미선이, 효순이의 한을 풀고 주권을 되찾고자 하는 한국민들의 위대한 뜻과 힘을 보여주었습니다.

어린 아이들의 고사리손에 들린 촛불과 교복을 입고 나온 중고등학생들, 아기를 들춰 업고 나온 주부들, 연등을 켜들고 나선 불교신도들과 수녀님들, 교회 깃발을 들고 나온 기독교신도들에 이르기까지 참여하지 않은 계층이 없고 참여하지 않은 종교와 계파가 없이 하나의 마음으로 촛불을 들었습니다. 촛불은 우리 국민들의 분노를 담고 활활 타올랐으며 반드시 살인자를 심판하고 처벌하고야 말겠다는 의지로 타올라 12월 한겨울의 밤하늘을 뜨겁게 달구면서 환하게 비추었습니다.

이렇게 남녀노소 없이 계층과 계파를 초월하여 범국민적으로 단합된 모습은 세계적으로 유례를 찾아보기 어려운 모습이었습니다. 전세계가 한국민의 뜨거운 애국심과 단합된 힘에 놀라고 한민족의 존엄성을 깊이 느꼈을 것입니다.

그러나 "전세계 악의 축" 부시와 한국정부는 아직도 아닌 것같습니다.

부시는 미국대사를 시켜 "간접 유감표명"을 하더니 이번에는 전화로 유감 표명을 했다고 합니다. 아직까지도 한국민의 진정한 요구와 뜻이 무엇인지 짐작하지 못하는 듯합니다. 아둔하고 멍청하기 때문인지 오만하기 때문인지 그 이유를 알 수는 없습니다.

한국 정부는 소파를 개정할 수 없다고 하고 반미감정이 우려스럽다는 등 어느 나라 정부인지 분간하기 어려운 친미사대적 입장을 탈피하지 못해왔습니다.

국민 여러분의 힘이 좀 더 모여야 할 것 같습니다.
그래서 저 우둔한 "악의 축" 부시에게 한국민의 뜻을 제대로 알게 합시다.

한국민의 분노가 얼마나 크며 더 이상의 기만책을 용납하지 않을 것이라는 것을 확실하게 알게 해줘야 합니다. 또한 대통령선거후 들어서는 새 한국 정부가 국민의 뜻을 받들어 살인자 처벌과 소파 개정에 앞장서도록 만들어야 합니다.

12월 31일은 100만 촛불대행진으로 확실하게 "악의 축" 부시의 오만한 콧대를 꺾고 무릎 꿇려 사죄를 받아냅시다. 미국에 짓밟힌 대한민국의 주권을 반드시 회복하고 미선이, 효순이의 한을 풉시다.

새롭게 맞이하는 새 세기의 새해에는 오욕의 역사를 끝장내고 주권을 회복하여 후손들에게 민족자주의 새 사회를 물려줍시다!

2002. 12. 19

미군장갑차 고 신효순, 심미선 양 살인사건 범국민대책위원회

[김준기, 김진균, 문대골, 문정현, 유덕상, 오종렬, 이김현숙, 이수호, 정현찬, 진관, 천영세, 홍근수, 한상렬]

중요한 건 아무 것도 없던 데서 갑자기 터지는 사건은 없다는 점이다. 오랫동안 눌리고 축적된 것이 어떤 계기로 한꺼번에 분출되는 경우가 보통이다. 두 여중생 사건으로 폭발한 국민의 힘 역시 2000년 2월 주한미군 한강 독극물 무단 방류 사건, 반백년 동안 주민들을 정신적, 육체적 고통에 시달리게 했던 매향리 미군 폭격장 사건 등을 접하고 투쟁해온 시간들이 쌓인 결과였다. 2000년 6·15 남북정상회담 이후 민족화해와 협력의 시대로 나아가는 과정에서 부시 행정부가 북에 대해 강경책을 쓰는 것도 우리 국민을 자극했다.

이런 마당에 벌어진 여중생 사건은 바짝 마른 들판에 불을 질러 놓은 격이었지만 우리 정부는 이 좋은 기회를 살리지 못했다. 김대중 대통령은 2002년 12월 6일, "여중생 사건으로 SOFA 문제를 비약해 미군 철수 같은 반미는 안 된다."고 말하며, 소파 '개정'이 아닌 '개선' 정도에서 멈추려고 했다. 두 차례에 걸친 간접사과에 이어 부시 대통령이 김대중 대통령에게 심야전화로 사과 표명을 한 뒤, 한미는 소파 개정을 위한 실무 차원의 접촉을 꾀했다. 촛불시위가 '주한미군 철수' 등 본격적인 반미투쟁으로 확산될까봐 전전긍긍하고 있었기 때문이다. 정부가 의지가 없었기 때문에 한미 연례안보협의회에 참석한 한국 국방부 장관은 럼스펠드 국방장관에게 SOFA 개정도 아닌 개선을 구걸하다가 그나마도 합의를 못하고 돌아와야 했다.

정부의 미온적인 태도로 촛불집회가 소파 개정 같은 제도적 결실을 맺진 못했지만 전 국민이 주한미군 주둔지위협정의 부당함에 대해 생각하는 계기가 됐다. 이는 10년 뒤인 2012년, 주한미군 범죄 피의자의 신병을 기소 전에 인도받을 수 있도록 소파를 개정하는 것으로 작은 결실을 맺는다.

2002년 여중생 촛불은 2002년 12월 대선에까지 영향을 미쳤다. 당시 광화문 열린시민마당에 설치된 여중생 시민분향소에는 당시 노무현 대통령 후보뿐 아니라 한나라당 이회창 후보도 찾아와 여중생 사망사건을 해결하겠다는 서약을 하고 참배를 했다. 기존에 '반미투쟁에 보이지 않는 손이 있다.'는 등 살인미군 처벌을 외치는 사람들을 일부 반미 과격세력이라고 칭하던 것과는 180도 다른 모습이었다.

더 나아가 노무현 후보는 한 대학 강연에서 "반미 좀 하면 어떠냐."는 발언을 하기도 했다. 특히 그는 대미 외교 정책으로 한미 간 수평적 외교 관계와 미래지향적인 탈냉전 외교를 지향한다고 강조했다. 여중생 촛불 등으로 고조된 반미 열기에 힘입어 노무현의 정책은 상당한 지지를 받았다.

하지만 노무현은 2003년 대통령에 취임한 뒤로는 이라크 파병을 결정하고 미국에 대해 기존과 다름없이 유화적인 외교를 펼쳤다. 오종렬은 이에 대해 "보수와 다름없는 친미주의 외교"라면서 강한 비난을 하기도 했다.

35
자주민주통일전사
강희철을 잃다

강희철은 학생운동가에서 노동운동가로, 다시 전선운동가로 거듭난 이였다. 인천에서 운동을 시작했지만 인천지역에만 국한해 활동하지 않았다. 1994년 한노협 결성부터 1996년 전국노동자통일대연석회의가 결성될 때까지 노동운동가로서 광주와 안산, 서울 등 각지를 다니며 전국 노동운동의 단결을 위해 애썼다.

강희철 열사

강희철은 전국연합이 난파선이 될 위기에 놓였던 1998년. 전국연합을 민족민주운동의 구심으로 세우기 위해 불같이 일어났다. 이 과정에서 오종렬을 만났고, 2000년에는 오종렬의 부름을 받고 전국연합 조직위원장을 맡아 전국을 누볐다. 아침에는 서울, 점심에는 전주, 저녁에는 제주에 가는 살인적인 스케줄을 소화하며 자신의 모든 것을 쏟아 전선을 지키고자 했다.

또한 그는 2001년 '3년의 계획, 10년의 전망. 광범위한 민족민주전선, 정당 건설로 자주적 민주정부를 수립해 연방통일 조국 건설하자'는 9월 테제를 만들고 확대하는데 온 힘을 다한다. 전국연합의 주축이던 전국농민회총연맹을 위시로 지역과 부문 조직에서 민족민주정당을 강화하기 위해 민주노동당에 입당해 힘을 보탰다.

16대 대통령 선거 이듬해인 2003년 2월 강희철은 전국연합의 정치위원장에 임명된다. 노동자·농민·청년학생들과 진보정당을 건설하는데 앞장 서기 위한 선택이었다. 중책을 맡고 하루 24시간이 부족한 듯 쉼없이 활동하던 강희철은 2003년 4월 7일. 전국연합 중앙집행위원회 회의 도중 뇌출혈로 쓰러진다. 곧바로 병원으로 옮겼지만 깨어나지 못하고 4월 13일 영원히 잠들었다.

고 강희철 동지의 영결식에서 참배를 하고 있는 오종렬 ⓒ민중의소리 김철수

오종렬은 강희철을 "비밀을 간직한 별나라 소년처럼 표정 하나 변함없이 태연하게 일했다."고 추억했다. 1주기 추모제에 참여해서는 "강희철 동지가 떠나간 지 10년도 훨씬 지난 것 같다. 나는 전국연합 상임의장으로 그에게 빚을 졌다. 제발 나보다 빨리 가지 말라고 간절히 소망했지만 그는 우리 곁을 떠났다."며 눈시울을 붉혔다. 또한, "그에게는 사생활이 없었다. 그와 같이 일했던 동지들은 안다. 누구에게도 비판을 아끼지 않았고 자신에게는 더욱 철저하고 혹독하게 비판했던 사람"이자 "자주민주통일이라는 축을 언제나 가슴에 담고 사업을 기획하고 사람을 찾아 나서던 사람"이었다며 강희철을 그리워했다.

종렬은 강희철의 비문을 직접 쓰기도 했다. 비문에는 '자주민주통일전사 강희철'이라고 적었다.

36
모순됐던 두 투쟁

전국연합은 군자산의 약속을 하며 3년 안에 광범위한 민족민주전선을 구축하기로 했다. 이를 위해 2001년 통일연대를 건설했고, 다른 한편으론 전국민중연대를 만들어 민주노총, 전농 등 대중조직을 포함하는 상설적 연대연합체의 토대를 마련했다.

오종렬은 통일연대 상임대표를 맡아 6·15 공동선언 발표 이후 남·북·해외 3자연대 운동을 가속화하는데 힘을 보탠다. 이와 함께 '민족자주 민주주의 민중생존권 쟁취 전국민중연대(준)'의 공동대표에 이어 정광훈 의장과 함께 2003년 정식 출범한 전국민중연대의 상임 공동대표도 맡는다. 이후 전국연합보다는 전국민중연대와 통일연대의 상임대표로 더 많은 일을 한다. 숱한 투쟁에 함께했지만 그중에서도 이라크 파병 반대 투쟁과 노무현 탄핵 무효 촛불은 모순된 투쟁이었다. 하나는 노무현 정부 정책에 반하는 투쟁이었고, 다른 하나는 노무현 정부를 지키는 투쟁이었기 때문이다. 하지만 오종렬은 "둘 다 똑같이 국민주권과 민주주의를 지키는 투쟁"이었다고 말했다.

미국은 2001년 9·11 테러 이후 이라크와 북을 '악의 축'으로 규정했다. 그러고선 이라크 후세인 대통령이 대량살상무기를 만들고 있다며 전쟁을 개시한다. 뒤에 밝혀졌지만 이라크에 대량살상무기는 존재하지 않았다. 미국이 석유와 중동지역 패권 유지라는 자신의 이익을 위해 거짓 핑계로 전쟁을 일으킨 것이다. 이러한 이라크 전쟁으로 민간인 1만 명 이상이 학살됐다.

　이라크 전쟁이 장기화 되자 부시 대통령은 한국에 파병을 요청한다. 노무현 대통령은 후보 시절 "반미 좀 하면 어떠냐."며 불평등한 한미 관계를 개선해야 한다고 목소리 높였지만 당선된 뒤로는 한미동맹을 강화하는 방향으로 급선회한다. 대표적인 사안이 바로 이라크 파병이었다.

　결국 국회는 2003년 4월 2일, 국군 부대의 이라크전쟁 파견 동의안을 통과시켰다. 이에 따라 대한민국은 의료지원단인 제마부대와 건설지원단인 서희부대를 파병한다. 미 연방정부는 이에 만족하지 않고 2003년 9월, 전쟁으로 파괴된 국가를 재건한다는 명목으로 한국에 더 많은 군을 파병해 줄 것을 요청한다. 노무현 정부는 2004년 2월 23일, 평화 유지와 재건을 임무로 하는 자이툰 부대를 다시 파병하며 미국의 요청을 받아들인다. 8,000여 규모의 사단으로 창설된 자이툰 부대는 다국적군의 일원으로 이라크에 발을 디뎠다.

한국의 다국적군 참여는 아랍 저항단체들을 자극했다. 저항단체들은 자이툰 부대를 이라크에서 철수할 것을 계속 요구했다. 급기야는 2004년 5월 31일, 이라크에서 한국인 김선일이 이슬람 계열 무장 단체에 인질로 납치된다. 이 단체는 이라크로의 추가 파병 중단과 현재 주둔하는 한국군을 즉각 철수시킬 것을 요구했지만 노무현 정부가 이를 거부하자 6월 22일 김선일을 끔찍한 방식으로 죽인다. 생전에 공개된 영상에서 김선일은 "한국군은 제발 이라크에서 철군하라. 나는 죽고 싶지 않다. 당신들의 목숨도 소중하지만 내 목숨도 소중하다."고 절규했다.

그 모습에 국민은 큰 충격을 받았고 파병 반대의 목소리도 높아졌다.

이라크 파병을 두고 논란이 벌어지자 오종렬은 이라크파병반대비상국민행동 공동대표를 맡아 2004년 7월 파병반대 릴레이 단식을 이끄는 등 '반전평화'를 앞장서 외쳤다. 릴레이단식을 시작하는 기자회견에서 오종렬은 "이라크의 민간인만 1만 명 이상이 죽은 더러운 전쟁에서 이제는 이 짓거리를 우리 아들들이 하게 되었다."면서 "피에 피를 부르는 보복의 악순환이 벌어지게 될 것"라고 경고했다.

이라크 파병은 노무현 정부와 시민사회의 대립의 시작이었다. 노무현 정부가 한미FTA를 추진하면서 이 대립은 더욱 커져갔다.

2004년 3월 12일, 대한민국이 생긴 이래 처음으로 현직 대통령에 대한 탄핵소추안이 국회를 통과한다. '정치적 중립성'을 위반했다는 이유로 발의된 노무현 대통령 탄핵소추안은 국회의원 193명이 찬성하면서 가결됐다. 여당인 열린우리당이 강하게 반발했지만 속수무책이었다.

이미 여론조사에서 65% 이상이 탄핵을 반대했던 국민은 실제 탄핵안이 통과하자 더 거세게 반발했고, 곳곳에서 탄핵무효 촛불시위가 벌어졌다. 시민사회단체들도 연대해 '탄핵무효 부패정치 청산 국민행동'을 구성한다.

진보진영 안에서도 노무현 탄핵무효 촛불에 함께 할지에 대한 논쟁이 없진 않았다. 특히 한 해 전인 2003년 시민사회진영의 반대에도 노무현 대통령이 이라크 파병을 강행하면서 대립각을 세운 바 있기 때문에 진보진영 일각에서는 탄핵무효 투쟁 참여에 소극적이었다. 하지만 전국연합은 노무현 대통령에 대한 탄핵을 국민 주권을 무시한 보수세력의 반격으로 규정하고 적극적인 대응 투쟁에 나섰다. 오종렬 역시 '탄핵무효 부패정치 청산 국민행동' 상임 공동대표를 맡아 민주주의

회복을 위해 헌신한다.

시민들의 힘으로 매주 탄핵무효를 외치는 촛불이 두 달 넘게 이어졌다. 이 촛불은 전국으로 번져갔고, 서울에서만 주최측 추산 20만 명이 넘는 집회가 열리기도 했다. 이러한 '촛불 민심'의 여파로 그해 4월 15일 치러진 제17대 국회의원 총선거에서 한나라당은 '탄핵 역풍'을 맞았다. 4·15 총선에서 열린우리당은 과반이 넘는 152석을 차지했고, 한나라당은 121석을 얻어 제1당의 자리를 내줘야 했다. 민주노동당은 10석을 얻어 진보정당 최초로 의회에 진출했을 뿐만 아니라 새천년민주당과 자유민주연합을 제치고 제2 야당으로 올라서기도 했다. 2001년 전국연합이 밝혔던 9월테제 방침이 현실화되는 순간이었다.

곧 이은 5월 14일, 헌법재판소는 대통령 탄핵소추안을 기각했다. 64일 동안 직무가 정지됐던 노무현 대통령은 바로 대통령 직무로 복귀하였다. 광화문 광장에 모였던 시민들은 개인의 행동이 정치 과정이나 지도자의 행동에 얼마나 큰 영향을 줄 수 있는지를 배우며 '정치 효능감'도 체감했다.

37
1000인 단식단과
국가보안법 폐지로

국면이 전환됐다. 탄핵 국면을 딛고 국회 과반 의석을 확보한 열린우리당과 노무현 참여정부는 국가보안법, 사립학교법, 과거사 진상규명법, 언론관계법의 4대 개혁입법을 추진한다.

민중·시민진영도 4대 개혁입법에 대한 여론을 형성해 나갔는데 그 정점은 바로 '국가보안법 폐지'였다. 오종렬이 가장 먼저 국가보안법 폐지 투쟁을 제안했다. 분단과 국가보안법이 이 나라 민주주의 발전과 평화, 통일의 걸림돌이라는 사실을 어려서부터 몸으로 깨우쳐 왔기 때문이

국회 앞에서 국가보안법 폐지를 요구하며 300명이 무기한 단식농성에 들어갈 때 대표발언을 하는 오종렬 ⓒ통일뉴스

300명의 무기한 단식농성 참가자들은 목숨을 건 마지막 투쟁을 다짐했다. ⓒ 통일뉴스

었다. 전국연합이 앞장서 폐지 투쟁의 틀을 만들어 나갔다. 진보 진영과 시민사회단체들은 2004년 8월 국가보안법폐지국민연대를 재출범하면서 국가보안법 폐지 운동에 박차를 가했다. 전국연합 역시 11월, 국가보안법폐지국민연대와 함께 국가보안법 폐지 투쟁에 사활을 걸기로 한다.

국가보안법 제정일인 12월 1일, '56인 삭발식'으로 국가보안법 끝장투쟁의 포문을 열었다. 국가보안법이 제정된 지 56년을 맞은 2004년이 한 달 남은 시점에서 올해 안에 국가보안법을 반드시 폐지시키자는 의지를 드러낸 투쟁이었다. 오종렬과 같은 칠순의 노투사들을 비롯해 여성, 학생 등 세대, 성별을 초월한 이들이 엄숙하게 삭발에 임했다.

삭발식은 바로 단식 농성으로 이어졌고 '국가보안법 폐지 국민연대' 공동대표였던 오종렬이 공동농성단장을 맡는다. 12월 6일 서울 여의도 국회 앞 농성장에서 열린 기자회견에서 오종렬은 "우리가 여의도 아스팔트 위에서 곡기를 끊는 것은 대한민국의 정체성을 바로잡기 위함"*이라며, "국가보안법이 양심·사상의 자유를 억압하고 표현의 자유를 가로막아 왔음은 지난 56년의 역사가 증명한다."고 딱 잘라 말했다. 그러면서 그는 "국가보안법으로 인해 얼마나 많은 통일인사, 민주인사들이 학살되고 고문되었나, 100만 원귀가 대한민국 하늘을 떠돌고 있다."고 부르짖으며 "오늘의 투쟁은 대한민국이 이런 잔재를 떨치고 자주적 민주정부로 가는 대장정의 영마루"라고 선언했다.

민중·시민진영이 적극 동조하면서 단식단은 보름 만에 1300명이 넘는 규모로 늘어났다. 단식농성이 2주 넘게 이어지자 집행간부들은 종렬의 건강을 걱정했다. 당시 국가보안법 폐지 국민연대 집행위원장이던 박석운이 그때를 떠올렸다.

"오종렬 의장님이 노구를 이끌고 단식에 앞장서 활동가들에게 자

2004년 12월 14일, 국가보안법폐지 단식농성 확대 기자회견에서 발언하는 모습. 이날로 단식 참가자는 500명을 돌파했다. ⓒ 통일뉴스

* 이광길, "각계각층 300명, 국회 앞 단식농성 돌입", 〈통일뉴스〉, 2004.12.6.
https://www.tongilnews.com/news/articleView.html?idxno=50182

극이 됐던 걸로 기억합니다. 단식단이 계속 불어났으니 기세가 살아나는 방식으로 농성이 진행됐지요. 그때 오 의장님 나이가 60대 후반이어서 날도 추운데 단식을 계속하는 게 걱정됐습니다. 그래서 '시작은 어른이 하셨더라도 이미 대중적으로 불이 붙었으니 끝까지 안 하셔도 됩니다. 도리어 더 하시면 부담만 됩니다.'며 단식 중단을 권유했지요."

후배 활동가들의 간곡한 부탁에 종렬은 단식 15일차에 중단을 결정한다.

"끝까지 고집을 부리시면 어쩌나 걱정했는데 다행히 도중에 접어주셨지요. 실제로는 장대한 투쟁을 한 셈입니다. 일흔에 가까운 노인이 몸을 안 아껴요. 젊은 사람처럼 행동하셔서 민망했던 적이 많았습니다."

오랫동안 집행위원장과 상임대표로 합을 맞췄던 박석운의 말이었기에 종렬은 단식을 그만둘 마음을 먹었다. 또 한걸음에 달려와 단식에 동참해준 천 명이 넘는 단식단들도 믿었다. 충분히 정치권에 압박이 될 것으로 생각했다. 하지만 국가보안법의 벽은 견고했다. 국회 논의가 교착상태에 이르자 단식 24일째인 12월 29일엔 지역·단체별로 결의를 밝힌 219명이 물과 소금까지 끊는 결사 단식을 벌이기까지 했다.

그렇게 12월 31일까지 26일간 많은 이들이 곡기를 끊으며 처절한 투쟁을 벌였지만 한나라당의 강력한 반대를 넘어서지 못했다. 열린우리당도 '국가보안법 폐지'를 당론으로 정했음에도 "7조와 10조 등 일부 조항만 부분 개정하자."는 주장을 계속하는 여당 의원들도 여럿 있었다.

결국 여당 지도부가 한나라당과 시간을 끌며 타협하는 사이, 국가보안법 폐지 법안은 국회 본회의를 통과하지 못하고 12월 31일로 국회 회기가 끝나면서 자연스럽게 폐기된다. 국가보안법 폐지 여론이 크게 확대된, 천금 같은 기회를 살리지 못한 것이다. 그렇다고 의미 없는 투쟁은 결코 아니었다.

2005년 2월 인터넷신문 〈프로메테우스〉 장보임 기자와 한 인터뷰에서 오종렬은 2004년 국가보안법 폐지 투쟁의 의의와 성과에 대해 이렇게 설명했다.

"민주노동당을 제외하고 여야 정치권은 국가보안법 완전폐지에 대해서는 동의하지 않았다. 열린우리당 일부 혁신적 인사들은 완전폐지를 주장했으나 당내에서는 역부족이었던 것이 사실이다. 따라서 우리가 하고자 하는 일은, 국민대중이 자주적 통일과 국가보안법이 어떤 관계인지 절실히 알고 국가보안법 완전폐지가 시대적 사명이고 우리가 살아갈 길이라는 것을 공감할 수 있도록 하는 것이 중심이었다. 국민대중과 함께, 말하자면 국민대중적 에너지로 정치권을 움직여서 국가보안법을 없애려는 것이지 국회의원 중 누구를 포섭하고 누구를 설득해서 의원수만 가지고 해보려는 것은 부차적인 것이었다.

우리가 56인 삭발 투쟁, 560명 단식, 1000명, 1300명까지 확산된 단식 등 생사를 넘나드는 투쟁을 했던 것은 국민대중의 양심과 지성, 그 틈으로 들어가려는 진솔한 자세였다. 정치권을 움직이는 것은 그 다음 문제다. 그 결과 이전에는 운동하는 사람들의 입에만 오르내리던 국가보안법 폐지 문제가 이제 국민의 입에도 오르내리게 되었다. 대중의 품속으로, 대중을 일으키려고 하고, 대중의 다리로 가는 것이 역사의 산맥이다.

그런 의미로 볼 때 작년 투쟁은 말할 수 없이 큰 성과를 냈다고 볼 수 있다. 이제 젊은 친구들이 지하철이나 시내 곳곳에서 국가보안법폐지 캠페인을 벌여도 능멸하는 사람이 거의 없다. 일명 '반공 할아버지'라든지 수구 중독자들의 모습이 엄청나게 줄어들었다. 이것은 무형의 자산이다. 이는 표로 계산할 수 있는 가치가 아니다."

38
미국에 맞선 이들과 함께

전국연합은 2005년 반미 투쟁을 전면화했다. 5월 광주 송정리 패트리어트 기지 철거 투쟁, 7월 대추리 미군기지 건설 저지 투쟁, 9월 맥아더 동상 철거 투쟁 등 격렬한 투쟁이 한 달 간격으로 계속 이어졌다. 그러한데도 투쟁마다 수만 명이 집결했다. 진보·시민사회진영의 조직력과 투쟁력이 최고점으로 치닫던 시기, 그 중심에 오종렬이 있었다.

광주송정리 광주비행장(공군 제1전투비행단)에는 원래 한반도 유사시를 대비한 미군 20여명만 남아 있었다. 그러다가 2003년 11월 패트리어트 미사일부대 여단병력 450명이 추가로 배치된다. 게다가 주한미군은 군사력 증강 계획에 따라 2003년 8월 말 16기의 최신 패트리어트 미사일을 추가로 배치하려고 했다.

진보·시민사회 진영이 가만히 있을 수 없었다. 2005년 5월 15일, 광주 송정리 공군 제1전투비행단 앞에서 '패트리어트 미군기지 폐쇄를 위한 전국대회'를 열기로 한다. 이에 앞선 11일 전남도청 앞에서 '5·15 패트리어트 기지 폐쇄 전국대회 선포식'이 열린다. 이 자리에서 오종렬은 "80년 광주를 짓밟았던 미국이 다시 광주에 들어왔다."면서 "광주에 패트리어트 미사일과 미군을 주둔시킨 것은 한국이 미국의 미사일방어체제(MD) 전초기지가 되는 것을 가속화할 거."*라고 예측했다. 그러면서 이는 "중국과의 무력충돌시 주한미군 기지를 중국의 미사일로부터 방어하려고 하는 것이기 때문에 광주가 전쟁의 십자가를 져서는 안 된다."며 "광주의 이름으로 막아내야 한다."고 목소리 높였다.

계획했던 15일 전국대회 날, 광주가 희생양이 돼서는 안 된다고 했던 오종렬과 뜻을 같이 하는 1만여 명이 광주 송정리 패트리어트 기지를 둘러쌌다. 이들은 기지 철조망을 1km 가량 뜯어냄으로써 MD에 편입되기를 온몸으로 거부하는 한국 민중의 의지를 미국에 보여줬다.

2004년 한·미 연례안보협의회에서 미국은 주한미군의 '전략적 유연성'에 대해 처음으로 언급했다. '전략적 유연성'은 해외 주둔 미군 재배치 계획(GPR)의 핵심 사안으로 미군을 신속기동군화 한다는 뜻이었

광주 송정리 미공군 제1전투비행단 정문 앞에서 1만여 시위대가 미군기지 철조망을 뜯어내며 격렬하게 시위했다. ⓒ 통일뉴스

* 이석호, "광주 희생양돼서는 안돼" 〈광주드림〉, 2005.5.11,
https://www.gjdream.com/news/articleView.html?idxno=338369

다. 주한미군이 한반도에만 있지 않고 한반도 주변에서 미국이 원하는 곳 어디든 간다는, 만약 중국과 대만 간에 분쟁이 발발하면 한반도에 주둔하고 있는 주한미군을 투입한다는 뜻이었다. 당연히 한국군도 끌려들어갈 수밖에 없었다.

미국은 이 전략의 일환으로 미사일 방어체계를 늘리고, 다른 한편으론 용산 기지를 평택기지로 이전함으로써 대중국 대응을 용이하게 하겠다는 셈을 밝혔다. 이에 따라 추진된 조치가 바로 경기도 평택 대추리 미군기지 이전이었다. 2003년 4월 국방부는 대추리 24만 평을 수용계획에 포함하겠다는 연합토지관리계획(LPP)를 발표한다. 이후 평택 주민들의 반대를 무릅쓰고 2004년 7월 미래 한·미동맹정책구상(FOTA) 회의에서 미군기지 이전 대체 터 349만 평을 제공하기로 합의한다. 그리고선 국방부는 2005년 5월 4일, 평택 도두리와 대추리 등 미군기지 이전 지역 농지 2백85만 평에 군사 시설을 보호한다는 명목으로 철조망을 설치해 주민들의 접근을 일절 막았다.

대추리 미군기지 확장 저지 투쟁. 미군기지를 향해 행진을 벌이는 참가자들의 모습. ⓒ통일뉴스

대추리 주민들은 사전 협의도 없이 갑자기 평생을 일군 농토를 수용한다는 정부 말을 그냥 따를 수만은 없었다. '올해도 농사짓자!'고 외치며 935일간 촛불집회를 열고, 릴레이 단식 농성을 벌였다. 일방적으로 밀어붙이기만 하는 정부에 대추리 주민들이 끈질기게 맞서자 2006년 5월 1일, 한명숙 총리와 국방부장관, 경찰청장 들과 함께 '평택미군기지 이전 관련 긴급 관계장관회의'를 개최해 '주민들과 대화를 통해 갈등을 해소해 나간다'는 기존 방침을 재확인했다. 전날 국방부는 주민대표들과 '기지이전 문제를 대화로 해결하고, 국방부는 대화기간 중 행정대집행은 물론 모든 사전작업을 중단'하기로 합의하기도 했다.

하지만 노무현 정부는 너무도 쉽게 약속을 뒤집었다. 5월 4일 '여명의 황새울 작전'이라는 이름으로 5월 4일 새벽, 경찰 115개 중대 1만1500명, 군인 700명, 특공 연대 2개 연대 2800여 명, 용역업체 직원 700여 명이 굴삭기와 중장비를 동원해 주민들이 농성을 벌이던 대추초등학교에 진입해 시위대를 강제 해산시켰다. 많은 이들이 군경이 휘두른 곤봉에 머리가 터지고 방패로 찍히며 부상을 당했다. 진압현장은 아수라장이 돼 흡사 계엄 수준이었다.

그 현장에 오종렬도 있었다. 대추초등학교에서 마지막까지 저항하며 그는 "평택이 죽는다는 것은 우리 조국이, 우리 민중이 모두 죽는다는 것을 명심해야 한다. 함께 가자. 우리를 살려냅시다. 평택을 살리는 것은 나를 살리고, 우리를 살리는 일이다."라고 말했다.

행정대집행 얼마 뒤인 5월 12일, 오종렬은 〈민중의소리 라디오〉 '현석훈의 시사광장'과 인터뷰*를 하면서 군이 민간인을 상대로 폭력을

---

* "평택 군투입, 국헌(國憲) 위배" 〈민중의소리 라디오〉, 2006.5.12.
http://www.vop.co.kr/A00000043053.html

행사한 것은 "국헌(國憲)에 관한 문제"라고 꼬집었다.

"군은 단순한 치안의 문제가 아닌 국토와 국민의 생명과 재산을 수호하는데 의미가 있습니다. 그런데 이 나라 군인이 제 나라 백성을 군화발로 짓밟고 미국의 전쟁기지를 만들기 위해서 동원된다는 것은 군인의 의무를 저버리는 일인 것입니다.

어떻게 군대가 평화로운 곳에 들어가서 유혈을 야기했는지 이해가 가지 않습니다. 대추분교는 삶의 중심, 문화의 중심, 교육의 중심, 삶의 광장이었습니다. 그런 곳을 동의 없이 무참하게 무너뜨린 것입니다. 이것은 국헌 문란입니다.

대통령은 취임 선서에서 국헌을 준수한다는 것을 제일 먼저 선서합니다. 국민의 생명과 재산을 지킨다고 되어 있습니다. 그리고 그것은 국군을 통수함으로써 한다고 되어있습니다. 하지만 대추분교의 붕괴와 함께 대통령의 선서는 다 무너진 것입니다."

당시 전국연합에서 오종렬을 상임의장으로 보필했던 안지중 한국진보연대 집행위원장이 종렬이 미국과의 문제를 중시했던 까닭을 설명한다.

"의장님은 항상 우리한테 민족과 민중의 아픔에 다가서 있으라는 말씀을 자주 해주셨어요. 민족의 아픔은 외세에 의한 분단이고, 민중의 아픔 또한 외세, 그리고 재벌에 의한 수탈이라고 하면서 그 아픔에 직면해야 한다고 하셨습니다.

그런 말씀에서 미국 문제를 상당히 중요하게 여기셨습니다. 시대가 변해서 국력이 높아지다 보니 미국 문제는 중요한 문제가 아닌 걸로 치부하는 것과 관련해 심각하게 문제를 제기한 적도 있으셨지요. 마찬가지로 시대가 변해 국민 의식이 높아졌고 민주주의가 실현됐다는 사람들에 대해서도 국가보안법이 엄연히 존재하고 있는데 어떻게 해결

됐느냐고 문제제기하셨던 걸 기억합니다. 특히 우리가 분단된 상황에서 통일로 나아가기 위해서는 북과 많은 이야기를 해야 하는데 북을 혐오하고 폄훼하는 건 문제가 있다, 민족이 하나로 되기 위해서는 서로 잘 알아야 하고 서로에 대해 자랑도 할 수 있는 게 중요하다는 말씀도 하셨습니다."

오종렬이 1000인 단식단과 함께 국가보안법 철폐 단식을 하고, 미군기지 투쟁, 통일운동에 앞장섰던 것도 모두 민족과 민중의 아픔에 다가서 있기 때문이었다.

39
전용철·홍덕포 농민의
죽음을 밝히려

쌀 개방을 막아내는 투쟁 앞자리에도 오종렬이 있었다. 쌀 관세화 예외조치가 2004년 말 만료됨에 따라 한국 정부는 2004년 WTO(세계무역기구)와 쌀 재협상 절차에 들어갔다. 전농을 비롯한 농민단체들은 쌀시장 전면개방을 막기 위한 식량주권 쟁취 투쟁을 2005년까지 2년 가까이 이어갔다. 당시 전농 의장이던 문경식 전남진보연대 상임대표는 그때 함께 했던 오종렬을 떠올렸다.

"제주부터 서울까지 전국투어를 했는데 오종렬 의장님께 '내일모레 창원에 투쟁 조직하는데 함께 가셔야 합니다' 하고 말씀 드리면 한 번도 거절하지 않고 '아~ 가야지~가야지' 하면서 같이 가셨습니다. 3보 1배 투쟁을 할 때 건강이 걱정이 돼 '의장님은 안 하셔야 합니다.'고 말씀드리면 '문 의장, 뭔 소리여? 나도 해야지.' 하면서 우리랑 똑같이 하셨지요."

농민들의 절절한 투쟁에도 불구하고 노무현 정부와 여당인 열린우리당은 2005년 10월 말, 국회 통일외교통상위원회가 질서유지권을 발동한 가운데 쌀 관세화 유예 협상 비준동의안을 의결하고 국회 통과를 예고했다. 비준동의안엔 쌀 관세화 개방 유예를 조건으로 밥쌀 수입을 대폭 확대하겠다는 내용이 담겼다. 농민들은 12월 초로 예정된 WTO 후속 협상인 도하개발아젠다협상(DDA) 이후 비준안을 처리해도 늦지 않다고 강변했지만 정부는 선제적으로 안을 마련해야 한다며 강행 처리한 상황이었다.

농민들의 분노가 전국 각지에서 터져 나왔다. 그 마음을 모아 11월 15일, 여의도에서 농민 1만 5천여 명이 참가한 가운데 '쌀 협상 국회비준 저지를 위한 전국농민대회'를 열었다. 과정에서 경찰은 시위대에 무차별로 방패를 휘두르고 찍어대면서 폭력진압으로 일관해 집회 참가자 500여 명이 부상을 입었다.

그 중 전용철, 홍덕표 농민은 사망에까지 이르렀다. 그런데도 당시 허준영 경찰청장은 두 농민의 사인이 경찰의 폭력 때문이 아니라고 발뺌했다. 심지어 경찰은 전용철 농민이 집 앞에서 쓰러져 사망한 것으로 몰아가려고 했다. 경찰의 사건 은폐에 맞서 활동가들은 전용철, 홍덕표 농민의 시신을 서울대병원으로 급히 옮기고, 전국농민회총연맹(전농) 등 농민단체와 시민사회단체들이 모여 '전용철·홍덕표 농민열사 범국민대책위(전용철·홍덕표 대책위)'를 구성한다. 오종렬과 정광훈이 공동대표를 맡는다.

전용철·홍덕표 대책위는 경찰의 사인 왜곡과 진상규명을 요구하며 대통령 면담을 요청했지만 받아들여지지 않았다. 곧바로 대책위 대표단은 청와대 근처에서 농성을 시작했다. 밤이 되자 살을 에는 추위가 몰려왔지만 경찰은 아랑곳 않고 차량으로 대표단과 농민들을 포위하더니 이불과 깔판 반입을 막고, 도시락도 못 들어오게 했다. 영하의 날씨에 물까지 뿌렸다.

방해 속에도 농성단은 물러나지 않았다. 물러설 수 없었다. 전농 문경식 의장은 "전용철, 홍덕표 농민을 살려내라."고 절규하면서 "농민이 죽었는데, 가해자 어느 누구도 책임지지 않는다."며 울분을 토했다. 피를 토하듯 연설하는 문경식 의장 옆에는 오종렬과 정광훈이 있었다.

11월 15일 전국농민대회 직후인 11월 18일부터 19일까지 APEC(Asia Pacipic Economic Cooperation, 아시아 태평양 경제협의체) 정상회의가 부산에서 열렸다. 쌀 개방을 비롯해 신자유주의 개방을 요구하는 정상회담을 저지하기 위해 수만 명이 모인 가운데 부산을 뒤흔드는 투쟁이 벌어졌다. 곧이어 12월 11일에는 홍콩에서 열리는 WTO 각료회담을 저지하는 투쟁을 이어가야 했다. 청와대 앞과 서울대병원 장례식장을 중심으로 전용철·홍덕표 농민 사망 진상규명과 책임자 처벌 투쟁을 진행하는 동시에 저 멀리 홍콩에까지 날아가야 했다.

홍콩 원정 한국투쟁단을 꾸렸고 오종렬은 정광훈과 함께 다시 원정 투쟁단 대표를 맡았다. 1100명이 넘는 농민과 노동자들이 대거 참여한 한국투쟁단에 대해 홍콩 언론은 처음에는 폭도로 소개했다. 이때 오종렬은 투쟁단 실무진에게 자기 헌신적이고 홍콩 시민도 함께 할 수 있는 투쟁방안을 마련하라고 주문했다. 한국의 절박한 상황을 평화적인 방식으로 알려내라는 제안이었다. 논의 끝에 전농 소속 농민 130여 명이 바다로 뛰어들어 WTO 각료회담장 직전까지 헤엄쳐 진입을 시도하는 투쟁을 기획하고, 촛불 집회와 삼보일배도 병행했다.

이러한 한국투쟁단의 헌신적인 모습에 감동한 홍콩 시민들은 빵과 사탕, 물 들을 건네며 우호적으로 다가왔다. 언론 논조도 서서히 바뀌어 한국투쟁단을 바라보는 현지 언론의 관심이 뜨겁고 폭발적이었다.

종렬은 3보1배를 하며 도로 주변에 있는 시민들에게 "한 걸음, 두 걸음, 세 걸음 걷고 한번 절하는 게 3보 1배"라고 친절히 설명한 뒤 "제국주의자들이 말하는 것처럼 우리는 난폭자가 아니다! 가장 존엄한 생산자이고, 민중이다! 오늘 우리의 존엄성을 만방에 보여주자."
며 호소했다. 정광훈 역시 이곳에서 그의 트레이드마크가 된 'DOWN, DOWN, WTO! DOWN, DOWN, USA!' 구호를 처음 선보였고, 이 구호는 전 세계에서 온 투쟁단에게 큰 호응을 얻었다. 뜨거운 호응을 받았지만 오종렬과 정광훈은 홍콩 투쟁을 채 마치기도 전에 한국으로 귀국해야 했다. 전용철, 홍덕표 농민 열사 투쟁 때문이었다.

▲ 2005년 12월 15일 전농은 제6차 WTO 각료회의 저지를 위해 홍콩 현지에서 삼보일배 투쟁을 벌여 전 세계 농민들의 이목을 집중시켰다. ⓒ전국농민회총연맹

▶ 2005년 12월 WTO 저지를 위해 홍콩 원정투쟁에 나선 한국 농민들이 WTO 각료회의 장으로 가기 위해 바다로 뛰어들고 있다. ⓒ한국농정

2005년 12월 15일, 홍콩에서 'WTO 각료회의 저지를 위한 한국민중투쟁단'에서 진행한 규탄 기자회견에서 발언을 하는 모습. 백발 노인의 3보 1배는 시위대에 부정적이던 홍콩 시민들의 마음을 돌리는데 중요한 역할을 했다. ⓒ전국농민회총연맹

경찰의 억지 발뺌에도 진실을 감출 수는 없었다. 당시 집회 현장에 있던 〈민중의 소리〉 김철수 기자의 사진 속에 전용철 농민이 경찰의 폭력 진압 직후 쓰러져 머리에 피를 흘리며 신발도 벗겨진 채 사람들에게 들려 급히 옮겨지는 모습이 담겨있었던 것이다. 이 사진을 찾기 위해 전농 정책위원장이던 박웅두는 김철수 기자가 그날 찍은 사진 수천 장을 꼬박 이틀 동안 뒤졌다. 홍덕표 농민 역시 경찰의 진압에 쫓겨 화단으로 도망가다가 뒤에서 맞아 사망한 것이 입증되었다. 전용철·홍덕표 대책위는 경찰이 현장검증 하듯이 꼼꼼하게 현장을 살펴 현장검증 조서를 만들었다. 그 결과, 12월 26일 국가인권위는 "전용철, 홍덕표 농민 사망은 경찰의 과잉진압이 원인"이라고 조사결과를 발표했다. 진실이 드러나자 노무현 대통령도 12월 27일 경찰 폭력과 농민 사망에 대해 사과했다.

대통령이 사과했으니 열사 투쟁을 끝내자는 의견이 전농 내부에서 나왔다. 하지만 폭력 진압의 총책임자이면서 끊임없이 사인을 왜곡, 은폐하려 했던 허준영 경찰총장의 퇴진 없이는 물러설 수는 없었다. 특히 전용철 열사의 형님이 전농이 부담스러우면 자신이라도 경찰청장에게 책임을 묻겠다는 의지를 보였다. 종렬을 비롯한 전국민중연대 간부들도 책임자 처벌에 무게를 실었다. 전용철·홍덕표 대책위는 유족의 뜻을 받아 대통령의 사과에도 '사퇴 불가'를 고수하는 허준영 경찰청장을 압박하기 위해 농성 천막을 청와대에서 경찰청 앞으로 옮겼다. 12월 28일 농성 천막을 옮기고 집회를 연 뒤, 경찰청 앞에서 '대규모 길거리 단식농성'에 들어간다. 이날 집회에서 오종렬은 "두 농민 사망에 법적·정치적·도덕적 책임을 져야 할 경찰청장이 '평화시위 문화가 정착될 때까지 임기를 다하겠다.'고 버티는 파렴치한 모습에 분노를 참을 수 없다."고 발언했다.

지난 2005년 11월 농민대회에 참가했다가 경찰 폭력에 숨진 고 전용철, 홍덕표 농민에 대한 노제가 진행되고 있다. ⓒ민중의소리

39. 전용철·홍덕표 농민의 죽음을 밝히려

다시 대책위가 단식단 규모를 더 늘리고, 12월 30일 4차 범국민대회를 열겠다고 밝히자 허준영 경찰청장도 결국 12월 29일 사표를 제출한다. 승리였지만 웃을 수만은 없는 승리였다. 전용철·홍덕표 대책위는 4차 범국민대회를 하루 미뤄 12월 31일 두 농민의 공동장례식으로 거행했다. 영결식에서 오종렬은 이렇게 말했다.

"이제야 떠나보낼 수 있어 송구스럽습니다. 열사를 살려냅시다. 열사를 살리자는 말은 시신을 되살리자는 것이 아니라 민족농업의 근본적인 회생을 뜻합니다. 민족농업의 회생은 전 민족의 대단결로만 해낼 수 있습니다."

이날 장례식에서는 농민들이 투쟁에 나설 때면 부르는 '아스팔트 농사'가 슬프게 불리었다.

"일 년 내내 씨 뿌리고 / 뼈 빠지게 거두어서 / 보리농사 망하고 고추농사 조지고 / 남은 것은 빚더미 뿐 / 이 세상에 지어먹을 농사가 하나 있어 / 여의도에 아스팔트 해방농사 지어보세 / 너 살리고 나 살리는 아스팔트 농사 / 이 농사가 최고로세 / 농민 해방 앞당기는 단결투쟁 농사 / 이 농사가 최고로세~"

40
한미FTA를 막다가
다시 감옥으로

노무현 대통령은 2006년 연초부터 일본은 앞서가고 중국은 우리를 추격해 온다며 새로운 성장 동력 마련을 강조하며, 계속 서비스 산업 육성을 언급했다. 그렇게 서비스 산업 발전에 한국 미래의 명운이 걸렸다는 듯이 분위기를 조성하더니 이를 위해 서비스 산업이 가장 발전한 미국과 자유무역협정(FTA)을 맺어야 한다고 밀어붙였다.

> FTA의 목표는 자유무역을 통해 역내 국가의 경제적 이득을 도모하는 것이다. 그러나 한미FTA는 양국간의 통상 확대 이외에 다양한 정치·경제적 의미를 지니고 있으므로, 보다 넓은 시야에서 한미FTA를 평가하고 접근할 필요가 있다. …
> 미국은 한미FTA를 한국의 주요 산업에 대한 시장접근을 확보하고 동북아지역에서의 중국의 정치, 경제적인 영향력 증대를 견제하기 위한 수단으로 활용할 것으로 보인다. 미국은 경제적 이득은 물론 정치적 영향력 강화까지 추구하는 "포괄적이고 깊이 있는" FTA 협상을 추진하고 있다.

삼성경제연구소가 내놓은 전략보고서 〈한미FTA의 정치경제학〉*에

---

* 곽수종, 「한미FTA의 정치경제학」, 삼성경제연구소, 2006.5.31

나와 있듯이 미국은 단순히 서비스산업 일부를 위해 한미 FTA를 추진한 것이 아니었다. '경제적 이득은 물론 정치적 영향력 강화까지' 추구하고 있음을 알면서도 노무현 정부는 FTA에 앞서 4대 선결요건을 미국에게 내주었다. 스크린쿼터 축소, 미국산 쇠고기 수입 재개, 건강보험 약가 현행 유지, 자동차 배기가스 기준 적용 유예 등이다.

퍼주기 협상인 데다가 피해를 보는 다수 국민뿐 아니라 국회에까지 철저하게 협상 내용을 공개하지 않아 밀실야합이라는 비판을 피할 수 없었다. 거기에 더해 노무현 대통령은 미국의 무역촉진권한법안(TPA)*이 만료되는 2007년 7월 1일 이전인 2006년 말까지 한미FTA를 체결하겠다는 의지를 밝혔다. 한 번도 맺은 적 없어 생소한 자유무역협정을 퍼주기, 졸속협상으로 급하게 마무리하려 하는 것 아니냐는 의혹이 커졌다. 논란 속에 국회와 시민사회가 그 내용과 효과를 제대로 검증할 기회조차 없었다. 그 결과 입법권, 사법권, 행정권, 경제주권 등을 침해하는 여러 독소조항들도 손보지 못했다.

이에 한국의 시민사회와 민중진영뿐 아니라 각계가 절박하게 대응에 나서야 했다. 가장 먼저 영화인과 농민들이 중심이 돼 '스크린쿼터 사수 한미FTA 저지를 위한 범국민대책위원회(준)'(한미FTA범대위)를 2006년 2월 15일 발족했다. 이 자리에서 오종렬은 "그들(정부 행정관료들)의 세계화이자 (한미FTA는) 결국 나라를 팔아먹는 것"**이라고 목

---

* TPA는 2002년 8월에 제정된 법으로 의회의 사전 동의 없이 FTA를 추진할 수 있는 권한을 미 행정부에 위임한 한시적 법안이다. TPA가 만료되면 통상관련 의제에 대해 의회의 승인을 받게 돼 FTA협상 추진이 어려워진다. TPA 연장을 주장하는 공화당과 반대하는 민주당의 의견이 대립하고 있어 연장 여부가 불확실한 상황이었다.
** "한미FTA는 제2의 한일합방, 제2의 내선일체", 〈민중의소리〉, 2006.2.15.
http://www.vop.co.kr/A00000037643.html

소리 높였다. 그는 "국가발전전략을 보면 구한말 '일본의 선진문물을 받아들여야 한다, 개방만이 살길'이라고 주장했던 친일파들이 떠오른다."며 "너무나 닮아있는 그들만의 정부, 한미FTA는 제2의 한일합방, 제2의 내선일체"라고 주장했다.

한미FTA 범대위는 농민, 영화인, 시민사회단체들과 함께 광역 단위별로 한미FTA의 문제점을 알리는 간담회를 계속 했다. 종렬도 전국 곳곳을 함께 누볐다. 문경식 전남진보연대 상임대표는 "촛불이 확대될 때 오 의장님은 투쟁하는 현장에 빠지지 않으셨다. 사람이 모이는 곳, 투쟁하는 현장에는 늘 함께하셨다."고 떠올렸다.

협상이 한국과 미국을 오가며 진행되면서 투쟁도 한국과 미국을 오가며 벌어졌다. 2006년 6월, 오종렬이 단장이 되어 한미FTA 저지 투쟁단이 미국을 방문한다. 그 과정에서 한국 정부는 자국민인 원정투쟁단을 폭도로 몰아붙이는가 하면 미국 정부는 한국 원정투쟁단 노동자, 농민들에게 비자를 발급하지 않으며 방해했다. 그럼에도 50여명의 투쟁단은 '평화집회 평화시위'의 원칙 아래 삼보일배와 촛불시위, 국회 앞 집회까지 할 수 있는 모든 것을 다했다.

협상 마지막 날인 6월 9일 오후, 원정투쟁단 대표들은 미 무역대표부(USTR) 건물 안으로 들어가 한미FTA 협상 미국측 대표단을 만났다. 한국 노동단체와 강력한 연대를 하겠다고 밝힌 미국 노총 (AFL-CIO)의 주선으로 이루어진 만남이었다.

단장이던 오종렬은 면담을 마치고 나와 한미FTA 협상 전 한국이 미국에 내준 '4대 선결조건'이 이루어진 과정에 대한 질문에 미국측 협상 부대표가 했던 대답을 들려줬다. "그것은 한국 정부가 현명하게도 사전에 알아서 스스로 결정한 것이고, 우리는 한국 정부의 결정을 지지한다." 오종렬은 "이 말이 가슴에 못이 박혔다"며 "여러분도 잊지 말기를 바란다."고 단단히 당부했다. 종렬의 발언은 그 자리에 함께한 미국 동포들을 비롯한 많은 이들에게 깊은 울림을 주었다고 전해진다.

워싱턴 투쟁과 같은 원정투쟁은 2006년 9월 3차 협상이 열린 시애틀에서도, 2006년 12월 5차 협상이 열린 몬태나에서도 계속되었다. 몰아치는 개방의 압력 속에 주권을 지키려는 험난한 싸움은 멈추지 않았다. 4차 협상은 2006년 10월 23일부터 27일까지 제주도에서 있었다. 이 기간 동안 제주 지역의 노동자 농민뿐 아니라 전국에서 온 시민들이 협상 중단을 요구하는 투쟁에 함께했다. 10월 26일 한미FTA 저지 범국민본부(한미FTA범국본)가 주최한 범국민대회에는 1만 여명이 참여한 가운데 서귀포에서 열렸다. 그런데 경찰은 평화로운 집회 장소에 난입해 무대를 부수고, 앰프를 강탈하며 참가자들에게 폭력을 행사했다. 이날 경찰의 폭력 진압에 맞서 참가자들과 함께 싸웠던 오종렬은 4박 5일간 투쟁을 정리하는 기자회견에서 노동자, 농민, 시민들이 하나가 돼 투쟁한 의의를 밝혔다.

"58년 전의 4·3학살은 잔인무도한 경찰이 제주도민을 피로 진압했지만, 1만 명의 전투병력이 제주로 들어 온 오늘은 전국에서 민중투쟁단이 함께 들어와 민중의 생존을 하나로 모아냈습니다."

가면 갈수록 한미FTA의 폐해가 적나라하게 드러나면서 반대여론이 찬성여론을 크게 앞질렀다. 그런데도 한미FTA를 무리하게 강행하려는 노무현 정부를 향한 국민의 분노가 커졌고, 11월 22일 전국동시다발로 열린 총궐기에서 그 분노가 폭발했다. 전국광역도시별로 노동자, 농민, 빈민 수만 명씩 모인 집회가 열렸다. 10개가 넘는 광역도시에서 수만 명이 운집하는 집회가 열리니 경찰력이 이를 막아내기는 역부족이었다. 정광훈 의장의 말처럼 "총궐기 혁명 축제의 난장"이 되었다.

2006년 9월 발족한 한미FTA반대범국민서명운동본부는 노무현 대통령이 대선에서 획득한 득표수인 12014277보다 1개 더 많은 서명받기 도전에 나섰다. ⓒ 참여연대

광주에서는 이사 간 지 1년도 안 된 광역시청의 대형 유리창 40여 장이 와장창 깨지고 대전에서는 일제 때부터 있던 충남도청 향나무가 불에 탔다. 강원도청 현판이 뜯겨져 분실되기도 했다.

경찰력을 마비시켰던 이 집회로 수십 명이 구속되고 한미FTA범국본 박석운 집행위원장과 주제준 상황실장은 수배를 받는다. 오종렬도 구속 위험이 있었다. 그렇다고 숨지 않고 종렬은 "그대들은 나를 도구로 삼아라."라고 말하며 늘 광장으로 발걸음을 옮겼다.

한미FTA 타결이 얼마 안 남은 2007년 3월, 광화문 열린시민마당에서 오종렬을 비롯한 시민·사회단체 대표단은 단식농성에 돌입한다. 바람막이 하나 없는 맨바닥에 장판을 깔고 단식을 이어가던 8일째 되는 날 집회에서 오종렬은 발언한다. 팔일 동안 굶고 있다는 사실이 믿기지 않는 힘찬 목소리였다.

"밀실야합으로 협정이 체결된다면 정부는 민중항쟁과 민중봉기의 위기를 맞게 될 것입니다. 10여명으로 시작한 단식농성단이 1주일 만에 100여명으로 늘었습니다. 이제 곧 100명이 1000명이 되고 1만 명이 될 것입니다. 민중들이 일어서면 반드시 FTA는 막을 수 있습니다."

목소리는 흔들림 없었지만 가슴속엔 절박함이 넘쳐났다. 종렬이 일흔이 가까운 나이에 단식까지 하면서 막으려고 했던 한미FTA는 국민의 반대에도 2007년 4월 2일, 결국 타결된다. 타결 전날인 4월 1일, 협상장인 서울 하얏트 호텔 정문 부근에서 시민 허세욱이 분신

한미FTA저지를 요구하며 10일째 광화문 열린시민공원에서 노숙단식농성을 진행중인 오종렬 ⓒ 통일뉴스

2007년 1월 16일, 한미FTA저지 범국민대회에 참석한 모습

허세욱 열사의 49제
ⓒ 송양현 / 당당뉴스

허세욱 열사 분향소에
함께 한 오종렬과
고 정광훈 의장.

까지 했지만 타결을 막지는 못했다. 그로부터 세 달 뒤인 7월 4일, 오종렬과 정광훈은 한미FTA 협상 저지 시위를 주도했다는 이유로 구속되기에 이른다. 집행위원장이던 박석운이 구속 배경을 설명했다.

"나랑 주제준이 민주노총 건물로 피신해 수배 생활을 하고 있으니 잡으러 들어올 수는 없는데 민중생존권 투쟁은 계속 되니까 투쟁을 중단시키려고 두 의장님을 잡아갔던 겁니다."

당시 70세였던 오종렬은 구속 뒤 건강이 나빠졌다. 구속 한 달여 만에 〈민중의 소리〉 기자와 인터뷰*를 했는데 얼굴이 눈에 띌 만큼 수척한 상태로 기자를 맞았다.

"오랜 금식으로 위장이 안 좋아져 한 끼에 세 숟가락밖에 못 먹고 이것도 100번 이상 씹어 소화를 시키고 있다. 게다가 관절이 좋지 않아 무릎이 시려 열대야 속에서도 무릎을 내의로 칭칭 동여매고 잠을 청해야 할 정도로 건강상태가 좋지 않다."고 몸 상태를 전한 종렬은 그러면서도 "구치소 안에서 운동을 열심히 하고 있어 몸이 많이 좋아졌다."며 애써 태연한 척 했다.

밖에서는 두 의장을 빼내기 위해 다각도로 물밑 접촉을 진행했다고 박석운이 그때를 떠올렸다.

"두 분 다 나이가 일흔이 다 된 데에다 건강도 안 좋으셔서 추석은 가족과 보낼 수 있게 해달라고 보석을 신청하고 석방을 위해 애를 많이 썼습니다."

그 노력이 얼마 뒤 결실을 맺었다.

---

* "구동존이는 대동단결의 전략적 구호", 〈민중의소리〉, 2007. 8. 29
  http://www.vop.co.kr/A00000085212.html

41
한국진보연대 출범과 전국연합의 해산

2005년, 2006년 거대한 대중 투쟁을 거치며 민족민주전선의 토대가 마련됐다. 그 토대를 바탕으로 전국민중연대 대표자회의는 조직발전 논의 끝에 2006년 10월, '진보진영 상설연대체'를 건설하기로 결정하고 명칭을 '한국진보연대'로 확정한다. 민주노총 조준호 위원장, 전농 문경식 의장, 전빈련 김흥현 의장, 민주노동당 문성현 대표, 전국여성연대 윤금순 대표, 민중연대 정광훈 상임대표, 전국연합 오종렬 상임의장, 통일연대 한상렬 상임대표를 공동준비위원장으로 선임하고, 각 단위 사무총장을 공동운영위원장으로 하기로 합의하면서 출범 준비에 들어간다.

출범식 예정일은 2007년 9월 16일. 상임공동대표로 내정된 오종렬과 정광훈이 한미FTA 저지 투쟁으로 구속된 상태였다. 게다가 상임집행위원장 박석운과 사무처장 주제준은 수배가 떨어진 상황이어서 출범식을 할 수 있을지 불투명했다.

하지만 시민사회진영의 많은 이들이 오종렬·정광훈의 석방을 요구하고, 국제사면위원회(앰네스티 인터내셔널)까지 두 대표를 양심수로 선정해 한국 정부에 즉각 석방 압력을 가하면서 가능성이 열렸다. 여기저기서 보낸 압박 덕분에 출범식 이틀을 앞두고 오종렬, 정광훈이 보석으로 석방된다. 극적으로 한국진보연대 출범식에 참가하게 된 오종렬은 정광훈과 함께 무대에 올라 "느닷없이 끌려갔다가 느닷없이 나와서 죄송합니다."*라는 말로 인사말을 시작했다.

"동지들의 깃발, 신발, 심장이 되기 위해 서울구치소에서 이틀에 한 번씩 팔굽혀펴기를 120개씩하고 날마다 운동장을 100바퀴씩 달려 발바닥에 새로운 발굽이 생겼습니다. 운동을 많이 해 이제는 여러분과 천리만리 뛰어다닐 수 있습니다.

한국진보연대 깃발 아래 자주통일, 민중해방으로 우렁차게 떨쳐나서 비정규직 철폐 투쟁, 농업회생 투쟁, 빈민 투쟁, 청년학생 투쟁, 여성해방 평등 투쟁을 열어갑시다. 민중이 주체가 되어 자주적 민주정부를 수립하고 조국통일을 완수해 민중에게 권리가 돌아가는 것이 민중승리입니다. 저도 진보진영의 총단결과 민중승리를 위해 신명과 생명을 다 바치겠습니다."

마이크를 넘겨받은 정광훈도 "제주도, 해남, 창원 등 전국에서 올라와 남한사회 변혁운동의 주체가 될 여러분들이 여의도에서 축제를 벌이고 있어 기분이 좋다."고 즐거워하면서 "이제 한국진보연대 본조직이 출범했으므로 오늘부터는 옛날 생각을 버리고 탄력성 있고 스피드하게 움직여 한국변혁운동의 중심이 되자."며 출범식 참가자들에게 당부의 말을 전했다.

이날 출범식에는 빈틈없는 감시망을 뚫고 10개월 째 수배중인 박석운 집행위원장과 주제준 사무처장이 본행사와 사전행사 사회를 맡아 참가자들을 놀라게 하기도 했다.

---

* "석방된 대표들, 수배중인 집행부들", 〈민중의소리〉, 2007.9.16.
http://www.vop.co.kr/A00000087084.html

한국진보연대 출범식에 극적으로 참석한 오종렬과 고 정광훈 의장. ⓒ통일뉴스

이날 세상에 선포된 한국진보연대 출범선언문은 다음과 같다.

진보진영 총단결로 민중승리의 새시대를 열어나갈 한국진보연대(준) 출범을 선언한다! 오늘 우리는 한국 진보운동진영의 총단결과 굳건한 연대투쟁으로, 새로운 사회를 향한 민중승리의 대장정을 시작한다.
우리 사회의 주인인 노동자, 농민, 도시빈민, 청년학생, 여성, 진보적 지식인과 종교인을 비롯한 전체민중은 민중이 주인 되는 사회 건설을 위한 불굴의 투쟁으로 우리 사회의 진보와 역사의 전진을 일구어 왔다. 오늘 우리는 단결과 투쟁으로 일구어온 항쟁과 승리의 위대한 민중의 역사를 받들어, 진보진영의 총단결로 민중승리의 새 시대를 열어나갈 한국진보연대(준) 출범을 선언한다.

앞서 〈민중의소리〉 기자와 함께 한 옥중 인터뷰에서 오종렬은 한국진보연대가 가야할 길은 '구동존이(求同存異)'라고 밝히며 한국진보연대 출범이 지니는 역사적 의미를 설명했다.

'한국진보연대 출범식 및 2007 대선승리를 위한 민중총궐기 선포대회'에서 발언하는 오종렬.

"여러 가지 견해차이가 있을 수 있고 이해관계로 갈등도 있을 수 있지만 민중이 주체가 되는 자주 민주 정부를 세우려고 하면 자그마한 차이를 접고 크게 하나 되는 길로 나서지 않으면 절대 불가능합니다.

각 부문 또는 개인이나 단체가 자기의 문제에만 매여서 허덕이다 보면 우리가 살아야할 세상 즉, 제국주의와 사대주의에 짓눌린 세상, 가진 자에 의해 약자가 짓밟히는 세상, 생산하는 노동자와 농민이 수탈당하는 세상, 장애인이 보호받지 못하는 세상의 질곡을 깰 수 없습니다. 이들이 전부 힘을 합친다는 데에 한국진보연대의 의의가 있습니다.

과거에 4·19혁명을 성공했지만 다시 쓰러졌고, 87년 민중대항쟁에서 부분적인 승리를 했지만 많이 뺏겨버린 것은 진보진영이 준비되지 않았기 때문이었습니다. 조직된 민중만이 거대한 전선 속에 정치세력(정당)을 품고 크게 하나 되어 전진할 수 있습니다.

아무쪼록 아무리 어려운 일이 있더라도 구동존이 해야 합니다. 같은 것을 구하고 서로 다른 것을 잠시 접어 둔다는 구동존이야 말로 대동단결의 전략적 구호입니다."

한국진보연대가 출범하면서 민주주의민족통일전국연합은 2008년 2월, 창립 17년 만에 해산한다. 민주주의민족통일전국연합 마지막 대의원대회가 열린 2월 22일, 상임의장 오종렬은 마지막 대회사*를 한다.

"자주, 민주, 통일의 기치를 들고 해방 이후 가장 크게 일어선 전국연합이 드디어 새로운 도약대에 올라섰습니다. 전국연합의 지난한 활동을 통해 '대중투쟁의 구심'으로 한국진보연대가, '정치적 대표체'로 민주노동당이 우뚝 서게 되었습니다.
돌아보건대 17년 세월, 기나긴 그 고난의 장정, 돌부리 가시덤불 비바람 눈보라를 모두 헤치고 달려오신 동지들, 이제 한국진보연대와 민주노동당을 강화합시다!"

---

* 이광길, "전국연합, 창립 17년 만에 해산", 〈통일뉴스〉, 2008.2.23,
  http://www.tongilnews.com/news/articleView.html?idxno=76887

42
광우병 투쟁과
네 번째 감옥살이

2007년 12월 대선에서 이명박이 대통령에 당선된다. 당시 여당인 민주당의 정동영 후보를 무려 530만표 이상 차이로 꺾은 압승이었다. 다음해 4월에 치른 18대 총선에서도 이명박이 당 대표로 있는 한나라당이 153석, 박근혜를 따르는 친박연대가 14석, 자유선진당이 18석을 가져가 보수진영이 개헌선을 넘는 의석을 차지한다. 반면 야당인 민주당은 81석에 그쳤고, 진보정당인 민주노동당도 4년 전 17대 의회 10석에서 5석으로 줄었다.

2008년 2월 25일 취임한 이명박 대통령은 취임 두 달도 안 된 4월 15일 미국으로 첫 해외순방길에 올랐다. 이 대통령은 조지 부시 미 대통령과 만난 자리에서 한미FTA를 미 의회에서 빨리 비준할 것을 요청했다. 대신 미국의 숙원이던 미국산 쇠고기의 수입조건을 대폭 완화하겠다고 약속한다. 30개월 연령 이상 쇠고기는 물론 소 내장 등 광우병 위험 특정위험물질(SRM)도 제한 없이 수입하기로 한 것이다. 4월 19일 한미 쇠고기 2차 협상이 타결된다.

이 소식을 전해들은 우리 국민은 바로 반발했다. 5월 2일, 청소년들이 먼저 항의하는 촛불 집회를 시작했다. 점점 일반 시민들이 가세하면서 촛불집회는 대규모로 확대되었다. 주말마다 촛불집회가 이어졌고, 6월 10일 '6월 민주항쟁 계승기념일'에 열린 서울 도심 촛불집회에는 100만 인파가 운집하면서 그 절정에 달했다. 이날 서울의 광화문-안국동-종로3가-종로2가-종각이 모두 사람으로 덮였다. 이 열기는 8월 15일까지 세 달 넘게 지속됐다.

이명박 대통령이 직접 두 번이나 대국민 사과 담화를 발표했지만 성난 민심을 잠재우긴 힘들었다. 결국 이명박 정부는 국민의 강력한 요구에 밀려 미국과 재협상을 진행했다. 그 결과 미국산 쇠고기 수입은 30개월 연령 이하로 제한되고 광우병 위험 특정위험물질(SRM)의 수입도 금지되었다.

종렬은 실무를 지원하는 광우병 국민대책회의 실무진에게 문화제는 철저히 문화제답게 준비하라고 여러 번 당부했다. 당시 광우병 국민대책회의 정책팀장을 맡았던 주제준 한국진보연대 진보위원장이 말한다.

"야간 집회를 할 수 없을 때여서 촛불집회를 하면 집회를 주최한 사람들이 처벌받게 돼 있었습니다. 그래서 집회 신고를 하지 않아도 될 촛불문화제로 촛불집회를 이어갔습니다. 오종렬 의장님은 철저히 문화제답게 하라고 내내 말씀하셨죠. 탄압을 받지 않게 하는 것이 대중이 참여할 수 있는 폭을 넓히는 거라면서요. 그래야 큰 투쟁으로 확산될 거라고 말씀하셨고 실제로도 그렇게 움직이셨습니다."

오종렬은 촛불 과정에서 마이크를 거의 잡지 않았다. 그렇다고 촛불집회에 빠진 적도 없었다. 자발적인 시민들의 촛불을 지원한다는 의지의 표현이었다. 100일 동안 이어진 촛불집회에서 오종렬은 두 번 정도 발언했다. 첫 번째는 촛불이 막 타올랐던 5월 초였다.

"이명박 정부가 광우병 쇠고기를 아무런 제한 없이 수입한다고 해 우리는 걱정돼 죽겠는데 정부는 안전하다고만 합니다. 정말 미치겠습니다. 4월 19일 우리 정부가 미국과 쇠고기 협상을 타결한 날 20개월 미만의 소만 수입하는 일본에서는 뼛조각이 발견되자 검역 중단도 아닌 수입 중단을 내렸습니다. 그런데 우리 정부는 일본과 달리 굴욕적인 협상을 했습니다. 정부의 협박에 굴한다면 계속 짓밟혀야 하고 광우병 쇠고기를 먹어야 합니다. 더 많은 사람들이 나서 촛불문화제를 성사합시다!"

종렬은 광우병 촛불에 대한 정부의 탄압을 걱정하며 탄압에 대한 대응은 폭력적인 방식의 시위가 아니라 많은 사람들이 모이는 것이라고 강조했다. 경찰의 폭력 유도작전에 말려 시위도 똑같이 폭력적으로 변하면 대중의 참여도가 급격히 떨어질 거라고 걱정했다. 6월 10일 100만 집회를 앞두고는 6월 7일부터 72시간 릴레이 촛불 대행진과 농성을 제안하고 몸소 앞장서기도 했다.

서울시청앞 촛불문화제에서 호소문을 낭독하고 있는 오종렬 상임대표. ⓒ 통일뉴스

종렬의 판단은 정확했다. 7월을 넘어서며 촛불 대오에서 청와대로 가자며 폭력을 선동하는 사람들이 생겨났고 이들은 광우병 국민대책회의를 비난했다. 나중에 확인된 일이지만 폭력을 선동한 이들 중 어느 누구도 처벌받지 않았다.

당시 한국진보연대 상임운영위원장이던 박석운은 광우병 국민대책회의를 대하던 운동 진영의 처지를 설명했다.

"운동권이 앞장서는 모습은 맞지 않다고 해서 운동 진영은 상당히 몸을 사렸습니다. 왜냐하면 시민사회단체가 먼저 시작한 게 아니라 청소년, 네티즌이 먼저 시작하고 우리는 뒤따라갔던 거니까요. 그래서 공동대표단 같은 지도부도 안 만들고 상황실만 꾸렸었죠. 오종렬, 정광훈, 한상렬 대표님들도 단상에 올라가 연설한 적이 없어요. 딱 한 번, 공공노조 조합원 한 분이 분신하셨을 때 어르신들이 올라가서 '제발 살아서 싸우자'고 호소하신 적이 있지요."

정부를 위협할 정도로 촛불 집회가 계속되자 이명박 정부는 촛불의 배후로 한국진보연대를 지목했다. 여당인 한나라당의 홍준표 원내대표가 6월 27일 원내대책회의에서 "촛불집회가 반미 정치투쟁으로 변질되고 있다."*고 비난하며 "쇠고기 촛불집회를 주도하고 있는 핵심 세력이 골수 반미단체"라며 처음 진보연대를 거론한 뒤로 조선·동아·중앙일보가 한국진보연대를 공격하는 기사를 연일 써냈다. 이런 기사에서 빠짐없이 언급된 이가 바로 오종렬이었다.

---

* 황재훈, "홍준표 '촛불집회 핵심세력은 골수 반미단체'", 〈연합뉴스〉, 2008.6.27. https://www.yna.co.kr/view/MYH20080627001100355

검찰이 한국진보연대(공동대표 오종렬·한상렬·정광훈)를 미국산 쇠고기 수입 반대 불법 집회를 주도한 단체로 지목했다. … 검찰은 진보연대가 국민대책회의의 결성과 활동을 주도했다는 판단의 근거로 ▶박석운 진보연대 상임운영위원장이 5월 6일의 대책회의 첫 회의에서 사회를 맡았고 ▶5월 30일 운영위원회에서 진보연대 정책부위원장인 주제준 대책회의 정책팀장이 '행진 등이 포함된 국민행동계획'을 제안했다는 점을 들었다. 또 ▶박석운 위원장이 대책회의 운영위원회 소집을 책임지고 한용진 진보연대 대외협력위원장이 대책회의 공동상황실장을 맡아 상황실 상근자 12명 중 6명을 진보연대에서 파견했다는 것이다.*

기다렸다는 듯이 이명박 정부는 광우병 국민대책회의 간부들에게 수배령을 내렸다. 오종렬을 비롯해 한상렬, 박석운, 한용진, 주제준, 황순

2008년 6월 30일, '한국진보연대'에 대한 압수수색 규탄 기자회견 ⓒ 통일뉴스

* 이상언, "진보연대가 불법집회 배후", 〈중앙일보〉, 2008.7.22,
  https://www.joongang.co.kr/article/3233248#home

2008년, 수배 중
인터뷰하는 모습
ⓒ민중의소리

원, 김기완, 김동규 등을 포함, 한국진보연대 중앙간부 중 과반 이상이 수배되거나 구속되었다.

수배령이 내려진 직후, 한국진보연대 상임공동대표이던 오종렬과 사무처장이던 주제준은 한국진보연대 사무실로 잠입한다. 종렬은 2006년 한미FTA 건으로 구속돼 보석으로 풀려난 상태에서 수배령이 내려졌던 터라 다시 구속되면 긴 감옥살이를 각오해야 했다.

  멀지 않아 맞을 짧지 않는 수감을 예감하며 종렬은 수배 시작과 함께 한 가지 일을 시작했다. 바로 한국진보연대 후원 회원들을 조직하는 것이었다. 민주노총과 같은 건물 안에 있던 한국진보연대 사무실은 저녁이면 종렬을 따르는 사람들로 북적였다. 매일 적게는 5명, 많게는 50명씩 찾아와 간담회를 하고, 모두 같이 사진을 찍었다. 사진 찍기 전, 종렬은 당연한 의식처럼 간담회 참가자들에게 한국진보연대 회원가입을 권했다. 참가자들도 자연스럽게 후원회원 카드를 작성한 뒤 들고서 사진을 찍었다.

8월에 시작한 간담회는 11월 초순까지 3개월간 1000여명의 한국진보연대 후원회원 모집이라는 결실을 맺었다. 종렬에게 수배는 위기가 아닌 한국진보연대 확산의 또 다른 기회에 지나지 않았다. 이는 한국진보연대의 물적 토대를 구축하는 과정이기도 했다.

후원회원을 조직하기는 했지만 사무실에 갇혀 지낼 수만은 없었다. 오종렬과 주제준은 수배라는 위험을 무릅쓰고 현장순회를 떠난다. 경기 수원에서 활동가들을 만나고 충남으로 옮겼다. 다시 인천, 전주를 거쳐 서울로 돌아와 전농에서 간담회를 하는 도중 경찰에 연행된다. 2008년 11월 중순이었다. 다시 수감생활이 시작됐고, 오종렬과 주제준은 2009년 설 직전 보석으로 석방된다. 종렬의 건강이 걱정되는 상황이었기에 한국진보연대 간부들은 재판관에게 오종렬 의장이 한국진보연대 1기 임기가 끝나면 상임의장직에서 물러날 거라고 약속한 끝에 보석을 받을 수 있었다. 석방과 함께 종렬은 새로운 인생 경로를 찾아야 했다.

43
전선 일선에서 물러나다

한국진보연대 2기 출범식이 2009년 3월 22일 경기도 의정부시 종합체육관에서 열렸다. 2000여명이 체육관을 가득 채운 가운데 광우병 촛불 이후 정부 탄압에도 흔들림 없는 위용을 뽐냈다.

한국진보연대 2기 상임고문단. 왼쪽부터 오종렬. 정광훈. 한상렬 상임고문. ⓒ통일뉴스

이날 출범식에서 그동안 진보연대 1기를 이끌어왔던 오종렬, 정광훈, 한상렬 상임공동대표는 상임고문으로 추대된다. 이들은 함께 "민중 속으로 다시 들어가겠다."고 밝혔고, 참가자들은 기립박수로 뜨거운 환호를 보내는 한편 서운한 마음을 표하기도 했다. 종렬은 상임고문으로 물러나면서도 "민주노총이 한국진보연대의 주인으로 우뚝 설 것을 믿

어 의심치 않는다."는 말을 전하며 민주노총이 한국진보연대에 가입할 것을 당부하기도 했다.

종렬이 한국진보연대 상임공동대표를 내려놓고 상임고문을 맡은 뒤에는 통일광장 대표 권낙기 등 진보진영 원로들의 간곡한 호소가 있었다. 권낙기는 "칠순이 넘은 오종렬 의장님이 투쟁 사안이 있을 때마다 노숙농성도 모자라 단식을 이어가고 수배와 구속이 계속 되다 보니 건강이 너무 안 좋으셨다. 어떻게든 설득해야겠다고 생각했다."며 당시를 회상했다.

권낙기는 한국진보연대 공동집행위원장이던 박석운, 한충목과 함께 감옥에 있던 오종렬을 찾아가 단도직입으로 말했다.

"박석운, 한충목도 벌써 육십이 넘었습니다. 의장님, 우리 후배들 갈 길을 막아서지 맙시다."

박석운이 당시 상황을 덧붙여 설명했다.

"오종렬 의장님께서 한미FTA와 광우병 쇠고기 투쟁 때문에 2007년, 2008년 연달아 감옥에 갔다 오셨잖아요. 집행유예다 보석이다 해서 '외상값'이 달려있어 걱정되니까 후배들이 이제 저한테 집행위원장이나 운영위원장은 그만 졸업하고 대표 하라고 했던 겁니다.(웃음)"

한국진보연대 2기 출범에 앞서 박석운과 한충목은 소속단체 대표들(강기갑 민주노동당 대표, 한도숙 전농 의장, 이필두 전빈련 공동의장, 이강실 전국여성연대 상임대표, 이규재 범민련 남측본부 의장, 21세기 한국대학생연합 의장)과 함께 공동대표로 인선됐다.

후배들에게 길을 터주고 십수 년 동안 싸우던 최전선에서 물러난 오종렬은 가슴 한편에 바람이 지나가는 듯한 허전함을 느꼈지만 상임

2009년 3월 22일 오후, 경기도 의정부 실내 체육관에서 한국진보연대 2기 출범대회가 열렸다. ⓒ통일뉴스

고문으로서 할 역할을 찾아 나섰다.

이명박 정권은 법인세 인하 등 친 대기업 일변도 경제정책을 펼쳤다. 부동산 투기를 조장하는 뉴타운 사업을 무리하게 추진하다가 용산참사*를 낳기도 했다. 또한, 광우병 촛불집회를 거치며 확인된 민심 이반을 모르쇠하며 민심과는 반대로 권력집단의 사조직을 동원해 위법한 민간인 사찰을 자행했다. 또, 국가정보원 등을 동원해 여론조작 활동을 하며 적극적으로 여론을 통제한다. 공영방송인 KBS와 MBC 사장을 친정부 인사로 교체하면서 방송사도 장악한다. 촛불 민심에 밀려 포기하겠다고 밝혔던 대운하 계획을 '4대강 살리기 사업'으로 이름만 바꿔 추진하기까지 했다.

---

* 2009년 1월 20일 서울 용산역 건너편 재개발지역내에 소재한 '남일당' 건물 옥상에 망루를 짓고 올라가 강제철거를 반대하며 농성 중이던 철거민들을 강제진압하는 과정에서, 대형화재가 발생해 철거민 5명과 경찰특공대원 1명이 사망한 참사다.

43. 전선 일선에서 물러나다

게다가 이전 민주개혁 정권 10년 동안 진전됐던 한반도 평화를 위한 남북대화 분위기도 사라졌다. 특히 2010년 3월 26일 발생한 대한민국 해군 초계함인 천안함 침몰 사건에 대해 제기된 여러 의혹을 해소하지 않은 채 지방선거운동 개시일인 5월 20일에 북의 소행으로 발표하면서 남북관계는 더 냉각된다. 북은 자신들이 한 일이 아님을 일관되게 주장해온 터였다. 그런 상황에서 지방선거가 한창인 5월 24일, 이명박 대통령이 전쟁기념관에서 북에 대한 경제봉쇄는 물론 군사적 조치까지 포함한 이른바 '5·24조치'를 발표하면서 남북 관계는 돌이킬 수 없는 상황에 이른다.

이명박 정부의 폭주가 계속되자 그에 맞선 야권과 시민사회의 연대도 강화됐다. 특히 2010년 6월에 치러진 제5회 지방선거에서 시민사회의 '통합-연대' 주문에 정치권은 적극 화답했다. 먼저 시민사회에서는 지방선거 연대를 위한 조직으로 희망과 대안, 2010연대, 시민주권모임, 민주통합시민행동 등이 만들어져 야당이 공동대응을 모색하길 호소했다. 이에 민주당, 민주노동당, 진보신당, 창조한국당, 국민참여당 등 야 5당이 화답했다. 이렇게 '5+4' 논의기구 결성되었다. 한국진보연대는 당시 민주노동당, 민주노총 등과 협의를 거쳐 2010연대를 구성, 시민사회와 정당의 야권연대를 추동해 나갔다.

야당 5대표와 시민사회 원로가 공동대응 전략을 논의하는 '2010 희망을 위한 시민사회원로-야5당 대표 간담회'가 2010년 1월 12일 열렸다. 이 자리에 함께 한 오종렬은 "연대연합하지 못하고 각개격파 당하여 국민과 역사로부터 버림받는 어리석음을 저지르지 말자."며 "범민주대단결과 범진보대단결은 상호대립 상극하는 것이 아니라 상호보완 상생하는 것"*임을 강조했다.

가치의 연대를 바탕으로 야권연대는 실현됐고, 선거는 야권의 압도적 승리로 마감되었다. 민주당은 이전 2006년 지자체 선거에선 광역단체장을 단 3석만 얻었지만, 2010년 선거 결과 7석으로 늘었다. 집권 여당인 한나라당은 12석에서 6석으로 줄었다. 기초단체장 역시 민주당은 53석이 늘고, 한나라당은 73석 줄었다. 광역의원과 기초의원도 민주당은 각각 228석과 119석이 늘었다. 반면 한나라당은 269석, 374석이나 줄었다. 한나라당의 참패였다.

민주노동당은 처음으로 세 지역에서 기초단체장을 배출했고, 광역의원도 9석이 늘어 24석을 차지했다. 기초의원도 49석 늘어 115석을 얻었다. 교육감으로는 서울 곽노현, 광주 장휘국, 경기 김상곤, 전북 김승환, 전남 장만채 등 민주진보후보가 압도적으로 당선되었다.

---

* 이재진, "야5당-시민사회, 지방선거 공동대응 공식화", 〈민중의소리〉. 2010.1.12, http://www.vop.co.kr/A00000278425.html

44
영혼의 단짝을 잃다

오종렬과 정광훈은 떼려야 뗄 수 없는 관계였다. 두 사람이지만 한 몸처럼 움직인, 말 그대로 뜻을 같이한 동지였다. 두 사람은 1990년 3당 야합 이전엔 농민운동과 교육노동운동 현장에서 각각 따로 활동하다가 민족민주전선 건설 사업에 뛰어들면서 저절로 한 배를 타게 됐다. 한 살 차이인 오종렬과 정광훈은 20년 넘도록 함께 활동을 한 가운데 타향살이 중 꼬박 10년 이상은 숙식도 함께했다. 앞서거니 뒤서거니, 때로는 둘이서 나란히 감옥에 끌려가기도 하고 풍찬노숙도 함께했다.

둘은 방 한 칸 있는 작은 집에서 자취를 했다. 방은 추위를 많이 타는 정광훈이 썼고, 반대로 더위를 많이 타는 오종렬은 거실에서 잠을 청했다. 두 사람이 성격도 판이하고 생각도 많이 달랐다. 운동권식 분류에 따르면 오종렬은 NL, 정광훈은 PD 계열 출신이었다. 활동방식도 달라 오종렬은 항상 수행하는 이와 함께 다녔고, 정광훈은 라디오를 귀에 꽂은 채 터덜터덜 혼자 다니길 좋아했다. 연설 스타일도 달랐다. 오종렬이 강렬한 톤으로 기승전결이 분명한 대중을 사로잡는 연설을 했다면 정광훈은 내용을 녹여내어 대중의 뇌리에 탁탁 꽂혀 청중을 웃게 만드는 연설을 했다. 전혀 어울리지 않을 것 같은 두 사람이지만 20년 넘게 같이 활동하면서 단 한 번도 어긋난 적이 없었다. 서로의 강점과 약점을 돋보이고 보완해주는 역할을 해주는 동지이자 형, 동생으로 살았다.

전농 의장 시절 오종렬, 정광훈 숙소에서 5분 거리에 머물며 1주일에 한 번 이상 함께 식사를 하고 삶을 공유했던 문경식 전남진보연대 상임대표가 두 사람을 추억했다.

"같으면서도 다르고 다르면서도 같은 두 사람이 바로 오종렬, 정광훈 두 분이셨습니다. 오종렬 의장님은 대식가인데 정광훈 의장님은 소식가로 식성도 다를 정도로 둘이 안 맞을 것 같은데 서로 너무 존중해서 다투는 걸 본 적이 없습니다."

그렇게 한 몸처럼 살다가 정광훈이 한국진보연대 상임공동대표에서 물러나 서울에 올라온 지 12년 만에 고향 해남으로 돌아가면서 오종렬은 자취방에 혼자 남게 되었다.

진보연대 공동대표에서 물러나 고향으로 돌아오기 직전인 2010년 서울 농민대회에서 정광훈은 연설을 한다.

1999년 어느 날, 함께 집회에 참석한 당시 전국연합 의장 오종렬과 전농 의장이었던 고 정광훈 의장

"노동자가 죽어도 아무 관심이 없습니다. 농민이 죽어 자빠져도 아무 관심이 없습니다. 국민이 죽어가는 데도 아무 관심이 없습니다. 이게 나라입니까? 그러면 우리는 어떻게 할 것입니까? 한탄만 하고 있을 겁니까?

저는 이제 공식 석상에 서는 마지막 자리라고 생각하고 말하겠습니다. 우리나라에서는 그 말만 하면 때려죽일라고 하지만, 혁명을 해야 한다는 말, 변혁을 해야 한다는 말, 천지개벽을 해야 한다는 말, 다 같은 말입니다. 이제 우리 남한 민중들은 우리의 정부를 세워야 합니다. 그러기 위해서는 좋은 말로 해서 되는 것이 아닙니다. 변혁, 혁명을 통해서만이 민중권력을 장악할 수 있습니다.

오늘, 여기 오신 분들, 앞으로 함부로 두들겨 맞지 마십시오. 왜 우리가 맞습니까, 왜 우리가 죽니까? 오늘 투쟁하다가 두드려 맞는 사람 있으면 그 사람, 해고입니다."

광주 동구 금남로에서 전국에서 모인 조문객 1천여명이 지켜보는 가운데 고 정광훈 의장의 영결식이 진행됐다. ⓒ통일뉴스

이 연설은 정광훈이 대중 앞에서 한 마지막 연설이 되었다. 정광훈은 2011년 4월, 화순군수 보궐선거 민주노동당 후보 지원 유세를 한 뒤 해남으로 돌아오던 중 불의의 교통사고를 당해 세상과 작별한다. 72세, 아직 펼치지 못한 뜻이 많은 아까운 나이였다. 정치적 쌍둥이, 영혼의 단짝을 잃은 오종렬의 슬픔은 이루 말할 수 없었다.

고 정광훈 의장 영결식에서 추모사를 하는 오종렬

오종렬은 정광훈 의장 영결식에서 추모사를 하며 정광훈 의장과 자신이 정치적 쌍둥이인 까닭을 설명했다.

"자주와 평등은 동전의 양면입니다. 자주통일은 민중해방, 복지사회로 가는 결정적 관문이자 절대적 필요조건이지요. 자주통일 그 자체가 곧 복지사회는 아니지만 자주통일 없는 자리에 민생복지는 불가능하다는 인식은 정광훈 의장과 내가 한 치의 어긋남도 없이 화통하게 일치했기 때문입니다. 우리들의 한결같은 뜻은 '갑오에서 오월로, 오월에서 통일로!!'였습니다."

그러면서 그는 정광훈 의장이 늘 강조한 "어떤 지역, 어떤 계급, 어떤 부문 운동단체든 '전선'으로 모이지 않고 뿔뿔이 흩어져 개폼 잡고 '달밤에 유난체조'나 하고 자빠졌으면 무엇 하나 이룰 수 없다."는 평생 주장을 재확인했다고 말했다.

눈물 가득한 눈으로 오종렬은 정광훈이 집회에서 자주 외치던 구호를 다시 외치며 추모사를 마쳤다.

"총 든 자본주의, 제국주의 몰아내고 통일세상, 대동세상 이루어서 향기롭고 맛나게 자손만대 살아보자!"

"Down Down WTO! Down Down FTA! Down Down USA!"

정광훈을 광주 망월동 민족민주열사묘역에 앉힐 때까지 오종렬의 슬픔은 이어졌다. 봉분이 다 만들어진 뒤에 무덤 앞에서 종렬은 정광훈 의장이 먼저 간 열사들에게 자주 하던 이야기를 전했다.

"지하에 가셨으니 이웃 열사들과 지하조직 잘하여 해방세상 이루시라."

참지 못한 눈물이 서글피 흘러내렸다.

45
통합진보당의
분당을 맞아

2012년 4월 19대 총선 이후 통합진보당은 당내 큰 혼란을 겪는다. 민주노동당, 국민참여당, 진보신당 탈당파 들이 통합하며 치러진 선거에서 당내 부정 선거 시비가 벌어졌다. 3개 세력의 통합에도 성에 차지 않던 비례 경선 결과는 결국 통합진보당을 분열로 몰아세웠다. 오종렬이 평생의 사상으로 여겨왔던 자주민주통일 노선이 공개적으로 부정되고, 문제를 수습하고 당을 지키려는 움직임보다는 또다시 당을 분열로 끌고 가려는 흐름이 주를 이루었다. 통합진보당은 비상대책위원회(위원장 강기갑)를 출범시키고 새로나기 보고서를 작성, 발표한다.

'새로나기 보고서'는 핵심 과제로 통합진보당을 '대중적 진보정당'으로 전환할 것을 제시한다. 그러면서 대명제로 '진보적 가치의 혁신과 새로운 비전', '낡은 정파질서의 종식', '소통의 활성화', '운동권 정당의 행태 종식'을 내걸며, 핵심 쟁점으로 '북한 인권', '권력세습', '북핵 문제'를 내세웠다. 통합진보당이 대중적 진보정당이 되기 위해서는 '국민 정서'와 동떨어진 강령을 손봐야 한다는 뜻이었다. 구체적으로 '정전협정을 평화협정으로 대체하고, 주한미군을 철수하고 종속적 한-미동맹 체제를 해체해 동북아 다자평화협력 체제로 전환한다.'는 통합진보당 강령이 당장의 한-미 동맹 해체로 오해받고 있는 것에 대한 재검토가 필요하다고 언급했다.

오종렬은 새로나기 보고서에 큰 문제의식을 느꼈다. 2012년 6월 〈민중의소리〉와 한 인터뷰*에서 그는 "(통합진보당 새로나기 보고서를 보고) 질겁했고 격분했다."며 "북핵, 후계구도, 인권 등에 관해 우리가 일관되게 지켜왔던 상생과 통일구조에서 일탈을 넘어 역행하는 듯한 조짐을 봤다. 종북몰이에 이용되거나 아니면 종북몰이를 이용해서 오히려 이익을 보는 상황까지 발전할 가능성이 있지 않은가 우려했다."고 말했다.

그러면서 진보운동의 단결을 바라보는 그의 의견도 제시했다.

"단결에 있어 무조건 힘을 합쳐야 한다는 정서는 맞다. 그러나 함께 가기 위해서는 기준이 있어야 한다. 내가 말하는 기준은 수천 년 내려온 사대주의, 식민지 근성을 버려야 한다는 것이다. 나라가 나라답게, 민족이 민족답게 자기운명의 주인이 되는 자주권을 핵심으로 해야 한다. 또 부시도, 수하르토도, 박정희도 너나없이 '민주주의'를 말했다. 생산하는 사람들, 권리를 빼앗긴 사람들의 평등권이 보장되는 민주주의여야지 허울만 민주주의는 안 된다.

민생복지 말하는데 분단 현실, 남들이 분단시켜 민족이 전쟁 일보직전까지 가서 눈 부라리는 상황에서 어떻게 복지와 민생이 되겠는가. 순 거짓말이고 사기다. 이런 기준에 동의하는 사람과 단결해야 한다. 그러나 동의하지 않는 사람에게도 접근해야 한다. 선 긋고 내쳐서는 안 된다."

당시 통합진보당에 대한 주요 공격 주제였던 '패권'에 대한 견해도 전했다.

---

* 고희철, "오종렬 '진보당 우경화에 질겁하고 격분했다'", 〈민중의소리〉, 2012.6.24.

"자주민주통일에 동의하면서도 내 수준에 이르지 않다고 해서 내치거나 소외시킨다거나 일할 수 있는 지위역할을 독점하는 것은 패권이다. 정치사상적 순혈주의나 선민주의는 스스로 자긍심이 될 수는 있으나 남에게 들이미는 순간부터 패악질이 된다.

세력이 강하고 입장이 우세할 때 스스로 패권을 경계해야 한다. 지금 진보신당계도 과거 (민주노동당에서) 다수일 때 엄청난 패권을 부렸다. 이렇게 말하는 나 스스로도 패권 없다고 할 수 없다. 대중에게 패권으로 규정되면 일을 할 수가 없다. 이런 요소를 단호하게 척결해야 한다. 외부의 작용 아닌 스스로의 검증과 비판에 의해서 반드시 척결해야 한다."

오종렬은 고심 끝에 분당의 위기를 막기 위해서는 단결의 기치를 든 당대표를 세워야 한다는 생각에 이른다. 적임자는 강병기 전 경상남도 정무부지사였다. 통합진보당 당대표 선거 후보 마감을 앞두고 평소 신임하던 강병기를 부른다.

통합진보당 마지막 당대표이자 이제 고인이 된 강병기가 생전에 당시를 회고했다.

"당 전체가 마주달리는 기관차와 같은 상황이 지속되었습니다. 양단의 사이에서 제 역할을 하는 정치세력이 없는 상황이 계속되는 가운데, 여러 곳에서 저에게 대표 후보 출마 제안이 들어왔고, 고심할 수밖에 없었습니다. 안 그래도 당이 양쪽으로 갈라진 마당에 경선에 뛰어든다면 단결보다는 분열의 과정이 될 가능성이 높았기 때문이었습니다.

게다가 앞서 대표 후보에 출마 선언을 한 사람이 경남지역 농민운동 선배였기 때문에 다소 곤란하기도 했습니다. 가까운 동지들도 출마를 만류하던 중이었는데 후보 등록을 삼일인가 앞두고 오종렬 의장님이 전화를 주셨어요. 빨리 광주로 오라고요. 평생 스승으로 모셨던 오

의장님은 저에게 단호하게 '자주민주통일운동의 단결에 몸을 던져야 할 때'라고 하셨습니다. 함께 단결이라는 역사적 책무에 '도구'가 되어야 한다고 말씀하셨습니다."

오종렬의 말에 당 대표 후보를 결단한 강병기는 이튿날 새벽 경선 후보 수락을 알리고 곧장 서울로 올라갔다. 하지만 어렵게 결심해 나갔던 선거는 강병기의 낙선으로 끝이 났고 결국 집단탈당이 이어졌다. 이후 재판 과정에서 제기됐던 부정선거 의혹이 사실이 아님이 밝혀졌지만, 통합진보당엔 '부정'이라는 낙인이 찍히고 통합진보당은 분당되기에 이른다. 그 가운데 강병기는 비대위원장으로 추대되어 당을 수습하는 역할을 해야 했다.

18대 대통령선거를 8일 앞둔 2012년 12월 11일, 이른바 '국정원 직원 댓글 사건'이 세상에 알려지기 시작한다. 당시 야당인 민주당은 비밀 정보기관인 국가정보원 직원이 인터넷 사이트에 야당 후보를 비방하는 댓글을 달고 있다고 주장하며 서울 강남구 역삼동의 한 오피스텔 사무실을 급습했다. 이 오피스텔은 국정원 심리전단 직원 김 모 씨의 숙소였고, 민주당은 경찰에 수사를 의뢰했다.

며칠 뒤인 12월 16일 밤 11시, 서울 경찰청 관계자는 사전예고도 없이 "국정원 직원의 PC와 노트북 등에서 대선 관련 댓글 흔적을 발견하지 못했다."며 '국정원 직원 댓글 사건'의 중간 수사 결과를 발표한다. 불과 대선 3일 전이고, 박근혜 후보가 그날 저녁에 있던 대선 TV토론을 답변도 제대로 못해 망친 직후였다. 3일 후 대선에서 박근혜 후보가 당선되었다.

대선은 끝났지만 의문은 사그라들지 않고 더욱 확대되어 갔다. 검찰은 국정원 심리전단의 인터넷 활동 규모 파악에 나섰고 핵심 증거로 국정원 직원들의 트위터 계정 716개와 대선에 개입한 것으로 보이는 27만 개의 트윗을 발견했다. 국군 사이버사령부도 연루돼 있었다는 점이 드러났다. 의혹이 눈덩이처럼 커진 가운데 한국진보연대, 참여연대 등 시민단체들은 국정원 시국회의를 구성, 촛불집회를 시작하며 철저한 진상규명과 책임자처벌을 요구했다. 촛불집회는 수만 명 규모로 확대되어 갔고 서울만이 아니라 전국으로 확산되었다.

2013년 8월 박근혜 대통령은 정국 수습책이라며 김기춘 전 법무장관을 신임 청와대 비서실장으로 임명했다. 그는 군사독재정권 시절 청와대와 국정원에서 오랫동안 근무한 경력이 있는 정치공작 전문가였다. 직후인 8월 28일 소위 통합진보당이 연루된 내란음모 조작사건을 발표하면서 국정원 대선개입을 규탄하는 촛불집회는 수백 명 규모로 축소된다. 김기춘 전 비서실장의 정치공작이 적중한 것이다. 이후 국정원 대선 개입 수사에 적극적이던 채동욱 검찰총장이 혼외 아들을 숨겨두고 있다는 사실을 들춰내 압박하여 검찰총장직에서 사직하게 만들었다.

부정선거 의혹은 사라지고, 국정원과 보수신문들의 종북몰이만 남았다. 박근혜 대통령은 모든 권력을 동원해 진실을 감추려 했다.

종북몰이는 이석기 전 통합진보당 의원의 내란음모 조작사건을 낳았다. 언론에 도배되다시피 한 '지하혁명조직'은 실체가 인정되지 않았고, 가장 핵심 공소사실인 '내란음모'는 무죄로 판단됐지만 이석기 전 의원은 9년형을 받고 옥에 갇혔다. 박근혜 정부는 여기서 멈추지 않고, 2013년 11월 헌법재판소에 통합진보당 정당해산까지 청구한다.

그러자 한국진보연대, 전국농민회총연맹 등 33개 시민사회단체는 '민주수호 통합진보당 강제해산 반대 범국민운동본부'를 출범하고 "통합진보당 강제해산을 반대하는데 뜻을 모아 민주주의를 지켜내자."고 국민에게 호소했다.

운동본부 출범 기자회견에서 오종렬은 "박근혜 정부는 자기 뜻대로 움직이지 않는다고 (천주교 전주대교구 박창신)신부를 '종북 신부'라고 칭하고, 통합진보당을 해산하려 한다."며 "이런 식이라면 이 땅에서 정의로운 사람, 민주주의를 지키자는 사람은 모두 종북으로 몰릴 판이다. 현 정부는 이승만 정권이 조봉암 진보당 대표를 사법 살인하고 진보당을 해산시킨 1년 뒤 4·19혁명으로 쫓겨난 것을 상기하라."고 경고했다.

이후로도 오종렬은 각계 원로들과 함께 '통합진보당 해산반대와 민주주의수호를 위한 원탁회의'를 제안해 진보정당 수호를 위해 앞장섰다. 오종렬은 2014년 6월 지방선거를 앞두고 열린 통합진보당 선대위 출범식에서 "민중의 행복, 민중의 해방을 말하면 '종북'이라 욕질하며 내치려 하고, 민중을 위한 민중에 의한 민중의 정당을 지향하는 진보정당을 내란음모로 몰아 해체하려 든다."며 하나의 공당을 해체하려는 정부의 태도에 분개했다.

오종렬은 헌법재판소가 통합진보당 해산 여부 결정을 앞둔 2014년 12월 19일 새벽, 자신의 블로그인 '오종렬의 대장간'에 아래와 같은 글을 남기기도 했다.

헌법재판소의 정의로운 결정을 기대한다.

<고백>

'나치'가 공산주의자들을 덮쳤을 때,
나는 침묵했다.
왜냐면 나는 공산주의자가 아니었기 때문이다.

다음에 그들이 사회민주당원들을 가두었을 때
나는 침묵했다.
나는 사회민주당원이 아니기 때문이었다.

다음에 그들이 노동조합원들을 덮쳤을 때
나는 아무 말도 하지 않았다.
나는 노동조합원이 아니었기 때문이다.

다음에 그들이 유대인들에게 왔을 때
나는 아무 말도 하지 않았다.
나는 유대인이 아니기 때문이었다.

그들이 나에게 닥쳤을 때는
나를 위해 말해 줄 그 누구도
남아 있지 않았다.

독일고백교회의 창설자이자 신학자요 목사인 마르틴 니묄러가 쓴 고백서의 한 대목이다. 정의와 인권을 사랑하는 수많은 지성들은 위에 적힌 "나치가 공산주의자들을 덮쳤을 때"를 잘 알고 있다.

그는 1차 대전 때 독일 잠수함의 지휘자였고, 한때 나치를 지지하기도 했다. 그러나 '목회자 긴급 동맹'을 결성하여 나치에 대한 저항운동을 주도하다 1937년 나치 비밀경찰에 체포되어 수용소에 수감되었다. 전쟁이 끝난 다음에 석방되어. 세계교회협의회(WCC) 의장을 역임, 평화운동가로서 군사동맹과 핵무기 경쟁 반대, 세계의 화해와 군축을 위해 싸웠다.

45. 통합진보당의 분당을 맞아

오늘, 헌법재판소는 오는 19일(금)에 통합진보당 해산 여부를 결정한다고 발표했다.

대한민국 헌법재판소 설립 이래 초유의 사건이다. 진보와 보수를 가리지 않고 실력 있는 법률가나 법학자들은 합법정당 해산결정은 있을 수도 없고 있어서는 안 되는 일이라고 한다. 그러나 쌍용자동차 해고노동자들이 제 자리에 돌아갈 수 있는 판결을 대법원이 뒤집고 자본의 손을 들어준 것을 보면 순리가 역리에 밀릴 것 같다.

대한민국 대법관과 헌법재판관들은 정상적인 법리와 많이 달라 보여 문제가 심각하다. 권력에 의한 합법정당 해산이라니! 역사적으로 히틀러의 나치가 그렇게 했고 이승만정권이 그러했으며, 박정희 소장의 5.16군사쿠데타가 그랬고, 전두환이 12.12, 5.17 군사반란을 통해 그런 짓을 했다. 그러나 민주화를 어느 정도 성취했다는 대한민국에서 박근혜정부가 합법정당 해산을 주도하여 이 지경에 이르렀다.

불길한 예측대로 진행되면 재앙은 통합진보당에 그치지 않게 된다. 자주독립국가 확립, 민생민주복지 향상, 평등평화통일 성취.... 이게 다 종북으로 몰리고 대한민국은 '1984년 빅 브라더'의 세상이 될 것이다. 사람들은 복종만 하는 기계, 일만 하는 개미 신세가 될 것이다. 정신 차리지 않으면 돌이킬 수 없는 일이 벌어지게 되었다.

믿기지 않거나 의심스러우면 히틀러에게 묻자. 근로대중의 권익보장과 남북의 평화교류를 주장했다고 간첩으로 몰아 사형하고 진보당을 해산한 이승만을 보자. 군사 쿠데타와 정당해산으로 민주의 싹을 잘라버린 박정희, 전두환을 다시 보자.

진보당을 좋아하거나 싫어해서도 아니고, 지지하거나 반대해서는 더더욱 아니다. 이건 대한민국의 정체성 문제요 운명에 관한 문제다.

나라와 내 가정의 안전을 생각하자. 자식들이 살아 갈 내일을 생각하자. 헌법재판관들의 정의롭고 당당한 판결을 간절한 마음으로 기대한다.

2012 통합진보당 총선승리 전진대회에 참석해 축사를 하는 모습

이런 노력에도 헌법재판소는 통합진보당 해산을 결정했다. 내란음모 조작사건에 대한 대법원 판결이 나오기 두 달 전이었는데도 말이다. 헌법재판소는 "통합진보당이 북한식 사회주의를 실현한다는 숨은 목적을 가지고 내란을 논의하는 회합을 개최하는 등 활동을 한 것은 헌법상 민주적 기본질서에 위배되고, 이러한 진보당의 실질적 해악을 끼치는 구체적 위험성을 제거하기 위해서는 정당해산 외에 다른 대안이 없다."고 밝혔다.

이에 통합진보당이 해산된 뒤에도 오종렬은 '통합진보당 강제해산에 따른 비상원탁회의'를 만들어 민주주의 회복을 외쳤다.

촛불 항쟁 이후 당시 양승태 대법원이 통합진보당 해산 사건을 자신들의 목적 달성을 위한 수단으로 사용한 증거도 드러났다. '대법원 사법행정권 남용 의혹 관련 특별조사단'의 조사에 따르면, 양승태 사법부가 박근혜 청와대와 협상할 사안이 담긴 문건에는 '내란음모 사건'과 '통합진보당 해산 사건' 등이 언급돼 있었다. 김기춘 전 청와대 비서실장이 2014년 당시 통합진보당 해산을 '2대 과제'로 삼고 법조계는 물론 국정 전체를 움직인 사실이 고 김영한 전 청와대 민정수석의 비망록에 드러나기도 했다. 양승태 사법부가 사실상 박근혜의 하수인이었다는 점이 드러난 것이다. 사법농단 혐의로 양승태 전 대법원장은 2019년 1월 구속된다.

2014년 연말 '교수신문'이 선정한 올해의 사자성어는 '지록위마(指鹿爲馬)'였다. 중국 옛 진나라 시절 실권을 장악한 환관 조고가 황제와 조정 신하들 앞에서 사슴을 말이라 우긴 뒤, 여기에 토를 단 사람들을 기억해 뒀다가 나중에 죄를 씌워 죽였다는 고사에서 유래한 말이다. 국정원 대선 개입, 내란음모조작사건, 세월호 참사 등 박근혜 정부가 국민을 속이는 모습을 비판하기 위해 등장한 '사자성어'였다.

46
생의 마지막에 쌓아올린
5·18민족통일학교

2014년 2월 오종렬은 한국진보연대 총회의장으로 선출됨과 동시에 투병생활을 시작했다. 병을 이겨내겠다는 의지는 강했으나 인생의 내리막이 가팔라지고 있음을 직감했다. 간경화와 급성 신부전증 진단을 받고 두 달 뒤부터 오종렬은 일생 역점 사업으로 꿈만 꾸던 5·18민족통일학교 건립 사업에 박차를 가하기 시작한다. 민주화운동 보상금과 사재를 털어 5·18묘역 근처인 전남 담양에 부지를 마련하고, 5·18민족통일학교 건립을 위한 벽돌쌓기 회원을 백방으로 모집했다. 벽돌쌓기를 통해 3억여 원에 이르는 재정도 마련했다.

　벽돌쌓기를 하는 과정에서 많은 이야기들이 남았다. 일부 대학생들은 설 명절을 앞두고 마트, 식당, 백화점, 택배 등에 단기 알바를 신청해 '5·18민족통일학교 건립 명절 특집 재정사업'을 벌였다. 명절에 고향집에 가는 것도 미룬 채 1주일 가까이 노동해 수백 만 원을 벽돌쌓기에 내놓았다. 강정구 교수는 '민족간부' 양성소가 될 5·18학교 건립 소식을 듣고 병가 중에도 시간을 내어 서울 후원의 밤에 찾아와 후원금을 전달했다. 당장 목돈이 없자 자녀들을 위해 한 푼 두 푼 모은 저축형 보험을 해지해 마련한 1천만 원을 현금으로 전달한 후원자도 있었다.

　전농 전북도연맹 박용환 부의장과 전 전여농 강다복 회장 부부의 아름다운 경쟁도 회자된다. 박용환 부의장이 강다복 전 회장이 서울에

간 사이 농사지어 쟁여놨던 쌀을 팔아 마련한 500만원을 바로 후원 통장에 입금했다. 이 사실을 나중에 안 강다복 전 회장이 농사는 같이 지어놓고 왜 당신 이름으로만 후원을 했느냐며 따져 묻고는 보란 듯이 100만원을 다시 후원하면서 화를 다스렸다고 한다.

충남 부여에서는 생협에 납품하는 양보다 많은 딸기가 생산되자 남은 딸기를 서울로 직접 배달해서 팔고 그 수익금 전액을 5·18민족통일학교 건립 기금으로 내놓기도 했다. 제주에서는 감귤 농사를 지은 부부의 수확물을 함께 팔아 1천여 만 원을 벽돌쌓기에 보내기도 했다. 그 밖에도 대구경북, 충북, 강원, 인천, 광주와 전남 등에서 많은 이들이 5·18민족통일학교 건립 기금에 마음을 모아주었다.

직접 몸으로 학교 건립에 함께한 이들도 많다. 담양농민회 최정진은 농사를 작파하다시피 하면서 현장소장을 자처하고, 5·18민족통일학교 건립추진위원회 사무처장을 맡았다. 땅 구입부터 준공까지 최정진의 손길이 닿지 않은 일이 없었다. 현장소장일로 바쁜 최정진을 대신해 경남 합천의 강선희가 최정진이 재배한 포도를 경남 각지를 다니면서 판매하기도 했다. 5·18민족통일학교 현장소장의 포도라는 이야기를 들은 경남 각지의 시민들이 두말없이 포도를 사갔다고 한다. 설계와 시공은 소성호 설계사가 일하는 회사에서 맡아 주었다. 소성호가 학교를 설계할 때 오종렬이 특별히 당부한 말을 전했다.

"의장님께서 학교 건물이 '갑오에서 오월로, 오월에서 통일로'의 의미를 담길 원하셨어요. 그래서 학교 외벽에 5·18을 새겼습니다. 건물 전면에 5자가 보이고 우측에 1자, 뒤에 8자가 있습니다. 5·18과 8·15는 뿌리가 연결돼 있음을 상징으로 표현한 겁니다.

지금 자리로 부지를 택한 것도 땅값 측면도 있지만 5·18 묘역과 가까워서였지요. 건물을 다 지은 뒤 의장님께서 매일 아침 4층에 서면 왼쪽으로는 5·18묘역이, 오른쪽으로는 무등산이 보인다면서 '무등산의 정기를 받고 5·18 영령들의 정기를 느끼면서 하루하루를 보낼 수 있다.'며 기뻐하셨습니다."

5·18민족통일학교를 소개하는 영상에서 오종렬이 그 의미를 직접 설명하기도 했다.

"우리가 통일하지 않고서 어떻게 민주주의가 발전하며 민생민주는 물론 복지사회가 건설될 수 있겠습니까? 그리하여 반드시 '갑오에서 오월로, 오월에서 통일로', 이 정신은 온 겨레의 마음속에 넘쳐흘러야 하고, 인류가 함께 일으켜 세워야 할 것입니다."

공사를 맡기 전, 소성호는 염려했다. 설계사무소와 공사현장이 너무 멀어서 공사 진행이 가능할지 의문이었기 때문이다. 어려움이 예상됐지만 존경하던 변혁운동의 큰 어른이자 결혼식 주례 선생님이기도 한 오종렬의 청을 거절할 수는 없었다. 가는 데만 4~5시간 걸리는 거리를 주중에 한 번, 주말에 한 번씩 1주일에 두세 번 내려가면서 1년 6개월을 보냈다. 못 가는 날은 매일 최정진과 통화하면서 공사를 이어갔다.

벽돌쌓기로 재정을 많이 모으긴 했어도 건물 하나를 올리기엔 턱없이 부족한 액수였다. 공사비가 부족해 중간에 몇 번 공사가 중단됐다가 다시 모금을 해 공사를 재개했을 정도로 과정에서 어려움도 많았다.

"공사비가 부족한 상황에서 시작해 완료가 가능할까 걱정이었습니다. 좋게 시작했는데 하다가 중단되거나 해서 의장님께서 상처받지나 않으실까 걱정이 됐죠."

부족한 공사비는 사람의 힘으로 채워냈다. 주말이면 전국건설노조 광주전남지부 조합원들이 수십 명씩 몰려 와 손수 콘크리트를 타설하고 목조, 철근 작업을 해줬다. 건설노조 조합원들만 연인원 수백 명이 참여했다. 주말에 건설노조 조합원들이 다녀가면 건물이 쑥쑥 올라가곤 했다.

보통 공사장에서는 조장 등이 작업 지시를 내리면 작업자들이 시키는 대로 움직이지만 5·18민족통일학교 건설 현장은 달랐다. 위, 아래 없이 서로 "이거 맞습니까?" "네, 그렇게 해주세요."라고 물으며 서로 고마워하고 도와가며 일을 했다. 많은 공사를 맡아봤던 소성호 역시 "그런 공사는 처음 해봤다."고 할 정도로 보기 드문 광경이 펼쳐졌다. "일당을 받고 했으면 그런 재미는 못 느꼈을 거"라고 그는 전했다.

그들뿐 아니다. 진보연대 광주전남지역 회원들과 학생들도 때때로 수십 명씩 찾아왔다. 벽돌을 나르고 자재 정리를 하며 공사장 주변을 야무지게 청소했다. 애정을 쏟은 많은 이들 덕분에 공사비가 많이 절약됐다. 소성호는 "비슷한 규모 건물 짓는 데 들어가는 건설비의 60% 정도 비용으로 5·18민족통일학교를 지었다."고 전했다. 모두 사람의 힘에서 비롯됐다.

그 마음을 알기에 투병 중이던 오종렬은 치료를 받으러 다니는 중에도 노력 봉사 온 사람들을 살뜰히 챙겼다. 일일이 악수하며 감사하는 마음을 표하고는 함께 사진을 찍어 그들의 노동을 기록했다. 또, 사람들이 일만 하고 그냥 가지 않도록 돼지도 잡고 뒤풀이 비용도 댔다.

5·18민족통일학교를 설계하던 중에 병세가 급격히 나빠져 오종렬이 전남대병원 응급실에 실려 갔다가 입원한 적이 있다. 걱정된 마음에 병실을 찾은 소성호에게 의식이 희미한 상태에서도 종렬은 소성호의 손을 꼭 잡고선 말했다.

"성호야, 내가 여기서 쓰러지더라도 5·18민족통일학교는 반드시 마무리해줘라."

종렬은 5·18을 민족과 분단, 계급 모순이 응축된 상징적인 사건으

2015년 5·18민족통일학교 준공식에서 내외귀빈들이 테이프 커팅을 했다. ⓒ통일뉴스

로 바라봤다. 그 모순을 깨뜨리고 통일 조국으로 나아가길 바라는 마음을 학교에 담았다. 말 그대로 심장의 피를 쏟는 마음으로 준비한 학교였기에 꼭 세상에 빛을 보길 원했다. 종렬의 간절한 마음이 하늘에 닿았는지 종렬은 다시 건강을 되찾아 학교가 문을 여는 장면을 직접 볼 수 있었다.

종렬이 줄곧 "5·18통일학교는 다 너희들 거다."라고 말했던 바로 그 학교가 세상에 존재를 드러냈다. 2015년 6월 28일, 5·18민족통일학교 준공식이 열렸다. 이낙연 전라남도 도지사를 비롯해 광주광역시와 전라남도 교육감 등 많은 정치인, 교육계 인사들이 참여했다. 대외에 5·18민족통일학교의 뜻을 알리고 싶다는 오종렬의 의지에 맞춰 실무진들이 바쁘게 움직인 덕분이었다. 이 자리에서 오종렬은 소성호가 몸담고 있는 건축설계사무소 대표와 전국건설노조 광주전남지부장에게 감사

패를 전달했다. 이들이 없었으면 5·18민족통일학교도 없었다는 걸 알았기에 고마운 마음을 공식 석상에서 꼭 전하고 싶었던 것이다.

오종렬은 이 자리에서 "이제 여생이 얼마 남지 않았다. 민중이 깨우치고 손 맞잡고 일어서면 조국통일, 사회평화, 인권 다 우리 것으로 누릴 수 있다. 내 눈으로 통일되는 것을 꼭 보고 싶지만, 설사 그것까지는 안 된다 하더라도 여기까지는 해놓고 가야 눈을 감을 수 있겠다. 일어서는 민중, 깨우치는 민중, 이 모습은 꼭 보고 가야겠다."고 소회를 전했다.

이날 낭독한 고천문(告天文)에는 5·18민족통일학교가 어떤 정신을 담고 있는지를 그대로 보여준다.

> 유(維) 세차(歲次) 을미년(乙未年) 6월 28일 오시(午時), 존엄한 배달의 후예들이 뜻을 모아 천(天)·지(地)·인(人) 삼원일체(三元一體)께 삼가 고하나이다.
>
> 탐학한 권력의 불의에 맞서 일어선 민초의 유혈항쟁정신, 고립무원의 극한상황에서 각자도생이 아닌 협동상생하며 단결 투쟁하는 대동정신, 꺾이고 부서지고 짓밟혀도 끊임없이 다시 일어나 전진하는 감투정신, 이러한 5·18정신의 몸통은 수만 명의 시민·도민이 금남로 분수대 광장에서 합의한 '민주화실천 15대강령' 속에 오롯이 담겨있습니다. 자주독립·민생민주·평등평화·조국통일로 요약되는 5·18정신은 오늘도 내일도 소중히 간직하고 계승·발전해야 할 우리의 생명줄입니다.
>
> 민족이 무너진 구덩이에는 민중의 떼 주검이 파묻히고 자주성이 훼손된 자리에서는 백성들의 피가 끝없이 흘러내립니다.
>
> 갑오년에 살육당한 40만 동학농민이 그랬고, 위안부 성노예로 끌려

간 20만 조선 소녀들이 그랬고, 침몰하는 배 안에 가만있으라는 세월호의 선실에서 영문도 모른 채 수장된 서민의 자식들이 그랬습니다.

초국적자본의 제국주의 강풍이 일으킨 신자유주의 세계화 파도에 희생된 생계형 자살률 1등은 남의 얘기가 아닙니다.

인류의 양심이 5월 그날을 주시했듯이 만국의 노동자는 오늘 이 사실을 직시해야 합니다. 특히 제3세계 노동자 농민은 '뿌리 없는 나무는 비가와도 마르고 민중의 해방나무는 민족의 뿌리에서 자란다.'는 사실에 한시도 눈을 떼서는 안 될 것입니다. 자주독립 민생민주 평등평화 조국통일 없이, 5월정신 계승발전 없이, 어떤 민주주의도 인권도 평화도, 마침내는 그 어떤 복지도 다 허상일 수밖에 없습니다.

가난한 제 주머니를 터는 노동자 농민들의 뼈마디 손,

성황당에 돌무더기 나르는 어린이들의 예쁜 고사리 손,

어진 백성들의 눈물과 땀으로 '갑오에서 5월로, 5월에서 통일로' 하나 되어 나아가는 '만인교사 만인학생' 토론의 전당인 〈5·18민족통일학교〉를 세우고 준공식을 올립니다.

깨우쳐 일어선 민중이 바로 메시아요, 미륵이요, 백마 타고 오는 초인이라는 뜻과 마음을 모아 조촐한 제물을 차렸습니다.

선열이시여! 천·지·인 삼원일체이시여! 잔 붓고 향 살라 올리니 어여삐 여겨 굽어 살피시고 흠향(歆饗)하소서. 상향(尙饗)

이후 5·18민족통일학교를 소개하는 극을 공연했다. 갑오농민전쟁 때 농민군의 내레이션으로 시작해 5·18 때 시민군의 목소리를 들려준 뒤 현재로 넘어와 학교의 지향을 고스란히 전한 극의 일부 내용이다.

낭독자1 농민군은 지고 있었다. 우금치에서 진 다음 쫓기 듯 내려온 강경에서도 전봉준 부대와 김개남 부대는 졌다. 낡은 죽창은 하늘을 가리키고 있었지만 주저앉을 것 같은 무릎은 방향을 놓친 것 같았다. 하지만 살자고 나선 싸움이 아니라 세상을 만들자고 나선 싸움이라는 것을 잊는 사람은 없었다. 우금치에서 장군의 후퇴명령을 어기고 끝까지 남아 죽으려고 했을 때 산목숨은 이미 살아있는 것이 아니었다. 그렇게 남은 사람들에게 너무 어두워서 어두운 것을 찾을 수 없는 밤이 오고 있었다. …

농민군1 우리가 이 싸움에서 졌는가? 죽을 때가 되었는지… 그것이 궁금해지는구만.

농민군2 우리가 이기려고 싸운 거면 오늘은 졌고 세상을 바꾸려고 싸웠다면 내일은 이겼소!

농민군1 우리가 꿈을 꾼 것이었나?

농민군2 아니, 꿈꾸었던 세상을 미리 살아 본 것이었지. …

낭독자3 역사는 이어졌지만 사람들은 죽었다. 독재와 민주의 갈림길에서 민주를 택한 사람들이 죽었다. 노동과 자본의 경계에서 해방을 외친 사람들이 죽었다. 더 이상 죽을 사람이 없어졌을 때 두려움이 살아남은 사람들을 지켜보고 있었다. 공포. 살아있는 것이 더 어려운 삶이었다. …

낭독자1 죽음을 딛고 일어선다고 하지만 어디 죽음이 발 디딜 때가 있는 곳이야? 철저하게 고립되고 진실이 농락되고 있었던 광주… 1980년 5월 26일 오후3시 제5차 민주수호 범시민 궐기대회가 시작되었다. 이것이 마지막이 될 것이라는 것을 알고 있었지만 물어보는 사람들은 없었다. 날이 어두워지면서 마지막까지 남을 사람들을 정했다. 군대를 다녀 온 사람들이 80여명이었고 70여명은 청년이거나 고등학생이었다. 이 중 10명은 여학생이었다. 그렇게 27일 새벽이 왔다. 가두방송으로 들리는 광주시내에서 잠든 사람은 없었다.

가두방송-메가폰으로 : 시민여러분! 지금 계엄군이 쳐들어오고 있습니다. 사랑하는 우리형제, 우리자매들이 계엄군의 총칼에 숨져가고 있습니다. 우리 모두 일어나서 끝까지 싸웁시다. 우리는 광주를 사수할 것입니다. 우리를 잊지 말아 주십시오. 우리는 최후까지 싸울 것입니다. 시민여러분! 계엄군이 쳐들어오고 있습니다. …

시민군2 누군가 해야 한다면 우리가 먼저 할 수 있으니까 하는 겁니다. 그 일을 지금 당장 살아서는 할 수 없으니 죽어서 할 수 있는 일을 하는 거지요. …

시민군2 사람들은 우리를 통해 알게 될 겁니다. 우리가 군인들의 공포를 어떻게 이겨낼 수 있었는지… 민중들이 스스로 만들어 낸 해방광주가 어떤 모습이었는지…그리고 우리를 도울 거라고 믿었던 미국이 어떤 존재인지에 대해서…알겁니다. …

낭독자1 이 길은 우리에게 전혀 새로운 길이 아니다. 갑오년의 마지막 날을 가능하게 했던 길이고 오월 마지막 날 도청 창문에 비친 그 길이다. 정말 우리가 걸으면 그것 때문에 모든 것이 달라 질 그 길.

낭독자2 갑오에서 오월로, 오월에서 통일로 가는 그길 앞에 우리가 선 것이다.

낭독자3 그 길에 '5·18민족통일학교'가 있다. 민족이 무너진 구덩이에 민중의 떼 주검이 파묻히고 백성들의 피가 끝없이 흘러내리는 바로 그 자리다.

낭독자2 뿌리 없는 나무는 비가 와도 마르고 민중의 해방나무는 민족의 뿌리에서 자란다는 것을 자신의 신념으로 하는 사람이 성황당에 돌무더기 나르는 어린이들의 예쁜 고사리 손 같은 마음으로 가난한 제 주머니를 털어 낸 눈물과 땀으로 '갑오에서 5월로, 5월에서 통일로' 하나 되어 나가는 '만인교사 만인학생' 토론의 전당인 '5·18민족통일학교'를 만들었다.

내레이션 모든 강물이 다 바다로 가지 않는다. 바다로 가는 방향을 믿지 않는 강물은 제 몸을 뉘일 계곡을 찾거나 강에 머물렀다. 하지만 바다를 향하는 강물은 이정표가 아니라 방향을 믿고 기어이 바다에 닿는다. 그 강물이 바다를 가장 낮고 가장 넓게 만드는 것이다. 이어진다는 것은 그런 것이다. 보아라. 강물조차도 강물과 바닷물 사이의 경계에서 찰나의 의심 없이 바다를 잇지 않느냐. 그렇게 이어진다는 것은 제 몸

> 을 던지는 일이다. 설사 죽더라도, 아니 죽어서라도... 주어진 운명을 받아들이고 거부하는 일이다. 강물이 그러한데 하물며 사람이... 역사가 그러지 않겠느냐. 물어보자. 갑오에서 오월로 오월에서 통일로. 오늘 여기가 갑오년의 우금치고 지금 선 자리가 오월의 도청이다. 당신은 어떻게 할 것인가?
>
> ―5·18민족통일학교 건립과정 영상 시나리오 중

5·18민족통일학교의 첫 사무처장은 권지은이었다. 통합진보당 경남도당 사무처장을 하다가 당이 해산된 뒤 실업급여를 받으며 20대 이후 처음으로 쉬고 있을 때 지은은 5·18민족통일학교의 사무처장을 제안 받았다. 신랑 일터가 서울이었기 때문에 주말 부부가 될 걸 각오해야 했다. 부부 상황을 잘 알던 종렬이 조심스럽게 속내를 내비쳤는데 권지은 부부는 주말부부 생활을 흔쾌히 받아들였다.

권지은이 5·18민족통일학교에 내려왔을 때는 학교가 완공되기 두 달 전이었다. 공사도 안 끝난 건물 1층에서 지은이 혼자 지내자 마음이 불편했던 오종렬은 바로 거처를 광주집에서 통일학교 4층으로 옮겼다.

아직 교육 받을 사람들이 올 상황이 아니어서 공사를 총괄하던 최정진과 권지은, 오종렬은 오전에 각자 업무를 본 뒤 점심 때면 근처 맛집들을 찾아다녔다. 비 오는 날이면 통일학교에서 차로 5분쯤 가면 있는 슈퍼에 가서 계란프라이를 앞에 두고 막걸리를 마시곤 했다. 함께 차를 탈 때면 오종렬은 추월산 산세, 노래에 얽힌 이야기, 의병활동을 한 집안, 독립운동가들까지 지리와 예술을 넘나들며 많은 이야기를 들려줬다. 지은은 그 시간이 참 좋았다.

권지은이 통일학교의 사무처장을 맡았을 때 오종렬이 특별히 당부한 말이 있다.

"5·18민족통일학교는 시작은 내가 했지만 전국의 많은 동지들이 뜻을 모아 만든 학교이니 내 학교가 아니라 우리 모두의 학교이다. 그래서 학교가 진짜 잘 됐으면 좋겠다."

그 이야기를 듣고 지은은 청소를 정말 열심히 했다. 사람들이 언제든 찾아와도 편하게 이용할 수 있는 학교가 되길 바라면서 매일 학교 곳곳을 쓸고 닦았다.

학교의 틀을 잡는 시기여서 법인 설립 과정도 도맡아 챙겼다. 종렬은 5·18민족통일학교를 사단법인으로 하길 원했다. 지은이 사단법인은 해산하면 학교 건물 등 재산이 기부채납되는데 안 아깝냐고 묻자 종렬은 "그래도 꼭 하자. 나는 5·18민족통일학교가 오종렬 소유가 되는 게 싫다."고 강력히 주장했다. 그 뜻을 따르기 위해 지은이 서울, 경북, 충남 등 전국에 흩어져 있는 이사들을 찾아다니면서 도장과 서류들을 받아 사단법인 등록을 마쳤다.

종렬이 바라는 5·18민족통일학교는 만인이 교사이자 학생이 되는 서로가 서로에게 배움을 전하는 공동체였다. 학생통일학교, 노동자통일학교, 농민통일학교와 같은 새로운 교육프로그램을 만들기도 했지만 각 단체에서 하는 프로그램을 가져와 그 프로그램을 그대로 하게도 했다. 어떤 프로그램이든 괜찮았지만 학교 대관 때 오종렬이 직접 하는 강의를 꼭 넣었다. 오종렬은 20분에서 1시간 정도 자신이 살아온 이야기와 함께 신념, 사상 들을 들려주면서 5·18민족통일학교를 찾아온 이들에게 많은 감동을 전했다.

또, 딱딱한 학교가 아니라 편한 공간이 되길 바라며 2층 강당에서 뒤풀이도 할 수 있게 했다. 노래방 기계를 설치하기도 했다. 대관 비용도 저렴한데 주변에서 시끄럽다고 민원이 들어올 일도 없어 사람들은 자유롭게 5·18민족통일학교를 이용할 수 있었다.

오종렬과 마지막으로 함께 했던 사무처장은 고경희다. 통합진보당 인천시당 부평구지역위원장으로 활동하다가 당이 해산된 뒤, 민중의꿈에서 정당활동을 모색하고 있을 때 5·18민족통일학교 사무처장을 제안 받았다. 인천에서 직장을 다니는 남편, 대학을 다니는 아들과 떨어져 혼자 담양에서 생활해야 하는 부담감만큼 벽돌쌓기로 어렵게 만들어진 학교가 제 역할을 다하고 있지 못하는 모습에 안타까운 마음이 컸다. 결심하는 건 어렵지 않았지만 무거웠던 마음은 내려오기 전 종렬이 통화하며 당부했던 말을 기억하며 다독였다.

"의장님께서 '여기 올 때 사막에 모내기 하는 심정으로 마음 단단히 먹고 내려와야 한다. 의장이 있다고 수월할 거라고 생각하지 말고 아무 것도 없는 사막이라 여기고 와라'고 30분 넘게 말씀해 주셨어요."

마음을 다잡은 경희는 종렬과 손과 발을 맞추기 위해 2017년 9월, 5·18민족통일학교로 내려갔다. 학교에서 차로 10분 걸리는 곳에 숙소를 잡고 종렬을 보필하면서 통일학교 사무처장 일을 해나갔다.

사람 욕심, 일 욕심이 많은 두 사람은 잘 맞았다. 경희는 출근하면 매일 종렬과 마주앉아 이야기를 나눴다. 전날 경희가 만난 사람들을 이야기하면 종렬은 그 사람과의 인연뿐 아니라 연관된 역사적 사건, 왕성하게 활동할 당시 겪었던 어려움 들을 세세히 풀어놓았다. 그런 이야기 꽃만 2시간 넘게 피우는 날도 많았다. 경희가 사람관계에서 풀리지 않는 문제를 털어놓으면 종렬이 자상하게 조언했다. 또, 종렬 역시 경희가 퇴근하거나 출장 갔을 때 학교에 다녀간 사람이 있으면 그에 대한 이야기를 전하며 경희의 의견을 묻기도 했다. 종렬이 경희를 "야야~" 부르

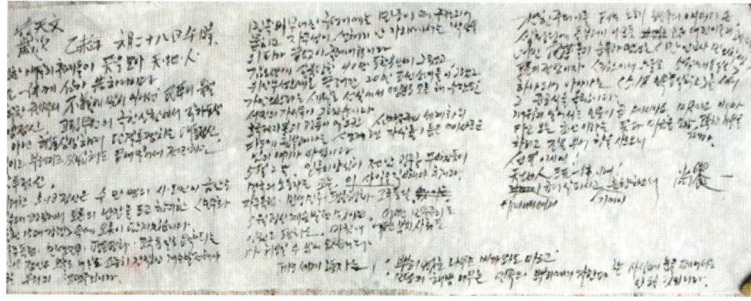

5·18민족통일학교 회원들에게 보내는 회원 메시지를 직접 쓰고 있는 오종렬.

며 둘이 도란도란 이야기 나누는 걸 보며 당시 5·18민족통일학교 상임 운영장이던 강병기가 "꼭 할아버지와 손녀딸 같다."고 말하기도 했다.

일 욕심 많은 경희는 새로운 사업들도 많이 기획하고 시도했고, 그때 마다 종렬은 아낌없이 뒷받침했다. 경희가 "의장님, 5·18 통일한마당을 해보려고 하니 100만원만 만들어 주세요."라고 하면 종렬은 "그래, 네가 하려는 건 다 맞다."며 격려하면서 돈이 들어올 때마다 30만원, 40

만원씩 전해 필요한 비용을 채워주었다.

허물없이 지내면서도 종렬은 경희가 하는 이야기들을 허투루 듣지 않았다. 이렇게 하겠다고 계획을 말하면 "그 부분은 이렇게 해봐라." "이렇게 생각하는 사람이 있을 수도 있겠다."며 놓치는 부분들을 짚어주었다. 고경희는 "제가 경주마처럼 달려 나갈 수 있었던 건 의장님이 잔가지를 다 쳐주셨기 때문"이라고 그때를 회상했다.

오종렬의 강의도 여러 변화를 꾀했다. 학교처럼 칠판에 필기를 하며 주제를 전달하는 교육도 했지만, 역사편, 정세편 등 영상자료로 하는 강의, 종렬의 삶을 짧은 영상으로 만들어 보여주는 강좌도 만들었다. 경희는 강의를 처음부터 끝까지 함께 듣는 건 물론 뒤풀이에서 사람들에게 강의에 대한 평을 구체적으로 듣고선 좋았던 부분, 지루했던 부분들을 확인해 종렬에게 그대로 전달하며 계속 강의를 업그레이드 해나갔다.

물론 경희의 말이 먹히지 않은 때도 있었다. 한창 드라마 〈미스터 션샤인〉이 인기를 얻을 때 경희가 강의 앞부분에 드라마 이야기를 넣자며 종렬과 함께 드라마를 봤다. 그런데 드라마를 제대로 볼 수가 없었다. 고종 등 등장인물들이 대사를 할 때마다 종렬이 "역사왜곡"이라고 역정을 냈기 때문이었다. 경희가 "의장님, 저거는 드라마니까 지어낸 이야기예요. 눈여겨 볼 대사나 상황만 우리식으로 강의에 담아요."라고 말했지만 먹히지 않아 강의 앞부분을 드라마로 흥미를 끄는 건 포기해야 했다.

흥미보다 진심을 전하는 게 중요했던 종렬은 건강이 허락하는 한 5·18민족통일학교를 방문하는 이들에게 하고 싶은 말들을 마음속 깊은 곳에서 끄집어내 진정을 다해 전했다.

2019년 3월 '5·18 역사왜곡 처벌을 위한 광주범시민걷기대회'에 참가한 오종렬 옆에 5·18민족통일학교 고경희 사무처장이 있다.

그 중에서도 "사람에 대한 노동은 끊임없이 해야 한다."는 말은 늘 빼먹지 않았다. 활동가들이 많이 아는 김형수 시인의 '뗏목지기는 조직원이었네'라는 시를 인용해 재해석한 이야기를 들려주기도 했다.

뗏목지기는 조직원이었네

김형수

양자강 물가에 뗏목지기 있었네
물 속에 노니는 고기처럼 한가하게
산맥을 빠져나온 구름처럼 유유하게
장기도 두고 낚시질도 하고
혁명의 세월에 한가하게 사는 꼴이
청년들 눈에 차암, 안돼 보였네

46. 생의 마지막에 쌓아올린 5·18민족통일학교

홍군에 참가하여
전장터에 한목숨 내맡기고 싶었던
젊은 뗏목지기 견디기 힘들었네
1년이 지나고 2년이 지나고
5년, 6년, 7년이 지나도
아무런 전투에도 불려가지 못했네

머리에 하나 둘 흰머리가 나도록
무기력과 낮잠과 권태와 싸웠네
이마에 깊은 주름살이 서도록
초조감과 조급성과 세월과 싸웠네
아무도 그 뜻을 헤아리지 못했네
그를 배치한 조직을 빼놓고는

백군에게 쫓겨 파국을 앞두게 된
홍군이 어느 날 그곳을 지났네
뗏목지기 나서 뗏목을 준비했네
5년도 넘게 10년도 넘게
흰머리가 나도록 준비했던 뗏목지기
뗏목 풀어 한꺼번에 대군을 살렸네

무기력과 낮잠과 권태와 싸운 끝에
초조감과 조급성과 세월과 싸운 끝에
대륙의 역사를 10년쯤 앞당겨 놓은
조직의 역사를 10년쯤 늘려놓은
뗏목지기 인생을 아는 사람 없었네
그 청춘을 관리한 조직을 빼놓고는

이 시를 오종렬은 "사람엮는 뗏목지기"였음을 주목하며 다음 글을 칠판에 써놓은 뒤 강의를 하기도 했다.

누가 말했나. 양자강 뗏목지기 얘기를
크나큰 강 한구석 후미진 곳에 배치되어
그 긴 긴 세월을 무료하게, 하릴없이, 한심하게
이마엔 주름 깊이 패고 흰 수염 날릴 때까지 기다렸다고 했나
때가 오기만을 기다렸다고 했나
그의 모든 것을 보면서도 왜 그의 노동을 보지는 못하는가

단 한 순간도 눈을 떼지 않고
하늘의 별자리 흐르는 구름
보이지 않는 바람 따라 달라지는 물빛들
어쩌면 지하에서 꿈틀대는 마그마의 움직임까지

바늘 끝만큼도 어긋남 없이
그 어느 한 구석도 빠트리지 않고
보이지 않게 소리 나지 않게 기록하는 노동

뗏목 엮는 사람들의 쉼 없는 손놀림
마침내 몽둥이처럼 되어버린 손가락들

이 세상에서 가장 귀하고 가장 어렵고
가장 위대한 사람노동 깨우쳐 일어서게 하는 사람노동
왜 그 노동을 바로 보려 하지 않는가

사람엮는 뗏목지기는 조직원였다네

오종렬은 예전 활동가들이 "나는 이제 조용히 뗏목지기로 살겠다."고 하면 이렇게 말하곤 했다.

"생업에 전념한다는 말이 돈만 벌면서 살라는 얘기가 아니다. 민중이 있는 노동, 농민 현장에 들어가서 사람을 조직하라는 말이다. 또, 운동한답시고 현장에서 노동을 소홀히 해서는 안 된다는 말이다. 교사가 아이들 가르치는 일을 소홀히 해서는 안 되고, 농민이 농사에 게을러서는 안 된다. 아스팔트농사만 지어서 어떻게 민중을 조직할 수 있겠나. 민중이 있는 현장으로 들어가 생계에 전념하는 걸 시작으로 민중을 조직하라는 말이다."

5·18민족통일학교도 사람이 머무는 곳이 되기 위해 후원회원 확대 사업도 진행했다. 학교가 담양에 있었지만 광주전남 회원은 채 몇 십 명이 안 됐다. 경희는 열 명 넘게 기획단을 꾸려 통일학교 광주전남지부 발족을 하겠다는 계획을 세웠고, 1년여 만에 후원회원을 광주전남지역 300~400명, 전국 1000명을 넘겨 목표를 관철했다. 2018년엔 후원의 밤 행사도 열어 8천 만원 가까이 빚을 갚기도 했다.

고경희는 종렬의 마지막 여정에 함께 했고, 종렬이 세상을 떠나고 5·18민족통일학교가 새 이사진을 중심으로 안정화될 때까지 3년 5개월간 사무처장직을 수행했다.

47
평생의 동반자, 김평님

종렬이 전선운동에 힘쓴 뒤로 아내, 평님의 활동반경도 넓어졌다. 종렬이 감옥에서 읽은 〈아리랑〉〈태백산맥〉들을 집으로 보내면 평님이 읽었더랬다. 책을 읽으며 평님은 생각했다.

'여기 나온 운동가들 가족들은 다 죽거나 엄청난 고초를 겪었겠네. 그에 비하면 나는 행복하네. 이 정도 고생은 고생도 아니지. 앞으로도 남편 따라 살아야겠네.'

세상을 보는 눈이 넓어졌다. 남편이 하는 일에 힘을 실어야겠다는 마음이 들어 통일선봉대(통선대)에도 세 번 다녀왔다. 한번은 큰며느리와 손녀까지 3대가 통선대에 함께 해 무대에 올라가 인사를 하기도 했다. 따로 통선대에 참가한 종렬과 동군과 서군으로 나뉘어 전국을 돌다가 충청도, 인천에서 만날 때면 그렇게 반가울 수가 없었다. 2006년엔 평양에서 연 여성대회에도 참여했다.

평님의 리더십 역시 종렬 못지않았다. 이사 가자마자 동네 부녀회장을 맡아 12년을 연임했다. 부녀회장이라고 이름 빛내는 자리만 찾지 않았다. 동네 화장실 청소부터 했다. 평님이 궂은일에 솔선수범을 하니 동네가 단합도 잘 됐다. 보름마다 동네 집집이 돌아가며 주막을 열어 막걸리도 팔면서 공동체가 끈끈하게 엮였다. 제자들이 심부름 왔다가 주막을 열고 있는 평님을 보고선 "사모님도 되고 주모님도 되시네."

하며 놀라곤 했다. 그렇게 광주 매곡동에 뿌리내렸다.

오종렬이 전국연합 의장으로 서울에 올라온 뒤로 부부는 10년 넘게 떨어져 살았다. 종렬은 일이 있을 때만 광주로 내려왔다. 다정다감한 남편은 아니었다. 2011년 평님이 넘어져 대퇴부 골절을 당한 적이 있다. 서울에서 내려온 종렬은 며칠 만에 보는 아내에게 "조심 좀 하지 그랬냐."며 공치사를 한 뒤 몇 시간도 안 돼 서울로 올라가기도 했다. 그 뒤 철심을 넣은 다리에 세균이 감염돼 세 달 반 고생을 한 걸 생각하면 처음에 대수롭지 않게 대했던 종렬이 야속하기만 했다.

그렇다고 종렬이 아내에 대한 고마움을 모르는 건 아니었다. 연대활동으로 일본에 가면서 두 번 평님을 데리고 갔다. 두 사람은 낮에는

5·18민족통일학교에서 부인 김평님과 망중한을 즐기고 있는 모습. 오종렬은 일생의 마지막 사업이라 생각하고 5·18민족통일학교에 매진했다

교포 가이드와 함께 일본 시내 관광을 하고 저녁엔 행사에 참여했다. 자주 늦게 오긴 했지만 친목회 부부 동반 여행도 함께 하려고 바쁜 일정 속에서도 꼭 시간을 빼는 종렬이었다.

역경이 많긴 했지만 평님은 종렬과 부부의 연을 맺어 살아온 세월이 행복했다. 환갑 무렵 평님과 종렬이 한 행사장에 같이 간 적이 있다. 100명쯤 모여 있었다. 사회자가 객석에 있는 사람들에게 물었다. "다음 생에 태어나면 현재 남편이나 부인과 다시 살고 싶은 분 손 들어보세요." 여성들 중에서는 평님만 손을 들었다.

2016년 결혼 50주년을 맞았다. 제자들이 금혼식을 챙겨줬다. 제주도로 여행을 갔는데 제자들이 꽃다발을 한 아름 안겨주었다. 제주도에 사는 제자들과 사회운동 후배들은 일부러 여행 온 종렬 부부를 찾아왔다. "우리 의장님 많이 늙어버리셨네. 다른 데 쓰지 말고 선생님 보약 잡수세요." 하며 용돈을 손에 쥐어주기도 했다. 제주도 침술원에 치료를 받으러 왔을 때도 제주도에 사는 제자와 운동가들이 교대로 차를 몰면서 종렬과 평님 부부를 챙겼다.

종렬이 지은 사람농사의 결실을 때때로 볼 때마다 평님은 결혼을 잘 했구나, 생각했다. 2017년에 5·18민족통일학교에서 종렬의 팔순잔치를 할 때도 마찬가지였다. 평님은 개량한복을 입고 종렬은 제주도에 사는 제자가 짜준 빨간 목도리를 하고 축하해주는 후배 운동가들 앞에 섰다. 그렇게 흥겨울 수가 없었다. 종렬이 투병 중인 것도 잊을 정도였다. 두 사람은 애창곡인 섬마을 선생님을 함께 불렀다. 허락된 함께 할 날이 더 오래 이어지길 간절히 바라면서.

48
달리는 말 위에서
생을 마감하겠다는 뜻대로

종렬은 '뜻대로 행해도 어긋나지 않는다'는 칠순을 2007년에 맞았다. 칠순잔치를 조촐하게 한 가운데 가족들은 20년 가까이 집을 떠나 툭하면 노숙, 단식 농성을 한 종렬을 걱정하며 "이제 후배들에게 맡기고 광주로 내려와 건강을 챙기시라."고 설득했다.

그때 종렬은 '마상종신(馬上終身)'이란 말을 하며 가족들의 청을 물리쳤다. 달리는 말 위에서 생을 마감하겠다는 종렬의 의지를 담은 말이었다. 전선에서 투쟁하다 전선에서 사라지겠다는 뜻이었다. 종렬은 이미 2008년 광우병 투쟁으로 수배를 받던 중 몸이 안 좋아 병원에서 진찰을 받은 결과, 의사로부터 간경화와 신장 이상 소견을 들었다.

2014년 가족들까지 느낄 정도로 건강이 안 좋아졌다. 병원에 가니 간경화 중기에 급성 신부전증 진단을 받았다. 전교조 운동에서 한국 진보운동에 이르는 지난 25년 동안 계속됐던 수많은 단식과 수배, 구속이 그의 몸을 갉아먹었던 것이다. 당장 투석을 하지 않으면 생명이 위험하다고 의사는 말했지만 종렬은 거부했다. 통일운동의 후대를 길러내야 한다는 마지막 과제가 아직 남아있었기 때문이다. 그래서 더 병을 이겨내야겠다는 의지가 강했다.

서울 자취 생활을 마감하고 광주로 내려와 투병생활을 시작했다.

투석은 거부했지만 자연치유법 등 다른 치료들에는 성실히 임했다. 삶을 향한 의지가 강했다. 5·18민족통일학교에서 지내며 건강을 되찾기 위해 애를 많이 썼다. 병원 의사한테도 "앞으로 일을 더 해야 하니 살려 달라."고 부탁했다.

다섯 아들들이 몸에 좋다는 것들도 많이 구해왔다. 간에 좋다고 겨울에 물 맑은 강에 나가 다슬기까지 잡아왔다. 요양을 위해 절에도 두 번 가고, 제주도까지 치료를 받으러 갔다. 투병하는 가운데 중간중간 몸이 좋아졌다. 좋아지면 평님과 고스톱도 치고 키우는 개들을 데리고 산책을 다니기도 했다. 하루는 몸이 가벼워진 게 즐거운지 종렬이 덩실덩실 춤을 추기도 했다. 평님이 그 모습을 사진으로 찍어 핸드폰에 담았다.

2014년 5월, 2015년 12월에 한 번씩 혈뇨를 봐서 응급실에 실려 간 적이 있다. 그때 빼곤 5년 동안 종렬은 대체로 환자가 아닌 것처럼 지냈다. 하지만 병을 빨리 이겨내야겠다는 마음이 오히려 독이 되었다. 종렬이 건강했을 때처럼 근육과 신체를 단련하며 남모르게 애썼던 탓이다. 한방병원에 갔더니 주치의가 폐기운이 급격히 떨어졌다며 "사망 직전의 맥"이라고 진단했다. 완전하게 안정을 취하며 1주일 동안 입원해 있었다. 다행히 신체 지표가 좋아졌다. 워낙 강골이어서 위기 때마다 극복해냈다. 문제는 좋아지면 반드시 무리를 한다는 거였다.

팔순잔치를 한 2017년 11월 때 찍은 사진, 동영상을 보면 전혀 아픈 사람처럼 보이지 않는다. 그로부터 한 달 뒤 정기검사 때 혈액검사를 하니 적혈구, 백혈구, 간수치들이 다 좋아져 의사도 놀랄 정도로 기적 같은 변화를 맞기도 했다.

기적도 잠시, 한 달 만에 다시 몸이 급격히 안 좋아졌다. 간경화 환자들은 근육이나 몸을 절대로 무리하면 안 된다. 푹 쉬면서 몸을 최대한 쓰지 않는 게 상책이다. 게다가 종렬은 여든, 고령의 몸이었다. 그럼에도 계속 운동을 하고 활동에도 욕심을 냈다.

투병 중에도 오종렬은 강의든 연설이든 요청이 오면 조금이라도 건강이 허락하는 한 응했다. 2019년 3, 4월엔 폐 기운이 떨어져 기침이 심한 상태였다. 종렬은 4월 27일에 전교조 신입 조합원을 대상으로 한 강의를 맡았다. 30명쯤 되는 조합원들이 5·18민족통일학교를 찾아왔다. 간병을 책임지던 둘째 아들 창규는 강의는 "절대 안 된다."며 "정 하고 싶으면 환영사 겸 5분 정도만 하라."고 당부했다. 하지만 종렬에게 그 말이 귀에 들어올 리가 없었다. 벌써 며칠 전부터 후배 교사들이 온다고 내내 들떠 있던 종렬이었다. 마치 소풍날을 앞두고 설레는 아이처럼 좋아했다. 후배 교사들이 온 그날은 설렌다고 저녁도 안 먹고 기다리다가 현관까지 마중을 나갔다.

  예정된 강의 시간, 후배 교사들 앞에 선 종렬에게 "5분만 하시라."는 아들의 말은 이미 온데간데 없었다. 종렬 특유의 열정적인 강의가 이어졌고, 시간이 자꾸 흐르자 뒤에서 고경희 사무처장이 계속 강의를 끝내시라는 손짓을 보냈지만 종렬의 의지를 꺾지는 못했다. 후배 교사들에게 마지막 당부로 강의를 마쳤을 때는 이미 시계 분침이 한 바퀴를 돌고 다시 한참 돌아간 뒤였다. 강의 초반에 같이 있다가 할 일이 있어 아래층에 내려와 있던 오창규는 그때 "아이고 우리 아버지, 이제 어렵겠네." 하고 탄식했다. 아버지가 예전처럼 건강을 되찾을 거라는 기대를 조금 내려놓았다.

강의를 하고 사흘쯤 지나자 종렬의 배가 갑자기 불러왔다. 복수가 차

2018년 초여름, 원광대 민주동문회 이영숙 회원이 5·18민족통일학교에 기부한 기념품들을 받고 좋아서 파안대소 하는 모습.

오른 것이다. 종렬 스스로 몸의 이상을 느꼈는지 스스로 나서 응급실에 가자고 말했다. 병원에 가 복수를 빼긴 했지만 그 이후엔 뭘 해도 큰 효과를 보지 못했다. 제주도에 있는 침술원에 가 쑥뜸, 사혈 들을 하면서 두 번 호전됐던 적이 있어 제주도까지 다시 갔지만 세 번째는 큰 효과를 보지 못했다. 이미 몸이 받아들이고 이겨낼 지경이 아니었던 터다.

종렬은 제주에서 6월 22일에 돌아와 27일 병원 정기점진을 갔다. 주치의는 함께 간 셋째 아들에게 "금년을 못 넘기실 것 같다."는 말을 전했다. 7, 8월에 다른 병원에 가 치료를 받다가 2주 동안 거의 혼수상태에 빠지기도 했다. 오종렬이 위중하다는 소식이 전해지자 종렬과 인연을 맺었던 많은 이들이 찾아오기도 했다.

오기 힘든 사람들은 문자메시지를 보내오기도 했다. 고경희 5·18민족통일학교 사무처장은 종렬에게 사람들이 보내온 메시지들을 읽어 주었다. 열심히 살겠다는 사람들의 다짐을 들으며 종렬은 남은 이들을 향한 걱정을 덜곤 했다.

종렬이 아프다는 소식이 전해지면서 전화가 많이 왔다. 오종렬이 가르친 제자나 같이 활동한 활동가들이 아니라 전혀 인연이 없는 시민들에게서 전화가 온 경우도 많았다. 집회 단상에서 연설하시는 모습 보고 감명 받아 엉엉 울었다며 "의장님, 힘내시라."고 연락해온 이들이었다.

종렬의 삶을 향한 의지는 죽음의 문턱까지 넘어섰다. 다시금 기운을 차려 9월에 퇴원한다. 하지만 한 달 뒤 다시 위기가 닥쳤다. 10월 6일 밤, 오한과 발열이 발작처럼 일어났다. 가족들은 종렬을 데리고 급하게 전남대병원으로 갔다. 혈압까지 떨어져 그날 밤, 의사는 마음의 준비를 하라고 말했다.

저승 문턱까지 갔지만 종렬은 다시 이승으로 돌아왔다. 그가 다 마무리하지 못한 책무를 남은 이들에게 맡겨야 하는 마지막 임무가 남아 있었기 때문이었을까. 10월 7일, 다시 눈을 뜬 종렬은 가족과 후배 운동가들을 불러 모아 20여분 동안 유언을 했다.

"5·18민족통일학교는 강병기 5·18학교 상임이사에게 맡긴다."

마지막 당부까지 마친 종렬은 조금은 홀가분한 모습이었다. 그로부터 꼭 두 달 뒤인 2019년 12월 7일 22시 57분, 그리도 염원했던 통일조국을 보지 못해 차마 감지 못했던 눈을 힘겹게 감고야 말았다. 그때 눈가에 한줄기 눈물이 주르륵 흘러내렸다.

종렬의 투병기간 내내 바로 곁에서 보살폈던 둘째 창규가 종렬의 마지막 모습에 대해 전했다.

"아버지와 언제부턴가 대화도 많이 못하고 소원한 사이였다가 2014년 2월 간경화, 급성 신부전증 판정을 받고 나서 오히려 아버지와 가까워졌습니다. 그런 가운데 2014년 4월, 중병을 진단받고 2달 뒤부터 아버지는 새로운 과업을 시작하셨습니다. 그것이 사단법인 5·18민족통일학교 건립이었습니다.. 병든 아버지의 지팡이를 함께 짚어가며 전남 담양군 고서면에 땅 자리를 보고 그 후에 아버지 곁에서 통일학교를 일구는 과정에서 저는 아버지한테 불만이 있었습니다. 아버지는 그만 쉬셔야 하는데 아버지를 채근해서 쉬시라고 하는데도 불구하고 아버지는 일을 손에 놓지 않으셨습니다. 계속 사람을 만나고 찾아오는 사람들 있으면 강의하시고 그 과정에서 저는 몰랐던 아버지의 일면을 깨닫게 됐습니다. '아버지는 굉장히 당신의 몸을 혹사하시는 분이구나.' 불만이었지만 결국은 제가 체념하게 되었습니다.

결국 병은 깊어졌고, 2019년 11월 21일로 기억하고 있습니다. 요양병원에 계시는 아버지를 권낙기 선생님께서 찾아오셨습니다. 간성혼수가 시작되는 단계였는데 분위기로 보아 아버지가 권낙기 선생님을 알아보는 것 같았습니다. 뭐라고 중얼거리셨는데 그때 권 선생님께서 듣고 전해주신 말씀이 "반드시 일어나겠다."는 말이었다고 합니다. 잠시 후에 목을 끌어안아달라고 하신 다음에 상체를 일으켜 세우셨습니다. 그리고 걷겠다고 의사표현을 해서 몇 발자국을 걷다가 결국은 땅바닥에 주저앉으셨습니다. 제가 보았던 생전 아버지의 마지막 걷고자 하는 걸음이었습니다. 사투였습니다. 그리고선 11월 22일에 전남대학교 응급실에 왔고, 그로부터 2주 동안은 우리 가족들이 차마 눈뜨고 지켜볼 수 없던 시간이었습니다. 아버지는 간성혼수와 고통 속에서 계속 몸부림을 치셨습니다.

12월 7일 운명의 날, 그날 저희 오형제가 지켜보는 가운데 임종 직전의 아버지는 그 몸부림을 잠시 멈추고 고통 속에 입을 벌리고 숨을 몰아쉬면서도 두 눈을 부릅뜨고 매섭게 천장을 응시하셨습니다. 마지막까지 그 눈을 부릅뜨고 천장을 응시하셨습니다. 우리 가족들은 그리고 저는 그 눈빛이 무엇을 의미하는가를 느낄 수가 있었습니다. 평소에 민중 속으로, 민중과 함께, 민중을 위하여, 자주민주통일을 일구고자하는 그 염원이라고 생각합니다."

49
영혼의 단짝,
정광훈 의장 곁에 잠들다

고단한 삶을 마친 오종렬 한국진보연대 총회의장의 마지막 길은 전혀 외롭지 않았다. 12월 7일 종렬이 영면에 들었음이 알려지자 SNS엔 오종렬 태그를 단 추모글들이 쏟아졌다.

"나의 의장님

나의 주례선생님

나의 아버님

대학시절 아부지가 학생운동으로 수배생활 하는 아들 마음 돌리려고 형사들 차 타고 서울 와서 조계사에서 의장님을 만나게 되었습니다. 한 방에 주무시며 밤새 이야기 나누시고는 아부지 마음이 많이 누그러지시고 양심수 석방 집회에 참석도 하시게 되었죠. 그리고 두 분이 만나실 때마다 38년 범띠 갑장이라고 유독 정을 내셨습니다.

눈 내리는 날 영천까지 내려오셔서 기꺼이 우리 부부의 주례선생님이 되어 주셨습니다. 지금처럼 열심히 가정도 행복하게 꾸리고 사회에도 빛과 소금 같은 일꾼이 되라 하셨습니다.

현장 농민이 되겠다던 제게 튼실한 농민운동가가 되고 지역운동가 되어야 되고 현실정치를 멀리 하면 안 된다고 하셨습니다. 병상에 누워서도 수시로 안부를 묻고 격려해 주셨습니다.

2019년 1월, 광주시내에서 5·18민족통일학교로 이동하던 중 갑자기 5·18망월묘역에 들려 참배 후 정광훈 의장과 김남주 시인 사이에서

정광훈 의장님도 만나시고 동지들도 만나시고 백두에서 한라까지 조국산천도 마음껏 거니시길 바랍니다. 38년 범띠 갑장 아부지도 만나시거든 조계사의 그 밤처럼 정겹게 보내시길 바랍니다. 존경합니다. 감사합니다. 그 사랑 그 말씀 잊지 않겠습니다." (이영수)

"평생을 진보운동에 바치시고, 마지막까지 민족과 후대를 위해 자신의 모든 것을 바쳐 5·18민족통일학교를 설립하고 후진양성을 위해 힘을 쏟으셨던 #오종렬 한국진보연대 총회 의장님께서 12/7일 저희 곁을 떠나셨습니다.

그 동안 여러 분의 열사와 진보진영 선생님들의 영정그림과 부활도를 그렸을 때도 그 분들의 삶을 마주해야했기에 힘들었었는데… 현장과 조금 떨어져 있는 지금.. 오종렬의장님의 삶을 마주하며 부활도를 그리니, 맘이 많이 무겁지만, '영원한 우리들의 의장님'으로 불리셨던 의장님의 자주 민주 통일의 정신을 새겨봅니다." (김성건)

많은 이들의 추모 속에 '민중과 함께 자주민주통일의 지도자 故오종렬

선생 민족통일장 장례위원회'가 꾸려지고 장례는 5일 동안 민족통일장으로 치르기로 했다. 10일 아침까지는 서울대학교 장례식장에서 추모객들을 맞았다. 추모의 발길이 끊이지 않았다. 시민사회운동 진영의 인사들뿐 아니라 직접 인연이 없어도 집회나 행사 때 먼발치에서 오종렬을 지켜봤던 일반인들도 부고를 접하고 많이 찾아왔다. 박원순 당시 서울시장 등 정치인들도 조문을 했다. 장례식 내내 전국에서 조화를 보내왔다. 서울대학교병원 장례식장 1층을 가득 채웠는데도 계속 들어와 나중에는 꽃은 돌려보내고 리본들만 붙였다. 벽면이 리본들로 가득 찼다.

9일 저녁 7시엔 추모의 밤을 열었다. 서울대병원 장례식장 1층에서 진행하고 3층에서 생중계를 할 정도로 많은 이들이 함께했다.

가장 가까운 거리에서 오종렬과 함께 했던 강병기 5·18민족통일학교 상임운영위원장이 추도사를 했다.

"제가 1999년도에 우연찮게 전농 사무총장 직무대행으로 서울에 올라와서 의장님을 처음 뵙고 떠나시는 2019년까지 20년을 가까이에서 모신 사람입니다.

2019년 12월 7일 마지막 운명하시기 전, 저는 그분의 눈을 보았습니다. 보통의 사람들은 생명이 끝나갈 때 눈빛이 흐려지고 생을 마감하는 경우가 대부분입니다. 오종렬 의장님께서는 늘 말씀하셨습니다. '운동가의 삶은 열사의 시선 끝을 향해야 한다. 그것이 나침반이다.' 그런 말씀 주신 바가 있는데 마지막 가시는 의장님의 눈은 그야말로 온 힘과 마음을 모은 눈빛이었습니다. 저는 그것이 저희에게 어디로 향해야 하는가를 돌아가시면서 다시 한 번 말씀해 주신 것이라 믿습니다.

또 한 가지 말씀드리겠습니다. 2014년 의장님 건강이 극도로 악화되어서 댁으로 모시고 내려갔습니다. 이 자리에 앉아계신 사모님께서 이렇게 말씀하셨습니다.

'젊고 힘이 있을 때는 바깥에서 다른 일을 하느라 모든 것을 바치시고 이제 힘없고 병들고 늙으니까 나한테 오시는구나.'

이 말씀을 들으면서 피눈물을 흘렸습니다. 자주민주통일을 향한 전사의 길은 이 아픈 길을 피할 수 없는 삶이 아닌가. 우리 의장님께서 삶으로 몸으로 보여주셨다 생각합니다.

여기 모이신 많은 분들이 각자 나름 삶의 지표를 가지고 살아가시겠지만 저는 의장님을 뵈면서 값나는 인생의 끝은 철저한 신념에 의한 투철한 한 길의 삶이라는 것을 배웠습니다. 제 비록 부족하고 잘 못 모셔서 일찍 보내드릴 수밖에 없는 큰 잘못을 저질렀지만 의장님의 그 마지막 눈빛과 의장님의 한 생을, 단 한 치도 물러섬 없고 흔들림 없이 보내셨던 그 신념을 감히 부족하지만 배워보겠다고 다짐을 했습니다.

그리고 임종 직전 약속을 드렸습니다. 저는 부족하지만 많은 의장님의 동지들께서 기필코 이 땅에 주무시나 꿈을 꾸시나 언제나 한 길로 바라보셨던 자주민주통일의 새세상을 기필코 열겠다고 약속드렸습니다. 저는 그 약속을 지키기 위해 남은 제 생을 바치겠습니다."

전교조를 대표해 추모발언을 한 박미자 전 전교조 통일위원장은 1988년 초임 교사로 참여했던 전국교사협의회 대의원대회에서 전국교직원노동조합으로 갈지 다른 형태로 갈지 심도 있게 토론하던 당시 대의원대회 의장이던 오종렬이 했던 말들을 전했다.

"의장님께서는 교사의 교육적 활동이 교실 안에서 그치지 않고 사회 변혁 운동의 방식으로 넓혀야 한다는 것을 보여주시면서 동시에 교사의 수업과 학생지도 활동이 학생들의 참여와 주인의식을 성장하도록 하는 활동이 되어야 한다는 점을 수시로 강조하셨습니다. 민족민주인간화 교육은 서로 연결되어 있으며 참교육실천활동의 철학이며 또한 교실 안에서의 실천방안이기도 하다는 점을 강조하셨습니다."

그러면서 그는 "의장님께서는 자라나는 아이들을 사랑하셨고, 우리 교사들을 매우 사랑하셨다."면서 "의장님과 동시대인이며 같은 교사여서 행복하고 자랑스럽다."고 전했다.

마지막 추모발언을 한 사람은 연세대학교 학생인 강새봄 진보대학생넷 회원이었다.

"의장님 젊은 시절 사진에서 투쟁하는 모습 많이 뵈었습니다. 하지만 직접 뵈었을 때는 호랑이 같은 그 매서운 눈빛보다는 늘 제 손을 잡아주며 따뜻한 미소를 지어주셨지요. 저는 의장님께 받은 것이 정말 많습니다. 언제나 대중과 함께 하라고 하셨지요. 의장님은 사람을 귀이 여기는 모습을 몸소 보여주셨습니다. 평생 만난 사람이 몇 만 명은 되실 텐데 동지들 한 명 한 명의 이름을 다 알고 근황을 기억하는 모습에 감동받았습니다. 그만큼 동지들과 대중들을 아끼고 사랑해주신 마음 잊지 않겠습니다.

장례식에 온 손님들이 자꾸만 일을 하려고 합니다. 무엇을 하면 되냐고 계속 돕겠다고 하는 분들을 보니 모두가 한마음으로 의장님을 '우리 의장님'이라고 생각한다는 것을 느낍니다. 의장님께서 넘치는 사랑을 주셨고 그 사랑을 원동력으로 사람들이 운동하고 있습니다. 받은 사랑 더욱 키워서 더 많은 사람에게 전할 수 있는 사람이 되겠습니다."

10일 오전, 운구는 서울대병원 장례식장을 떠났고, 오전 10시 광화문에서 영결식을 엄수했다. 영결식에 앞서 서울 시청광장에서부터 대형 만장과 부활도를 앞세운 운구 행렬이 광화문 북측 광장까지 이어졌다.

영결식에는 유족과 한국진보연대 소속 단체와 회원 등 각계 인사 1000여 명이 참여했다. 이재명 당시 경기도지사도 영결식에 참석한 뒤 그날 자신의 SNS에 '故 오종렬 의장님의 영원한 안식을 기원합니다'란 제목의 글을 올려 "오종렬 의장님께서는 한 평생 민중을 위해 헌신하셨다. 의장님의 발길은 '옳은 곳'을 향하는데 거침이 없으셨다."고 추모했다.

광화문 영결식을 마치고 고향이자 종렬이 사랑하던 혁명의 도시, 광주로 돌아온 오종렬의 운구는 이날 오후부터 조선대병원 장례식장 특실에 안치돼 조문객을 맞았다. 조선대병원 장례식장을 비롯해 광주시 곳곳에는 오종렬을 추모하는 현수막들이 붙었다. '갑오에서 오월로, 오월에서 통일로' '시대의 스승, 고 오종렬 선생님의 영면을 기원합니다' '오종렬 의장님 뜻 이어받아 조국통일 완수하자' '민중이 주인되는 그날까지 오종렬 의장님의 가르침 잊지 않겠습니다'

10일 오후 8시엔 조선대병원 장례식장 2층에 마련한 야외무대에서 두 번째 추모의 밤 행사를 열었다. 광주, 전남지역에서 종렬과 인연을 맺었던 이들과 시민 등 2천여 명이 참여해 종렬을 추억하고 자주민주통일 정신 계승을 다짐하는 시간을 보냈다.

무대에 오른 이석하 영광군농민회 사무국장은 오종렬과의 일화들을 추억했다.

"1991년인가요? 의장님댁 자취생 시절 집에 들어간 날보다 학생회실 소파 신세를 더 많이 질 때 어쩌다 집에 들어가면 '굶지 말고 건강 챙기라'며 안 집으로 불러들여 따뜻한 밥을 먹게 했던 날들이 생각납니다. 그 후로 찾아뵐 때마다 '우리 석하 왔냐' 반기는 말씀에 아버지의 따뜻한 정과 함께 항상 의장님 기대에 스스로 부족함에 새롭게 각오를 다지던 날들이 스쳐지 나갑니다. 지금 돌이켜보면 의장님은 늘 그 자리에 서 계셨습니다.

매년 찾아뵙다가 저 스스로 생활의 한계에 부딪히고 그 부끄러움에 찾아뵙지를 못할 때가 있었습니다. 그 후 얼마 만엔가 찾아뵀을 때도 의장님은 '우리 석하 믿는다. 사람을 귀히 여기고 항상 민중 속에서 민중을 스승으로 생각하고 배우라.'고 하셨습니다.

또한 의장님은 만날 때마다 농민의 위대함을 말씀하셨습니다. '120여 년 전 동학농민군이 바로 지금의 농민회원들이다, 보국안민의 기치는 지금도 유효하고 이것을 뿌리로 가지고 있는 농민회는 중요하고 소중한 조직이다, 한국 변혁운동에 있어서, 한반도 통일에 있어서 농민회 간부들의 역할이 그만큼 크다.'고 하셨습니다.

오늘 의장님 영전 앞에 다시 한 번 맹세 드립니다. 의장님이 말씀하신 농민의 위대함, 그리고 전농의 역할, 농민회 간부로서의 자세를 깊이 새기며 이 땅 자주민주통일의 길로 쉼 없이 나아가겠습니다. 의장님, 편히 영면하십시오."

당시 광주교육감이던 장휘국은 "제 나이 서른일곱에 나만 생각하고 눈앞에 일만 바라보던 저에게 더 넓은 세상 더 많은 이웃 그리고 멀리 바라볼 수 있도록 눈뜨게 해주셨던 분이다. 옆에 있으면 늘 답답하고 어둠 속에 있는 것 같은 제게 밝은 빛을 보여주셨고 희망을 가지게 해주셨다."며 추모했다.

당시 전남교육감이던 장석웅도 추모발언을 하기 위해 무대에 올랐다.
"승리의 기쁨과 고난과 좌절이 점철된 삶이었지만 결코 패배하지 않았습니다. 선생님의 말씀 중에 '뭣 하러 가느냐고 물으면 예나 지금이나 딱히 할 말이 없다, 그래도 가야만 했다.'는 말씀이 귀에 쟁쟁합니다.

교육 민주화 운동, 전교조 활동에 동지로서 처음 만났고 민주주의민족통일광주전남연합 사무처장 때 의장님으로, 5·18민족통일학교 이사 때 이사장님으로 모셨습니다. 그 수많은 연대전선조직의 의장으로서 풍찬노숙 간난신고의 길을 갈 때 멀리서 가까이서 함께 했습니다.

저에게 오종렬 선생님은 민족민주운동의 지도자, 그리고 의장님보다도 항상 따뜻하고 다정한 분, 힘들어 어려움을 말하면 끝까지 들어주고 공감해 주시는 영원한 내 편이며 든든한 의지처, 방황과 혼돈 속에 갈피를 못 잡을 때면 힘과 용기를 불러 넣어주시던 어른이며 영원한 청년 오종렬로 남아있습니다.

그리울 것입니다. 벌써 그립습니다. 그리움이 저 무덤 아래 5·18정신의 혼으로 피어날 것을 믿습니다."

전남사대부고 7회 졸업생인 제자 백옥련도 추모발언을 했다.

"선생님을 뵈면서 고등학교 때 생각이 났습니다. 지구과학을 가르치셨는데 어려운 부분이 있었어요. 어느 날 한 문제를 푸는데 학생들 80퍼센트 정도가 이해를 못하고 있었던 거예요. 다시 설명해주시면서 저희들 얼굴을 보면서 '네'라고 대답은 하지만 이해를 못하고 있다는 걸 알아서 다시, 또 다시 하면서 네 번을 되풀이해주셨습니다. 그 문제를 마지막으로 알려주면서 '공부가 어렵지?'라고 하셨는데요. 제가 졸업을 하고 TV에서 본 선생님은 전교조를 이끄면서 하얗게 산처럼 듬직한 모습으로 우렁찬 모습이었지만 그 이면에 고등학교 때 선생님은 따뜻하고 부드러운 그런 이미지를 가지고 있고 그런 선생님이셨습니다.

선생님은 '몸은 가난하지만 정신은 강하게 가져야 한다.'고 말씀해

주셨습니다. 2016년에 졸업 30주년을 맞아 선생님을 모시고 싶었는데 이미 몸이 안 좋아서 영상을 보내오셨어요. 거기에서 '직업에 충실하라, 전문성을 가져라. 남편과 아내, 자식을 사랑하라.'고 말씀하셨습니다. '아름답게 살아라. 그러나 한 가지 놓지 말아야 할 것은 불의에, 불공정에 꺾이지 말고 지금 살아있는 것처럼 청춘의 붉은 심장을 놓지 말라.'는 말씀도 덧붙이셨습니다.

여기를 오면서 수없이 걸려 있는 만장과 5일장으로 장례를 한다고 했을 때 저는 저만의 선생님인줄 알았는데 우리의 선생님이었고 우리 민족의 선생님이었다는 생각에 가슴이 따뜻해지고 위로가 됐습니다."

그 밖에도 정희곤 전 전교조 광주지부장, 정형택 민주노총 광주본부장, 정영일 광주시민협 전 상임대표, 정병희 5·18민족통일학교 광주전남준비위 준비위원장, 곽성용 광주전남대학생진보연합 운영위원, 전남고 11회 졸업생인 제자 최경주, 오종렬이 주례를 본 500쌍이 넘는 부부 중 한 쌍인 정대중, 박옥주 부부 등 많은 이들이 무대에 올라 추모발언을 이어갔다.

장례식장 야외무대를 가득 메운 추모객들은 서로 손을 잡고 '함께 가자 우리 이 길을'을 부르며 추모의 밤을 마무리했다.

애틋하게 추억하고 추모하며 밤을 보낸 추모객들은 마지막 날인 11일 오후 5·18 민주광장(옛 전남도청)에서 노제를 지내고, 80년 이후 광주에서 투쟁과 집회의 상징과 같은 금남로를 거쳐 옛 한미쇼핑 사거리까지 행진을 한 뒤, 오종렬이 마지막 힘을 쏟았던 전남 담양 5·18민족통일학교를 들린 뒤 망월동 민족민주열사묘역에 안장됐다. 오종렬의 묘는 당연하다는 듯 그보다 8년 전 세상을 떠난 영혼의 단짝 정광훈의 의장

곁에 자리를 잡았다.

몇 달 전인 2019년 5월 11일 정광훈 의장의 8주기 추모제 때 지팡이를 짚은 채 부축을 받으며 무대에 올랐던 오종렬은 준비된 원고도 거절한 채 원고 없이 추모연설을 시작했다.

"변변치 않은 모습으로 여러분을 이렇게 봬 죄송합니다. 면목이 없습니다. 우리 정광훈 의장이 지금 나 기다리고 있어요. 왜냐. 빨리 이제 그만 하고 이리 와서 지하조직 하자고 지하조직해서 이승과 저승을 가리지 말고 완전히 하나가 돼서 자주민주통일의 우리의 대의를 실천하도록 하라고. 산 자와 죽은 자가 어디 따로 있냐고 사람에 따라서는 살아도 안 산 것만 못하고 죽어도 영원히 사는 사람 있다. 그러니 우리는 이제 새로운 길 지하조직 하자. 그랬어요. 그런데 아직 내가 일이 있어서 못 가고 있어요.

오늘이 갑오년 동학 혁명의 125주년이라고 해요. 이것이 운동이냐 혁명이냐 말들이 많습니다. 여러분에게 묻겠습니다. 갑오년의 기치, 민중의 기치에 제일 머리가 뭐였어요? 척양척왜 아니었습니까? 이 자리에 계신 여러분들, 척양척왜 외쳐보지 않은 분들 없습니다. 난 그렇게 알고 있습니다. 제일 많이 외친 사람이 문경식. 그런데 잘 보세요. 더듬어 봅시다. 척양이 뭐여? 척양이 뭐냔 말이여. 외세는 외센데 결국 우리나라를 침범하는 제국주의 침략세력이니까 지금으로 말하자면 미국이야, 척왜는 일본이야. 일본놈 미국놈 몰아내고 그리하여 제폭구민하자. 이게 우리의 기치요. 생명을 바친 우리의 길이었습니다. 그런데 현실을 봅시다. 미국놈한테 빌붙고 일본놈한테 빌붙어서 말만 척양척왜. 글로만 척양척왜. 이게 현실이여. 우리 민중은 어떠냐? 우리 민중 책임 없어요? 운동이 됐건 혁명이 됐건 그게 문제가 아니라 외세에 아메리카 제국주의에 이것을 몰아내는 일. 일본 제국주의 다시는 발붙이지 못하는 일. 더 중요한 것은 이네들한테 빌붙어서 민중의 피를 빨아먹던 사대매국노들 이것을 끝장내는 일, 청산하는 일 이게 우리의 일입니다.

그런데 누구는 어쩌고 누구는 어쩌고 손가락질하기 전에 우리 민중부터 다시 한 번 돌아봅시다. 내가 바라는 것은 오로지 여러분뿐입니다. 믿을 놈 없습니다. 여러분뿐입니다. 노동자, 농민, 도시서민, 거품만 쥐고 있는 자영업자, 아직도 차별받는 여성, 미래가 안 남은 청년학생. 이들이 제대로 된 주인이 될 수 있도록 여러분들이 스스로 먼저 깨우치고 이네들을 바로 세워줘야 합니다. 이걸 하지 않고 말로만 떠들어봤자 아무 소용이 없어요. 온몸을 바쳐서, 온 정신을 바쳐서 총매진, 총진군합시다.

이것을 몇 사람이 중뿔나게 하는 것이 아니라 전 민중적으로 들불처럼 일어서도록 우리가 혼신의 힘을 다 기울여야 합니다. 나는 여러분들이 꼭 그렇게 해줄 것이라 믿어 의심치 않는데 믿을까요? 믿을 만합니까? 여러분들 복 많이 받으세요. 자손 만 대로 복 많이 받으세요."

조용하게 시작해 점점 목소리에 힘을 얹으며 8분간 계속된 오종렬의 말은 추모발언을 빗댄 남은 이들에게 남긴 그의 간절한 바람이었다.

"해봤자가 아니라 하면 반드시 이루어집니다. 머지않아 그 영마루가 우리 눈앞에 다가오고 있습니다. 이 자리에 안 계시는 모든 민족민주열사들, 숨 거둘 때 마지막으로 바라보던 그 시선 끝, 자주민주통일의 복된 세상. 질기고 천한 목숨이지만 내가 그것 하나는 꼭 보고 가고 싶고, 설사 꽃이 만발하지는 못할지언정 꽃봉오리 맺는 것까지는 내가 꼭 보고 가야겠습니다."라고 했던 오종렬은 그토록 바라던 자주민주통일 세상의 꽃봉오리를 보지 못한 채 눈을 감았다. 나머지는 남은 이들의 몫이다. 정광훈과 함께 지하조직을 하느라 바쁜 오종렬이 저 멀리서, 아니 바로 우리 곁에서 말하고 있다.

"잘 하도록 믿습니다."

<추모사>

섬마을 선생님! 어이 이리 황망히 가시나요.

작년 5·18민주묘역 정광훈 의장 추모식에서 제 앞줄에 앉으실 때 불편했던 몸뚱이가 여기까지였던 걸까요. "나도 이제 갈 때가 된 거야…" 눈웃음 인사로 건넨 말이 이렇게 현실이 되니 황망한 마음 이를 길이 없습니다.

제가 농민운동의 길로 들어서며 먼발치에서 우러러 뵈던 의장님은 추상같은 면모이셨습니다. 워낙 풍채도 남다르셔서 제가 농으로 해주오씨 한반도 유입설을 말씀드리니 호탕하게 웃으시며 "허 그래, 그렇쿠마." 짐짓 인정하시잖았습니까.

면모야 일러 무엇 하겠습니까. 의장님은 언제나 매사에 신중, 엄격하셔서 운동하는 동지들이 살갑게 대하지는 못했다고 생각합니다. 저도 마찬가지구요.

특히 제가 전농 의장을 결심하고 의장님께 넌지시 말씀드렸을 때 냉정하게 잘라 말씀하셨을 때를 전 늘 기억하고 기억 합니다. 전선의 한 축을 지도하고 이끈다는 것이 그리 만만한 것이 아니니 신중에 신중을 거듭하라는 말씀으로 이해했습니다. 한 치의 빈틈도 보이시지 않던 의장님 이렇게 이별이 가능한 건가요.

2008년 한국진보연대에 세 분의 어른이 계셨지요. 먼저 유명을 달리한 정광훈 의장님, 한상렬 목사님, 그리고 오종렬 의장님. 이렇게 세 분이 오순도순 한집에서 머무실 때 가끔 저도 그 방에 기어들어가 함께 밥을 먹고 이야기를 나누었드랬지요.

의장님은 가장이시고 정광훈의장님은 마치 어머니 역할이시고 한상렬 목사님은 삼촌 같은 한가족 구성원들이 조분조분 살아가시는 모습이 이상스럽게 조화롭다는 생각을 했습니다.

제가 설거지를 하려니 "다 몫이 있는 것이야. 한 의장은 손님이니 커피나 마시고 앉아있게" 이리 정리하시곤 또 껄껄 웃으셨더랬습니다. 공적인 시간이나 사적인 시간이나 흐트러지는 법 없이 한결같으셨던 의장님의 꼿꼿하신 모습이 그렇게 믿음직스럽고 부러웠습니다.

인생에서 사표가 될 만한 사람을 한사람 대라고 한다면 저는 단연코 의장님을 생각합니다. 언젠가 광주에서 회의를 하는데 오병윤 전 의원이 인사말을 하고 그 뒤에 오종렬 의장님이 인사를 하러 올라서며 "까불지마. 저 오병윤 의원이 광주에서 나하고 일하던 사람이요. 그래서 까불지마라고 한 것이요." 사람들은 한바탕 웃음을 터트렸는데, 오 의원이 바쁘니 그런 식으로 경고를 한 것이겠지요. 잘하라고 잘 해서 민중이 총 단결하고 나라의 통일 위업을 달성하는데 한목숨 바치라고 그리 다짐을 받아낸 것이지요. 그리 할 수 있는 힘은 의장님의 추상같은 성품이라서 가능 한 것이고 이해되는 것이였습니다.

요즘 홍콩투쟁이 점입가경 (우리가 이해하는 모습으로는)입니다. 의장님! 2005년 홍콩투쟁 기억 하시죠? 그때 저하고 몇 사람 같이 버스를 타고 빅토리아 공원으로 이동할 때 "아이 한 의장. 한 의장이 역사를 잘 아니까 물어 보는데 홍콩이 언제 반환 됐지?" 저는 당황했습니다. 제가 역사를 잘 안다니요. 저는 역사가도 아니고 제가 뭘 안단 말씀이신지. 그렇게 부끄럽기도 하고 민망하기도 해서 우물쭈물 하다가 기억을 끄집어냈습니다. "97년인가 98년에 됐습니다." "영국이 안 내 놓으려고 많이 우겼지?" 그 말씀에는 나라가 힘이 있어야 아귀 같은 제국주의에 대항해 땅도 찾을 수 있다는 말씀이셨습니다.

나라의 힘은 국민들의 단결된 힘이겠죠. 단결된 힘은 미군을 철수시킬 수 있는 힘이 되고 WTO도 받아칠 수 있다는 말씀이고요. 우리는 의장님 가르침으로 홍콩에서 싸웠고 승리했습니다. 그 싸움의 모습이 지금 홍콩인들에게 각인된 민중운동의 모습으로 재현된 것으로 감히 생각합니다.

의장님의 비장한 노래 한가락이 생각납니다. "비 내리는 고모령" 혹시 장례식장에서 누가 불러 주는지 모르겠습니다. 언젠지 기억이 나질 않지만 금강산에 회의 차 다녀오던 길이었죠. 누군가 의장님께 노래 한곡을 부탁했는데 의장님께서 의외로 호남 특유의 커쿨진 목소리로 비 내리는 고모령을 부르시고 해설도 하셨는데 의장님도 목이 메고, 저도, 같이한 사람 모두 목이 메었더랬습니다.

노래 한곡을 해도 우리민족의 한과 염원을 유감없이 표현하셨습니다. 그 힘은 아무래도 오랜 동안 민중투쟁을 고민 하고 지휘하면서 발로된 것이리라 생각합니다. 우리 민중이 금강산에서 통일을 논의하고 희망찬 가슴으로 내려오던 그 길에서 의장님의 노래는 저를 비롯한 동지들에겐 비타민제 같은, 아니면 각성제 같은 효과를 발휘했던 것입니다.

노래하니까 생각나는 노래가 또 있군요. "섬마을 선생님" 이 노래는 제가 불렀던 거 같습니다. 그랬더니 "아이 한 의장, 그거 내 노래야"

그래서 의장님의 청년시절을 말씀 하셨죠. 광주에서 고등학교를 마치고 표명렬 회장님과 육군사관학교 시험을 봤는데 표 회장님은 합격하고 당신은 낙방을 하셔서 섬마을에 선생으로 가게 되었노라고…. 그래서 그 노래가 당신의 로맨스라고 우스개 말씀을 하셨지요. 결국은 다시 만나 민중운동의 전선에서 각자의 역할을 해내시는 의기는 모두의 귀감이라 생각됩니다.

제가 개불알풀꽃이라는 시집을 만들면서 여는 말씀을 부탁드렸더니 "아, 이 사람아 내게 그런 어려운 걸 부탁하고 그러면 어떻게 해. 내가 시를 알아야지. 원고 보니 말 그대로 까만 건 글자고 하얀 건 종인데 뭘 어떻게 써야하는가." 그렇게 말씀하시고도 시집 발간 서문으로 최고의 말씀을 주셨습니다. 그중 일부를 옮겨 봅니다.

> 살아있는 농사꾼 한도숙은 글쟁이가 아닙니다. 그는 쇠스랑으로 시를 쓰고 낫으로 신자유주의를 벱니다. 곡갱이로 분단장벽을 부수고 싸리비로 사대주의를 쓸어냅니다. 제 땀과 눈물로 민중의 아픔을 씻어냅니다.

저 보다 더 감성적인 글귀를 구사하셨음에도 당신은 시를 모르는 인간이라고 겸하해 하시니 무릇 도량을 헤아릴 수가 없으신 분입니다. 병석에서도 한 사람 한 사람 손을 붙드시고 민중의 단결과 조국통일에 대한 염원을 불사르시던 모습을 어이 잊을 수 있단 말입니까. 한 사람에게 이렇게 신랄한 지적을 유감없이 하시는 선생을 이제 어디서 다시 만난단 말입니까.

저는 의장님의 이 글을 신조로 삶고 살아가겠노라는 다짐을 했습니다. 의장님께서는 제게 너무 많은 것을 주셨는데 저는 의장님의 의도에 부응하지 못하는 듯해서 서글퍼지기도 합니다.

이제 다시는 뵈올 수 없게 되었지만 의장님 가르침을 잊지 않고 따르는 의장님의 동지가 되렵니다.

의장님 편히 영면 하소서.

오종렬 의장님 영전에 한도숙 드립니다 *

<추모 편지>

"의장님, 우리 의장님. 생전에 제대로 된 편지 한 번 드리지 못했는데 곰살맞은 글 한 번 쓰지 못했는데 의장님 영전에 이런 글을 쓰게 되다니요. 이게 무슨 일입니까. 예견된 이별을 준비했지만 도무지 실감이 나지 않습니다.

민주주의민족통일 전국연합이 최대 어려움을 맞았을 때 많은 사람들이 전선을 떠나갈 때 그 전선을 지키고자 나타나신 의장님을 뵈었습니다.

1999년 동국대 전국연합 대의원대회에서 뵌 의장님은 온 세상을 호령하던 거대한 호랑이었습니다. 세상을 향해 포효하듯 엄청난 메아리고 거대한 산이셨습니다.

"동지 여러분, 목적지를 향해 항해하는 배에 탈 선장은 많습니다. 그러나 그 배가 난파선이면 나는 기꺼이 그 배의 선장이 되어 난파선과 함께 침몰했더라도 자기 소임을 다하고 침몰하는 선장이 되겠습니다. 여러분은 나를 딛고 목적지까지 무사히 가십시오. 반드시 도달하십시오."

그때 의장님을 따라 이리도 많은 동지들이 함께 하고 있는데 어찌

---

* 한도숙, "모두가 목 메인 '비내리는 고모령'" 〈통일뉴스〉, 2019.12.9.

의장님은 거기 계신가요? 그때 그 자리에서 저도 참 많이도 울었습니다. 아마도 제 서러움이었겠지요. 난파선의 선장을 모셔왔던 남편 한충목 씨도 수배중이었고 네 살, 두 살짜리 어린 딸내미들을 데리고 남편과 함께 있다는 그 마음으로 어느 때보다 가슴 절절하게, 벅차게 그 자리에 함께 했으니까요.

눈물 줄줄 흘리는 제 손을 잡고 "손 동지, 아니 미희야. 희수 애미야. 울 이유가 하나도 없어야. 이제부터 시작이다. 우리 마음 다부지게 먹고 지금부터 같이 가자. 울지 마. 울 시간이 없어. 힘내자."고 하셨지요.

그때부터 지금까지 의장님과 함께 같이 왔습니다. 부족했습니다. 의장님 말씀 깊이 헤아리지 못하고 심려만 끼치면서 여기까지 왔습니다. 그래도 의장님, 의장님 덕분에 여기까지 올 수 있었습니다. 힘겨움 구비구비 의장님의 눈빛과 의장님의 격려로 여기까지 왔습니다.

언제나 아이들에게는 따뜻하고 인자한 할아버지, 의장 할아버지. 감옥을 가시면서까지 아이들에게 편지를 남기시는 그 마음을 어찌 감히 헤아리겠습니까.

'믿고 사랑하는 희수야, 앓지 말고 잘 자라거라. 귀여운 지수 너도. 엄마아빠 안 계신 빈 방에서 어린 지수의 머리를 곱게 빗겨주고 학교에 데리고 가더란 네 모습이 그림보다 또렷이 할아버지의 마음에 새겨져 있다는 거 너는 모르지?

그렇지만 희수야, 엄마아빠가 너희들 세상을 더 밝고 더 넓게 열어가느라 고생하는 거 잘 알지? 남에게 귀염 받으려고 애쓰는 사람이 되지 말자. 맑고 밝고 굳세면서도 남을 배려하는 마음가짐 때문에 남에게 사랑과 존경 받는 사람이 되자. 희수, 사랑해. 지수, 너도.
　　　　　　　　　　- 먼 여행 떠나는 길에 '의장 할아버지가'

감옥 가는 그 길에서 아이들에게 써주신 의장님의 그 마음으로 아이들도 밝고 맑게 굳세게 잘 자랐습니다. 의장님 고맙습니다.

그 먼 여행길의 새날 새 아침에도 어김없이 힘찬 글을 보내주셨습니다. '검은 밤을 덮고 봄을 일구는 꿈을 꾸니 이도 참 좋다'라고 하셨습니다. 영원한 혁명가이자 시인인 우리 의장님, 감옥 안의 의장님이 감옥 밖의 우리들보다 훨씬 자유로웠습니다. 이런 낙관이 우리들을 여기까지 오게 했나 봅니다.

의장님, 사람의 한 생이 어떠해야 하는지를 아낌없이 우리들에게 보여주신 의장님. 진정한 혁명가의 길은 어떠해야 하는가를 몸소 보여주신 의장님. 의장님을 통해 영생을 봅니다. 영원히 사는 것이 어떤 것인지를 압니다. 의장님과 함께 걸어온 길. 의장님과 함께 기어이 가야할 길. 그 길에 의장님과 함께 하겠습니다. 이제 그 부대낌, 그 고단함 다 내려놓고 편히 쉬십시오.

평생의 동지 정광훈 의장님과 저희를 나란히 지켜봐 주십시오. 영원한 우리들의 의장님, 의장 동지 편히 가십시오. 통일 조국에서 다시 만나겠습니다.

의장님과 함께여서 늘 행복했던 손미희, 의장님 영전에 바칩니다.

[결의문]

오늘 우리는, 참으로 큰 슬픔과 상실감으로, 의장님을 열사들의 곁으로 떠나보내기 위해 이 자리에 섰습니다.

의장님이 가셨다는 부고 기사에 붙어있는 댓글들 중, "데모대에 맨 앞에 있던 사람"이라는 댓글이 눈에 띕니다.

그렇습니다. 의장님은 항상 민족과 민중이 요구하는 투쟁의 맨 앞에 계셨습니다.

비록 비난일지라도, 그 댓글은 의장님께 부여된 최고의 훈장일 것입니다.

자주 없이 민주 없다!
자주 없이 민생도 없다!
민중의 연대로 민중해방과 평등세상 앞당기는 승리의 길로 나아가자!

의장님께서는 새로운 세상을 향한 꿈이 외면 받고, 많은 이들이 다른 길을 찾아 떠나던 시기, 자주민주통일 운동이 혼란에 빠져 외면 받던 시기, 산처럼 버티시며 위기에 빠진 우리의 운동, 우리 민족, 민중의 미래를 지켜내셨습니다.

그렇게 우리는, 이. 땅 민족과 민중은 의장님과 함께 그 어둡던 혼돈의 강을 함께 건넜습니다.

그렇게 우리는, 이 땅 민족과 민중은 한미FTA 협상장에서, 광주,군산,평택,인천 등 곳곳에 또아리튼 미군기지 앞에서, 국가보안법 폐지 단식농성장에서, 광우병촛불에서, 의장님과 함께 싸웠습니다.

그렇게 우리는 촛불 항쟁의 선봉이 되었고, 촛불 민중과 함께, '나라다운 나라'를 향해 힘차게 전진하고 있습니다.

그렇게, 우리는 이제 북미가 대화하고, 이 땅에 평화체제를 구축하며, 외세와 외국군을 저들의 고향으로 돌려보내고, 우리 민족이 하나되는 '새로운 시대'가 보이는 언덕에 올라서고 있습니다.

아직 가야 할 길이 많이 남아 있습니다.

아직 해방은 오지 않았습니다.
미군이 철수하고, 국가보안법이 폐지되어야 진정한 해방입니다.
외세를 몰아내고, 우리 민족끼리 힘을 합쳐 통일을 이루는 그 날까지, 우리는 투쟁을 멈추지 않을 것입니다.

사상은 뿌리깊게!
표현은 얕고 낮게!
연대는 넓디 넓게!
실천은 무궁토록!

의장님의 말씀을 더욱 새기겠습니다.

다가올 새 시대를 앞당기는, 그 시대를 온몸으로 만들어가는 민족 간부, 민중 간부가 되겠습니다.

의장님.

함께해서 감사했습니다. 영광이었습니다.
의장님은 우리의 가슴에 영원히 살아계실 것입니다.

이제 살아있는 우리가, 민주주의와 민중생존, 민족의 자주와 평화통일을 위한 남은 여정을 계속할 것입니다.
끝까지 싸울 것입니다.
기어이 그 날을 앞당길 것입니다.
의장님. 이제 못다한 일들을 저희에게 맡기시고 편안히 가십시오.
의장님. 사랑합니다.

2019년 12월 10일
한국진보연대 상임대표
문경식, 박석운, 한충목

3

영원한 의장님

50
오종렬을 추억하다

평님은 종렬이 세상을 떠난 후, 그가 얼마나 인덕이 많았는지를 새삼 느낀다. 전국에서 제철 채소나 과일, 건강식품들이 때때로 배달돼 온다. 종렬과의 추억을 그리워하는 사람들이 많다는 뜻이다. 그 중 몇몇 사연들을 소개한다.

● **조택용**

오종렬은 생전에 몇 백 번인지 기억이 안 날 정도로 결혼 주례를 많이 섰다. 그 중 전남고등학교에서 가르쳤던 조택용 제자 부부는 특별했다. 조택용에게도 오종렬은 특별한 스승이었다.

"우리반 담임을 맡은 적도 없고 다만 지학을 가르친 과목 선생님이셨습니다. 그런데 오 선생님이 너무나 남자답고 박력 있으면서도 정 많고 인자하시잖아요. 학생들 만인의 선생님이셨습니다. 저도 선생님이 좋아 선생님 과목은 열심히 공부했어요. 문과였음에도 지학 점수가 제일 좋았습니다.

제가 1,2학년 때는 고향인 담양에서 다니다가 3학년 때 오 선생님 댁 옆옆집에 집을 얻어 자취를 했습니다. 그때 선생님 댁 가서 밥도 자주 얻어먹고 선생님과 이야기도 많이 나누었습니다. 사모님과 함께 저를 친 부모님처럼 챙겨주셔서 정이 많이 들었지요."

그 기억이 좋아 대학에 간 뒤에도 종렬의 집을 찾아가기도 했다. 명절 때면 전화로 가끔 안부 인사를 하기도 했다. 그렇게 이어가던 인연이 결혼으로 더 끈끈해졌다. 결혼을 앞두고 조택용은 주례로 자연스럽게 스승 오종렬을 떠올렸다. 부탁했을 때 종렬도 흔쾌히 응했다.

"서울에서 순천까지 오셔서 주례를 해주셨습니다. 그런데 선생님께서 주례사를 하다가 중간에 급하게 끝내셨어요. 빨리 끝내려고 그러셨나 보다 했는데 신혼여행 다녀와서 찾아뵀더니 오 선생님께서 말씀하셨습니다. '그날 신부가 하도 달달 떨어서 여기서 더 말을 하면 안 되겠다 싶어서 중단했다'고요."

오종렬은 결혼식이 9월 말이어서 쌀쌀한 날씨와 긴장감에 떨던 신부를 배려했던 것이다. 그 마음을 가슴에 간직한 조택용 부부는 그 뒤 매년 결혼기념일이면 주례선생님인 오종렬을 찾아뵀다. 평일이던 휴일이던 상관하지 않았다. 서울에서 활동하던 오종렬도 그날이면 광주로 내려와 부부를 만났다.

"우리 부부가 퇴근하고 오면 밤 9시가 다 될 때가 많았어요. 그런데도 우리가 올 때까지 두 분이 식사도 안 하고 기다리고 계셨습니다. 사모님이 꼭 정성이 들어간 따뜻한 밥을 해놓으셨지요. 매년 그렇게 댁에서 식사를 했고, 결혼 25주년이던 은혼식 때 처음으로 같이 식당에 가서 밥을 먹었습니다. 선생님이 교도소에 계실 때, 딱 두 번 댁에서 식사를 못했어요. 홍성교도소에 계실 때는 못 갔지만 광주교도소에 계실 때는 사모님과 함께 결혼기념일에 가서 면회를 했습니다."

오종렬이 세상을 뜨기 전까지 35년 동안 결혼기념일 만남이 이어졌다. 조택용 부부는 어떤 마음으로 매년 종렬을 찾아갔던 걸까?

"결혼생활 하면서 어려울 때면 아내한테 '내년에 가서 선생님께 점검 받으려면 우리 잘 살아야 해'라고 말하곤 했습니다. 정말 그런 마음으로 살았고요. 이제 제가 나이가 들어 주례를 서기도 하는데 부탁하러 오는 부부들에게 늘 묻습니다. 우리는 매년 주례선생님을 찾아뵙고 잘 살고 있는지 확인을 받았는데 그렇게 할 수 있느냐고요."

결혼기념일에 찾아 뵐 때면 "너들 결혼식날 날이 너무나 좋아서 잘 살 것 같은 예감이 들더라."는 말을 들었던 조택용은 오종렬의 덕담대로 아내와 금실 좋은 부부로 살아가고 있다.

● 최경주

최경주는 오종렬이 전남고등학교에서 가르치던 학생이었다. 학생들과의 다툼에 휩싸여 퇴학을 받을 수도 있었던 걸 종렬이 나서서 다른 교사들을 설득해 퇴학을 면한 적이 있다. 최경주는 종렬이 학생들이 공부를 잘하든 못하든, 집안이 잘살든 못살든 관계없이 아이들을 똑같이 사랑했다고 말했다.

"교사들이 인간적인 교감을 나누면서, 제자들한테 가슴에서 우러나온 마음을 줘야 학생들이 감동해 따를 거 아니에요. 오종렬 선생님은 바로 그런 선생님이셨습니다. 집이 어렵고, 학교생활 힘들어하고, 사고 친 아이들 만나서 좋은 말씀을 해주셨지요. 학생들 이야기에 귀 기울이면서 제자들의 마음을 이해하고, 앞으로 어떻게 살아가야할지 당신 생각도 전해주셨습니다. 선생님 영향으로 인생의 방향이 바뀐 제자들이 한두 명이 아닙니다. 동기, 선후배 중에도 엉뚱한 길로 빠졌다가 오 선생님 지도로 대학도 가고 사회에 나와 각 분야에서 열심히 활동하는 동문들이 부지기수입니다."

대학 때 총학생회장을 지낸 최경주는 사회에 나와 사업을 하다 크게 흔들리기도 했다. 숱한 역경을 겪으면서도 그는 고교시절 오종렬이 자주 말했던 '정의로운 삶'을 살기 위해 애써왔다.

추모제 때 제자 대표로 나가 추모사를 했던 그는 "불효자식이 부모님 돌아가신 뒤에 눈물바람을 하며 후회한다는데 내가 바로 똑같은 심정"이라고 말하기도 했다. 스승의 은혜를 평생 잊지는 않고 있었지만 몇 번 모시지 못한 것이 한스럽다면서.

● 장휘국

오종렬이 전교조 광주지부 지부장을 할 때 사무국장으로 옆에서 보좌했던 장휘국은 이후 정치 행보를 할 때마다 종렬의 가르침을 가슴에 담았다.

"의장님께서 전교조 활동할 때 해직된 걸 훈장으로 생각하지 말라. 겸손하게 직을 충실히 이행하라는 말을 많이 해주셨습니다. 또 교육감 선거에 나올 때도 소신껏 하고 주변 말에 연연하지 말라는 말씀을 해주셨지요."

● 박현옥

광주교사협의회 초대 여성부장으로 전교조의 태동을 함께 만들어냈던 박현옥은 지금은 5·18민족통일학교 이사로서 오종렬의 뜻을 잇고 있다. 그는 "실제 집행부로 같이 일을 한 건 1년 정도 밖에 안 되는데도 몇십 년 간 일을 한 느낌"이라며 30대 때부터 봐온 오종렬에 대해 이야기했다.

"오종렬 선생님은 한마디로 정의할 수 없어요. 끊임없이 노력하고 끊임없이 진화해온 지도자이시죠. 다른 사람이 가지 않은 새로운 길을 계속 열어주셨기 때문에 우리 민중운동의 대부로까지 불리지 않았나 싶어요. 사회운동에 지도자들이 있었지만 오종렬 선생님에게선 교사로서의 모습이 많이 보였지요. 항상 헌신하고 널리 사람을 이롭게 하자는 이타적인 모습도 그렇고, 권력을 탐하지 않고 역사에 대한 사명감도 컸고요. 그런 모습들이 그렇게 귀한 투쟁들을 낳지 않았나 싶어요."

그러면서 박현옥은 "오종렬 선생님은 애인사상이라고 해야 할까, 인간에 대한 사랑이 각별하셨다. 그러한 사람에 대한 정은 일부러 만들었다기보다는 태어날 때부터 갖고 계시지 않았을까. 가문의 유전이 아닐까 싶다."고 말했다.

박현옥 역시 전교조 활동으로 해직됐다가 1994년에 복직됐다. 복직돼 전남고에 있다가 2001년에 전남여고로 전근을 갔다. 전남여고는 오종렬이 1989년에 파면 당할 때 근무하던 학교였다. 이미 10년 전에 있었음에도 박현옥이 전남여고에 갔을 때도 오종렬의 이야기는 전설처럼 전해지고 있었다.

"80~90년대 교사운동을 하면 교육계가 보수적이어서 활동하는 선생님들을 악의적으로 모함하는 경우가 있었어요. 다른 교사들도 할 수 있는 실수여도 전교조 선생님이면 더 크게 얘기했지요. 1년에 지각 한 번 한 걸로 몇 년을 우려먹을 정도였지요. 그런데 오종렬 선생님은 워낙 평교사로서 학생들에게나 교사들에게나 존경을 받아서 교장, 교감도 함부로 못하고 과학교사로도, 선생으로서도 훌륭했다는 일화를 많이 들었어요."

전남여고는 공립학교로 전교조 조합원도 몇 명 없었는데도 오종렬이 파면되고 학교를 떠난 뒤에 해직교사를 위한 모금에서 후원금이 가장 많이 모이기도 했단다. 전교조와 전혀 관련이 없던 나이 많은 여 선생님들도 이름도 밝히지 않은 채 앞다퉈 같이 모금을 했다고.

"밖에서 마지막으로 뵌 건 2018년 전남대 민주동우회에서였어요. 10월이면 민주가족한마당을 하는데 투병중이고 굉장히 심각하다고 들었는데 지팡이를 짚고 오셨더라고요. 거기 온 회원들이 70년대부터 학생운동을 했던 사람들이어서 대부분 의장님 후배들이었지요. 그 사람들이 많이 모여서 행사를 하는 게 기뻤던지 의장님께서 여전히 우렁찬 목소리로 격려를 해주셨지요."

박현옥은 민에 의한 통일운동을 하며 오종렬의 유지를 잇고 있다. 2018년 4월 27일 남북정상회담과 판문점 선언 1주년을 기념해 2019년 4월 27일에 열린 DMZ 평화인간띠운동을 조직했다. 전남대 민주동우회도 2020년 1월부터 6월까지 남북문제 평화적 해결을 위한 매일 릴레이 시위를 하기도 했다.

"전에는 퇴직하면 은퇴 후 삶은 개인을 위하며 사는 삶이라고 생각했어요. 그런데 지금은 오종렬 선생님 생각을 하죠. 일흔이 넘어서도 계속 운동을 하셨는데 우리가 감히 쉬자는 말을 할 수 있을까?라고요. 2020년에 후배들이 재야단체를 맡아달라고 할 때도 '내가 이 나이에 해야 되나?' 생각했다가 바로 받은 것도 오종렬 선생님께서 감히 '이 나이에'라는 생각을 못하게 모범을 보이신 거죠. 오 선생님께서 뜻을 다 이루지 못하고 가셔서 얼마나 한이 맺히셨을까? 남은 사람들이 하나씩 거들고 가야 합니다."

● 이세천

광주교사협의회에서부터 전교조 광주지부까지 오종렬과 함께 활동했던 이세천은 오종렬과 대화하면 "문제의 본질을 파고들어가서 좋았다."고 밝혔다.

"오 선생님과 대화를 하면 이야기가 옆으로 안 새고 한정 없이 본질로 깊이 있게 들어가요. 그러니 이야기 하고 나면 굉장히 성취감을 느끼죠. 제 자신도 정리가 안 된 게 오 선생님과 이야기하면 정리가 되곤 했습니다. 마음으로 만날 수 있는, 진지한 대화의 상대였습니다."

오종렬과 함께 해직됐던 이세천은 복직 후 교사운동을 고민하다 교사 연수가 중요하겠다는 생각으로 교육연구사를 지원했다. 교육연구사는 전문직으로 장학사로 승진하는 경우가 많아서 전교조 간부 중에는 이세천을 안 좋은 시선으로 보는 사람들도 있었다. 하지만 오종렬은 달랐다. 이세천이 고민을 털어놓자 "필요한 일이다. 선생님들을 변화하는데 선봉에 서봐라. 합격해서 정말 다행"이라며 격려해줬다.

이세천은 "별로 기대를 안 하고 적어도 내 이야기를 들어주는 한 명이라도 있으면 좋겠다는 마음으로 말씀드렸는데 그렇게 적극적으로 해보라고 말씀해주셔서 저로서는 정말 감사했다."고 그때를 떠올렸다.

● **정병표, 장범호**

전교조 광주지부에서 활동했던 정병표와 장범호는 1991년 어느 날 오종렬과 만났던 일을 떠올렸다. 광주전남민주연합 공동의장이 되기 전이었다. 김대중 평화민주당 대표와 독대를 했던 오종렬이 지역구 하나를 주겠다며 평화민주당 입당을 권유받았다는 이야기를 전하며 후배 교사들의 의견을 물었단다. 둘이 함께 "저희는 쌍수를 들고 환영합니다. 이제 편한 일 좀 하십시오."라고 하자 오종렬은 "생각 좀 해봐야겠다."고 말을 아꼈다. 그러고선 오일 쯤 지나 다시 두 사람을 부른 종렬이 말했다.

"나는 정치 안 하고 통일 운동 할란다. 문익환 목사님 돌아가신 빈자리가 너무 크다. 나라도 그 빈자리를 채워야겠다."

그렇게 말한 오종렬은 그 뒤 30년 가까이를 옆길은 쳐다보지 않은 채 전선체에 복무했다. 정병표와 장범호는 "국회의원 자리도 마다한 오종렬 선생님은 우리의 우상"이라고 말했다.

● **이종진**

전교조 광주분회에서 함께 일했던 이종진은 오종렬을 이렇게 평했다.

"오종렬 선생님은 겉으로 보면 강한데 속은 따뜻한 외강내유형이에요. 같이 이야기 나눠보면 정도 많고 섬세하시죠. 또, 어떤 사물이든 일에 대해 정리하는 능력도 탁월하고요. 사람을 잡아끄는 마력이 있는 분입니다."

● **오창훈**

"젊은 선생님들을 보면 항상 극진하게 대하셨어요. 친절하고 자상하셨고요. 안부를 물을 때도 총각은 총각에 맞게, 결혼한 사람은 또 거기에 맞게 안부를 묻고 배려해주시죠.

해직교사들 모임인 원상회복추진위원회 사무국장을 제가 오래해 회원들 경조사를 다 챙겼어요. 오종렬 선생님은 서울에서 활동해 못 오면 항상 저한테 조의금, 축의금을 내달라고 연락해 오셨지요."

● **송문재**

"정치하는 사람들 나쁜 습성이 악수를 적당히 하는 거예요. 악수하면서 딴 데 쳐다보는 사람은 나쁜 정치인이죠. 그런데 우리 오 선생님은 그런 사기꾼 기질이 없어요. 악수할 때면 언제나 상대방을 응시하면서 안부를 묻곤 하지요. 인간은 원래 도둑놈인데 오 선생님은 그런 도둑놈 기질이 없어요.

초기 교사 운동 하는 사람들은 대부분 역사나 사회 선생님이어서 처음엔 과학 선생님인 오 선생님을 잘 보지 못했는데 나중엔 보는 시각이 다르더라고요. 지구과학 선생이니까 다르대. 전체를 봐버려."

● 홍성칠

홍성칠이 오종렬을 처음 만난 건 1989년 5월, 5·18광주민중항쟁의 상징과도 같은 금남로 5·18민주광장에서다. 5월이면 어김없이 벌어지던 광주민주항쟁 진상규명 투쟁이 그해는 전교조가 설립돼 교사 노조 인정을 요구하는 투쟁이 함께 벌어졌다. 2만 명 가까이 모였던 그날 집회 현장엔 대학 2학년이던 홍성칠도 있었다. 광주에서 대학을 다니던 학생들은 5월이면 무조건 금남로에 나가던 때였다. 많은 이들이 연단에 올랐다. 그중 말로써 좌중을 휘어잡는 이가 있었다. 바로 전교조 선생님이라던 오종렬이었다.

"집회에 꽤 나가 여러 연설자를 봤는데 의장님 연설은 독특했습니다. 그동안 연단에 나온 분들과 차별화되는 부분이 있었어요. 집회 참가자들에게 이야기하듯 하는 목소리가 호소력이 짙었어요. 연설의 품위도 남달랐고요. 다른 대학생들과 저 분이 누구시냐 물으며 수군댔던 기억이 납니다."

연단 위 연설자와 연단 아래 대학생으로 만났던 둘은 2년 뒤 다시 만났다. 이번에는 광주전남민주연합 의장과 학생회 간부로서의 만남이었다. 연합 사무실에 일이 있어 잠깐 들린 홍성칠을 보자마자 오종렬은 "너 재훈이 맞지?" 하며 반겼다. 홍성칠이 재훈이란 예명으로 학생운동을 하고 있던 때다. 종렬은 몇 달 전에 스치듯 잠깐 인사했던 재훈을 기억하고 반가워했던 거다.

93년 홍성칠이 남총련에서 활동한 뒤로는 오종렬과 집회나 행사, 회의 들에서 자주 만났다. 서울에서 집회가 있으면 오종렬은 꼭 광주

버스로 와서 참가자들과 인사를 나누곤 했다. "광주의 몫이 있다" "광주의 책임이 있다"며 진보운동에서 광주가 해야 할 역할을 강조하던 종렬이었다.

오종렬이 2009년 한국진보연대 상임고문으로 일선에서 물러나고, 2014년 서울생활을 아예 정리하고 광주에 내려온 뒤로는 가장 많이 불려갔던 이 중 한 명이 바로 홍성칠이었다. 광주전남지역 활동가들의 소식통으로 오종렬이 궁금해 하는 이들의 근황을 전했다.

광주교육청에 있을 때는 5·18민족통일학교 설립에도 힘을 보탰다. 과정에서 아쉬움도 있다.

"의장님께서 학교를 만들어야겠다고 말씀하셔서 광주시 인권담당관을 하던 선배랑 시 부지를 중심으로 방법을 찾고 있었습니다. 그런데 어느 날 느닷없이 의장님이 전화하셔서 '니들 기다리다가는 한도 끝도 없을 것 같아 내가 일을 저질러버렸다' 하시는 겁니다. 담양 땅을 사셨다고요. 위치, 규모 모두 의장님 구상과 맞지 않는 곳이었지요. 몇 달만 기다리면 좋은 방안이 나왔을 텐데 이렇게 하면 어떡하시나 하는 생각이 들었죠. 그만큼 의장님께서 마음이 초조하셨던 것 같아요. 생전에 꼭 이루어야 한다는…."

초창기 5·18민족통일학교 운영위원을 맡기도 했던 홍성칠은 오종렬이 학교에 품었던 기대를 이렇게 해석했다.

"의장님은 만인이 교사이자 학생이 되기도 하는 학교를 꿈꾸셨지요. 통일학교가 하나의 거점이 되어 누구든 구분하지 말고 활동가들이 토론하고 전략을 짜며 향후를 모색하는 공간이자 대중들의 쉼터이자 놀이터로 사상과 교류의 공간이 되길 바라셨던 것 같습니다."

30년간 인연을 맺었던 홍성칠은 오종렬에게서 사람을 대하는 법을 배웠다고 밝혔다.

"의장님은 언제나 저를 운동 간부로 대해주셨습니다. 싫은 소리를 하실 때도 운동 간부로 존중 받는 느낌이었습니다. 지위 고하를 떠나 사람을 하나의 인격체로 대하고 존중하는 게 뭔지를 그대로 보여주셨지요."

홍성칠의 아내 역시 오종렬을 그리워한다. 홍성칠과 통화할 때면 꼭 그의 아내와 자식들 안부를 묻던 종렬은 종종 따로 성칠의 아내에게 전화를 걸기도 했다. 종렬이야 사람을 챙기는 게 숨 쉬는 것처럼 자연스러운 일이었지만 그의 아내는 부담이 되기도 했다. 그래서 종렬의 전화를 받을 때면 "당신이 뭘 어쨌기에 바쁘신 양반이 전화를 하시게 하느냐."며 눈을 흘기곤 했다. 그랬던 그의 아내가 종렬이 세상을 떠났다는 소식을 접하고 많이 울었다. 때마다 연락해 보듬어주던 기억을 붙잡은 채.

● 권지은

5·18민족통일학교 첫 사무처장을 맡았던 권지은은 오종렬을 "정치적 아버지"라고 칭했다. 시아버지가 돌아가신 지가 오래돼 시아버지처럼 모셨다고. 경남지역에 출장 오면 권지은의 집은 오종렬이 꼭 묵고 가는 집 중 한 곳이었다. 진주, 창원에 살 때는 물론 잠깐 서울에 살 때도 오종렬이 자고간 적이 있다.

"오시면 진주지역 활동가들 근황을 꼭 물으셨어요. 누구는 어떻게 지내는지, 누구는 현장에서 활동하면서 어려움은 없는지 살피셨지요. 또, 주변에 몇 명만 두는 분이 아니었어요. 보고도 한 사람 이야기만 듣지 않고 여러 사람의 이야기를 듣고 객관적으로 판단하려고 하셨고요. 모두에게 공평하게 대하셨지요. 몇 달 만에 만나도 그 전에 했던 이야기를 다 기억해 그 일이 어떻게 됐는지도 물으셨고요. 그래서 의장님 앞에서는 거짓말을 할 수가 없었어요."

활동가들 아이들까지 챙기던 오종렬이었다. 권지은은 진주에서 활동하는 자신보다 "오종렬 의장님께서 진주 아이들을 더 많이 아실 거"라며 "진주에 딸 또래들이 많은데 아이들이 어렸을 때는 의장님께서 진주에 오시면 아이들이 의장님 무릎에 앉으려고 쟁탈전을 벌이곤 했다."고 전했다. 어려서부터 봤던 아이들이 커 대학생이 되자 오종렬은 아이들에게 말하곤 했다.

"너를 위해 공부하는 게 아니라 우리나라를 위해 공부한다는 걸 잊지 말아라."

오종렬은 겉으로 보기엔 무뚝뚝해 보이지만 실제는 섬세하고 감성적이었다. 권지은이 언젠가 고 강희철 민주주의민족통일전국연합 정치위원장의 기일이 다가왔을 때 강희철이 좋아하던 노래 '부용산'으로 휴대폰 컬러링을 바꾼 적이 있다. 많은 이들이 권지은에게 전화를 했지만 아무도 컬러링을 언급하지 않았다. 오종렬은 전화를 걸어오자마자 전화를 받은 권지은에게 말했다.

"지은아, 희철이 생각난다. 이 노래 보내줘라."

집안 사정으로 5·18민족통일학교 사무처장을 7개월 밖에 하지 못했지만 권지은은 지금도 5·18민족통일학교가 참 좋다. 행사가 있어 학교에 갈 때면 숙소가 있는 3층이 아닌 오종렬이 묵었던 4층에 가서 잔다.

"의장님 사진도 있고, 의장님 냄새 맡는 게 좋아서요."

권지은이 시아버지처럼 모셨던 오종렬은 여전히 권지은 품속에 살아있다.

● 고경희

5·18민족통일학교에서 종렬과 마지막으로 손발을 맞췄던 사무처장 고경희는 "의장님이 대개 자상하세요."라고 말했다.

"아침에 출근해 문안인사를 드리면 꼭 제 얼굴을 보시곤 '잠은 잘 잤냐?'고 물으셨어요. 제가 불면증이 있었거든요. 피곤해 보이면 '오늘은 낯빛이 안 좋다.'고 걱정하시고, 눈이 많이 오는 날엔 '눈길에 운전하기 힘드니 오늘은 학교에 오지 말고, 보일러 세게 틀어 놓고 집에 있어라'며 먼저 전화를 주셨지요."

무서움을 잘 타는 경희를 위해 퇴근할 때면 "너 떠날 때까지 위에서 보고 있을 테니 걱정 말고 가라."고 말하고선 정말 경희 차가 시야에 안 보일 때까지 지켜봐주었다.

경희뿐 아니라 학교를 방문했던 사람들이 떠날 때면 종렬은 늘 차가 안 보일 때까지 손을 흔들곤 했다. 그래서 사람들이 한번 돌아보지 않고 떠날 때면 "이놈의 자식들이 냅다 차문 닫고 간다."며 서운함을 표현하기도 했다. 그 마음을 알기에 경희는 사람들에게 미리 "길모퉁이 돌 때 창문 한 번 열어 인사해 달라."고 부탁을 하기도 했다.

1박2일 수련회처럼 사람들이 많이 와 왁자지껄했던 학교가 사람들이 떠나고 휑해지면 허전함이 몰려왔다. 그 헛헛함을 달래기 위해 종렬과 경희는 사람들을 보내고 막걸리 잔을 기울이기도 했다.

함께 다닌 곳도 많다. 그럴 때면 길눈 밝은 종렬은 자는 대신 조수석에 앉아 인간 내비게이션이 되어 길을 안내하면서 곳곳에 숨은 이야기들을 들려주었다. 또, 어딜 갈 때면 종렬은 꼭 댐에 물이 얼마나 있는지 살폈다. 농사는 짓지 않지만 마음은 늘 농부의 마음이었던 것.

고경희가 잊지 못하는 날이 있다. 5·18민족통일학교에 노래방 기기를 들여놓은 날이다. 우리 민족은 흥이 있는 민족인데 학교에 노래방 기기가 없어 아쉬워하던 터에 경희가 시동생에게 사달라고 부탁해 학교에 도착했다. 기분이 너무 좋아서 낮잠을 자고 있던 종렬을 깨웠다.

"음향 확인하게 의장님께서 노래 한 번 불러주셔야 해요."

자다가 얼떨결에 끌려온 종렬이 노래방 마이크를 잡았지만 영 분위기가 안 살았다. 경희가 "의장님은 노래방과 안 맞다. 라이브로 부르시라."고 권했다. 햇볕 좋은 날, 종렬이 나무막대기를 마이크 삼아 애창곡인 '섬마을 사람들'을 불렀다. 그 모습을 경희는 휴대폰 영상에 담았고, 그 영상은 오종렬의 장례식 중 열린 추모제에서 마지막 영상에 담겼다.

● 문경식

전남지역 농민회에서 활동하다가 2004년 전농 의장이 되면서 서울로 올라온 문경식은 여러 해 동안 오종렬, 정광훈의 숙소에서 가까이 살았다.

"서울에 와서 오종렬 의장님께 '이 시대 민중의 지도자로 우뚝 서주시면 좋겠다.'고 말씀드리니 허허허 너털웃음을 웃으며 '나는 문 의장만 믿는다~' 하셨던 모습이 기억이 납니다. 내가 농민 출신이어서 더 예뻐하셨는지도 몰라요. 늘 기본계급이 세상을 바꾼다고 말씀하셨으니까요."

함께한 많은 기억 중 문경식은 2007년 1월 금강산에서 열렸던 전농 대의원대회 때 일화를 들려줬다. 전농 대의원들과 가족 2000여 명이 참여했던 대의원대회엔 오종렬, 정광훈, 한상렬 등 진보운동 원로들 20여 명도 함께했다.

"그때 나도 처음으로 아내랑 함께 갔습니다. 오종렬 의장님이 거기서 제 처를 처음 만났는데 아내 손을 꼭 잡고선 '똑똑한 신랑 만나서 고생 많으십니다.'고 하면서 눈물을 보이셨습니다. 보이지 않는 곳에서 고생하는 사람들의 마음을 헤아려주는 인정이 있으셨지요. 투쟁하는 사람들, 대중을 이끄는 사람들에게는 자신을 돌아보게 만드는 거울 같은 분이셨습니다."

● 한충목

1998년 광주까지 내려가 직접 난파선 전국연합을 일으켜 세워달라고 청한 뒤 서울로 올라온 종렬을 곁에서 20년 동안 보좌해온 한충목 한국진보연대 공동상임대표가 자신이 바라보는 오종렬에 대해 이야기했다.

"제가 생각하는 의장님은 잘 알려진 대로 전교조 교사로서 노동운동가이시죠. 그리고 평화통일운동을 끊임없이 해 온 분입니다. 광주 전남지역에서는 지역 단체들, 지역 주민들과 끊임없이 지역운동을 해왔던 대중 활동가이기도 하고요. 사실 이 모든 것을 다 합쳐서 '자주민주통일 혁명가다.' 저는 그렇게 생각합니다. 그렇기 때문에 변혁의 길에 자신의 생을 바치는 걸 그분은 가장 중요한 역할로 생각하셨을 겁니다. 그러한 역할로서 전국연합 상임의장을 맡고 자신의 생을 온전히 바친 거라고 생각합니다."

한충목 공동상임대표는 오종렬에게서 '샛별'을 떠올렸다.

"오종렬 의장님은 새벽에 빛나는 샛별 같은 느낌으로 다가옵니다. 샛별은 새벽에 길을 나서는 사람들에게 길잡이가 되어준다고 합니다. 밤에 길을 나서는 사람들에게는 가장 늦은 시간까지 길동무가 되어주고요. 그런 뜻에서 오종렬 의장님은 샛별처럼 우리들에게 길잡이면서 길동무이기도 합니다."

● 인터뷰 — 권낙기 통일광장 대표

20년 동안 마음을 주고받던 우리는 동지

오종렬 의장은 군사독재 시절, 수년에서 수십 년 동안 감옥에서 고통받았던 장기수 선생님들을 마음의 스승으로 모셨다. 그중에서도 권낙기 통일광장 대표와는 일상으로 의견을 주고받는 동지적 관계로 20년을 지냈다. 권낙기 대표를 만나 곁에서 본 오종렬에 대해 물었다. 후배들에게 전해준, 편한 말투 그대로 살린다.

● 오종렬 의장님 첫인상은 어떠셨나요?

전국연합이 와해되기 직전이라는 이야기를 듣고 있었지. 전국연합을 해산해야 한다고 주장하는 간부들이 찾아오기도 했어. 나는 너희들이 운동의 형태를 상승하기 위해 바꾸겠다는 건 인정하지만 전선체인 전국연합을 해소하는 건 도저히 용납이 안 된다고 했어.

그 즈음 광주에 오종렬 의장이라는 분이 있다는, 이름만 건너 듣다가 서울 올라오셨을 때 처음 봤지. 와~ 열등감이 올라 오대. 나는 체격이 작은데 의장님은 체격이 커. 눈도 부리부리하고 목소리도 우렁차지. 인연이 만들어지면서 나는 나 나름대로 '저 분이다' 했어. 의장님도 나를 그렇게 바라보셨고.

● 장기수 선생님들은 오종렬 의장님을 어떻게 생각하셨나요?

우리 장기수 선생님들을 만나서 "내가 봤을 때 그분은 지도자다."라고 했어. 그렇게 만들자고. 한 선생님이 "나는 오종렬 60점밖에 안 줘." 하기에 내가 "많이 주네요. 나는 55점밖에 안 주는데…"라고 했지. 그러면서 "그럼 61점은 누가 있습니까?" 물었어. 없잖아. "지도자는 하늘에서 떨어지는 게 아니다, 민중이, 함께 운동하는 사람들이 만드는 거다." 하면서 우리 선생님들 마음을 모았지. 다들 좋다고 했어.

● **오종렬 의장님이 평소 중요한 순간마다 권 선생님을 만나 의논을 하셨다고 들었습니다.**

전국연합이나 진보연대에서 한 중요한 결정 같은 것보다는 사람관계에 관한 거나 어떤 사안에 대해 판단이 안 설 때 의논을 하셨지. '그 사람 어떻게 하면 좋겠냐. 행사가 있는데 거기 갈까 말까. 이런 일이 있는데 어떻게 생각 하느냐…' 같은 것들. 명망가가 되면 밖에서 흔드는 게 있잖아. 그럴 때 판단이 흐려지면 의견을 묻는 거지. 그런데 의견을 듣기 위해 물어보는 것도 있지만, 때로는 당신 생각이 있는데 확인하러 묻는 거야. 오종렬 의장님도 안에 능구렁이 아홉 마리쯤 들어있다니까.

● **함께한 투쟁이나 사업들도 많았는데 그중 기억나는 일이 있다면요.**

2004년 국가보안법 철폐 1000인 단식 끝나고 의장님하고 신길역 뒤 홍어횟집에서 술 마시면서 회심의 미소를 지었어. 난파된 전국연합을 다시 일으켜 세운 의장님이 중심이 돼 1000인 단식, 엄청난 등불을 만드는 걸 전체 운동진영에게 보여준 거잖아. 내가 의장님한테 말했어. "뿌듯하게 생각합니다."라고.

사안을 바라보는 의장님의 독특한 시각이 있어. 많은 사람들이 '국가보안법 철폐' 하면 전선을 그어. 적을 만드는 거야. "한나라당, 열린우리당은 나쁜 놈, 그들은 안 돼." 하면서. 그런데 오종렬 의장님만은 그래선 안 된다, 다 만나야 한다고 하셨어. 그래서 같이 386 국회의원들 만나러 가기도 했어. 나는 성과가 있고 없고 간에 투쟁함에 있어서 사고의 폭을 넓혀 유연성을 갖는 게 중요하다고 보는데 의장님이 바로 그러셨지.

● 그렇게 오종렬 의장님이 사안들에 유연할 수 있었던 까닭은 무엇일까요?

그게 학교 선생 하고, 전선운동 하면서 감옥 들락날락하고, 투쟁하면서 겪은 다양한 경험들에서 나오는 연륜이지. 학교에서 공부를 많이 해서라기보다는 여러 영역에서 다양한 사람들을 만나면서 지식이 아니라 지혜가 만들어진 거야.

또, 내가 오종렬 의장님이 든든하다고 생각한 게 있어. 운동을 하다보면 남들이 개량주의라고 할까봐 함부로 말이나 행동을 못하는 경향이 있어. 그런데 남들이 욕하더라도 만날 사람은 만나고 할 말은 하셨지. 그 결과가 돌아가셨을 때 문재인 대통령이 조화 보내고, 박원순, 이낙연 같은 정치인들이 장례식에 온 거잖아. 단순히 유명인사가 왔다는 게 아니라 그들이 옛날 인연 있다고 다 오겠어? 오종렬이라는 사람이 사업을 하는 데 있어서 독특한 배포가 있고 크게 바라보는 게 있다니까.

● 20년 동안 많은 일들이 있었을 텐데 개인적인 일화도 들려주세요.

남북 교류가 활발하던 2000년 10월에 당 창건 55돌 기념으로 남쪽 시민사회 인사들이 북에 갔잖아. 나는 못 가니까 의장님이 전국연합에 있지도 않은 대외협력위원장이란 자리를 만들어서 우리 처(이옥순 열사)를 데려갔지. 그때 처가 폐암이 걸렸었는데 의장님이 불러서 그러시는 거야. 내가 북에 가서 이옥순을 병원에 입원 시킨다. 안 된다고 하면 계단에서 밀어서라도 하겠다고. 분위기가 진짜 그렇게 하실 것 같더라고. 가기 전에 처한테 의장님이 병원 치료 안 된다고 하면 당신 밀어버리겠다고 했다고, 의장님이 시키는 대로 하라고 당부했지. 덕분에 올라가서 대접도 잘 받고 치료도 받았어.

● 너무 장점만 말씀해주셨는데 불만도 말씀해 주세요.

얻어먹기만 하고 돈을 잘 안 쓰셔. 권낙기는 만날 밥 사고 술 사니까 사람들이 당연하게 생각하는데 의장님이 한번 사면 사람들이 좋아서 자랑을 한다니까. 그래서 내가 "의장님도 돈 좀 쓰고 밥 좀 사 봐라."라고 했지. 언젠가는 의장님한테 밥 한번 사라고 해서 얻어먹었어. 그런데 계산한다고 보는데 지갑도 없어. 봉투에서 꼬깃꼬깃한 만원, 오만원짜리를 꺼내는데….

아, 의장님께 받은 적도 있다. 처가 죽기 전에 함께 1주일인가 전국을 돌았어. 여행가기 전에 의장님이 100만원을 주면서 맛있는 거 사주라고 하시더라고. 전국을 돌다가 광주 처남집에 들렀어. 의장님도 광주에 있어서 처남집으로 오시라고 했지. 암에 해삼이 좋다고 해서 해삼을 많이 시켰는데 아, 우리 처는 얼마 먹지도 못하고 의장님이 거의 다 드셨잖아. 여행 다녀와서 처하고 얘기했어. 의장님이 무슨 돈이 있겠냐. 전국연합 상임대표로 전국 다니려면 쓸 데가 많을 테니 돈을 다시 돌려드리자고. 그래서 의장님 만나서 100만원은 잘 받고 고마웠다, 하지만 이건 활동하실 때 쓰시라 하고 다시 돌려드렸어. 그랬더니 의장님이 잠시 있다가 "응, 그려." 하고는 냉큼 봉투를 집어넣으시더라고. 그때 대개 섭섭하대. 빈말이라도…

● 그런데도 20년 인연을 이어온 까닭은 무엇인지요?

의장님이 우리집에서 주무신 적이 있어. 같이 얘기하다가 논쟁이 붙었어. 서로 의견이 안 맞아서 내가 의장님을 건드렸어. 그랬더니 의장님이 아버지, 집안 이야기를 하시는데 눈에서 눈물이 흘러내리더라고. 결의 있는 말에 감동 받고 "제가 잘못했습니다." 했지. 눈물이든 콧물이든 간에 사람이 진정성이 있어. 그건 연기가 아니야. 그 진정성을 안 거지.

- 정광훈, 오종렬 의장님과 함께 세 분이 술도 자주 마신 걸로 아는데 그때 행복하셨습니까?

행복이라기보다는 내가 살아있을 가치가 있구나, 그런 걸 느꼈지.

51
오종렬의 말과 글

1. 오종렬과 책[*]

오종렬은 엄청난 기억력의 소유자였다. 교사 시절 만났던 학생들의 이름을 거의 기억했다. 또, 역사 속 인물과 사건의 전개 과정 등도 정확히 기억하곤 했다. 그런데 그런 종렬이 난독증이 있었다는 사실을 아는 사람은 그리 많지 않다. 난독증임에도 불구하고 많은 책을 읽었는데 특히 감옥이 그에겐 둘도 없는 학습의 장이었다.

1989년, 종렬은 전교조 결성을 주도했던 인물로 찍혀 교단에서 끌려나와 구속됐다. 광주교도소에 수감됐던 그는 1년 전 창간한 〈한겨레〉 신문을 꼼꼼하게 보며 책에서보다 더 많은 지식을 얻었다.

당시 〈한겨레〉에서 본 기사들 중 가장 기억에 남는 건 박재동 화백의 만평 '다 죽으면 다 산다'이다. 전교조 결성으로 구속됐을 때 그는 조합원 명단을 절대로 공개하지 않겠다는 굳은 결심을 하고 있었다. 그러나 고구마순처럼 땅속에 묻어두려 했던 조합원 명단을 밖에 있던

---

[*] 2007년 4월 〈민중의소리〉 전문수 기자가 쓴 '[감옥에서 읽은 책] 오종렬 전국연합 의장' 기사를 바탕으로 작성한 것이다. http://www.vop.co.kr/A00000069687.html

조합원들이 공개해버렸다. 그때 박재동 화백이 그렸던 '다 죽으면 다 산다'를 보며, 다 같이 살지 못하고 어그러져버린 그때 상황이 못내 안타까웠다.

혹독한 옥고를 치를 것을 각오하고 들어간 첫 번째 감옥살이는 예상외로 석 달 만에 끝났다. 94년 시작된 두 번째 수감생활은 그에 비해 10배는 긴 2년 8개월 동안 이루어졌다. 국가보안법 및 공무집행방해, 불법집회시위 주도, 북의 주한미군철수와 연방제에 대한 찬양과 고무, 동조 등 수많은 혐의로 구속됐다. 범민련 결성 주도, 남총련 폭력시위 배후조종 등의 혐의는 모두 정권의 표적 응징에서 나온 것들이었다.

광주교도소에서 1년 5개월 지낸 뒤 충청남도 홍성교도소로 이감됐다. 홍성교도소는 시설이 상당히 낡았다. 최악의 환경에서도 종렬은 신문을 많이 봤고, 소설을 거의 보지 않는 그가 장편소설〈아리랑〉을 본 것도 그 때였다.

〈아리랑〉은 굉장한 충격으로 다가왔다. 일제 강점기에 있었던 사회상을 중심줄기로 삼은 그 소설은 시대 사회상을 파악하는데 큰 자료가 됐다. 종렬은〈아리랑〉을 보고 페이지마다 자신의 생각을 꼼꼼하게 주석으로 달아서 밖으로 내보냈다. 아내 평님과 아이들은 그 책을 다시 받아 세상을 읽는 스터디 북으로 썼다.

"〈아리랑〉의 마지막 부분이 날 실망케 했지. 등장인물들이 시대상황을 타개해 나가는데 있어서 가장 줄기차고 건강하게 나가다가 뒤로 돌아버리는 모습, 주저앉아버리는 모습이 매우 허전하고 쓸쓸해서 그 이후로 아리랑은 다시 안 봅니다. 차라리 마지막 장을 미완성으로 놔둬버렸으면 세계에서 가장 불후의 명작이었을 텐데 하는 아쉬움이 있죠."

〈아리랑〉뿐 아니라 〈장길산〉과 〈임꺽정〉도 봤다. 일명 어둠의 경로를 통해 보게 된 러시아 혁명사가 나와 있는 레닌의 〈제국주의론〉을 읽으면서 많은 공부를 했다. 하지만 종렬에게 어둠속에서 불을 밝혀준 촛불 같은 책은 김남주 시인의 시집이다. 목이 마를 때 물을 찾는 심경으로 '전사'나 '조국은 하나다' 같은 시들을 읊는다.

"남주 시인의 시는 말이야, 사상적 함축 덩어리야. 시라는 장르를 통해서 사상을 노래한 거야. 나에게는 그렇게 와. 레닌의 제국주의론이랄지 러시아 혁명사에서 봤던 자료 못지않게 육사 선생의 광야랑 남주시인의 시는 낭송하거나 하면 어쩌면 더 큰 에너지를 감동과 함께 얻을 수 있었어. 난 시를 못 쓰는 시인이야. 능력이 없으니까 시를 못 쓰지만 이 속에는 항상 시가 꿈틀거리고 있어."

윤동주 시인의 '서시'는 아직도 쉽게 볼 수 없다.

"'하늘을 우러러 한 점 부끄럼 없기를' 거기가 무서워. 괴로와. 그래서 얼른 덮어버려. 그대신 이육사 선생의 '광야'는 늘상 읊조리죠. '광야'를 읊으면 눈물이 왈칵 나려고도 하고, 그냥 창살을 무너트리고 솟구쳐 나갈 것만 같은 그런 것도 생기고 그래요."

종렬이 민족의 정체성에 대해 탐구하는 데 큰 계기를 준 것은 〈역사신문〉이다. 신문형태로 역사책이 꾸려져 나온 책인데 지금도 전문학자나 역사학자들이 아니면 잘 모른다. 이 책은 종렬에게 지식이 아닌, 민족의 정체성에 대해 지금까지 뭔가가 잘못돼가고 있었다는 생각을 일깨워줬다.

책을 많이 봤지만 역시 신문만큼 정보와 지식을 주는 것은 없었다. 그는 마치 넝마주의처럼 교도소안의 신문이란 신문은 죄다 걷어다가 방 안에 수북이 쌓아놓고 커다란 돋보기로 기사를 보면서 지식을 구했다. 신문을 들여다보면서 스스로 소화할 수 없을 정도의 정보를 찾아냈다. 마치 탐험가가 탐험을 하듯이, 굴에서 채광을 하듯이 신문을 보며 정보를 찾았다. 지나가는 사람들이 들여다보며 "뭘 이렇게 찾을 것이 많소?"라고 물을 정도였다.

출소 후에도 종렬은 금을 캐서 정제하듯 신문기사들을 여러 번 정리해서 스크랩해놓곤 했다. 전선운동을 오래한 뒤로는 여전히 신문과 책에서 중요한 지식을 얻으면서도 의존도를 줄였다. 대신 젊은 활동가들끼리 토론을 시켜놓고 그 옆에 쪼그리고 앉아 경청하는 것에서 많은 지혜를 얻었다.

"지금 우리는 치우천황 이야기는 황당무계하게 취급하면서 모세의 이야기는 하늘의 소리인 것처럼 취급하는 혼미한 의식세계를 갖고 있잖아요. 이것은 식민교육 때문에 만들어진 것이야. 식민교육은 일제식민지와 이승만 시대에만 있었던 게 아니고 지금 시기에 더 각색을 현란하게 하고 있지. 이런 것에 대한 가장 진하고 응축된 분노와 적개심까지 응축된 것이 바로 교도소 시절이야. 금덩어리보다 더한 자료를 얻었었지. 교도소 생활을 안했더라면 덤벙거리고 뛰어다니느라고 못했을지도 몰라. 허허허"

2. 5·18 항쟁을 경험하며 깨달은 한국사회의 예속성

오종렬은 5·18 광주항쟁을 거치면서 한국사회는 군사적·정치적·경제적으로 미국에 예속되어 있다고 확신하게 되었다. 당시 미국의 항공모함인 코럴시호가 부산에 입항한다는 소식을 접하고 광주시민뿐만 아니라 그도 미국이 전두환을 몰아낼 거라고 생각했다. 하지만 미국의 동의 없이는 이동할 수 없는 전방부대인 20사단의 광주투입을 미 국무부가 승인하고, 미 백악관 상황실에서 광주의 무력 진압을 묵인, 승인했다는 사실을 알기까지 그리 오래 걸리지 않았다. 그 역사는 "자주가 없는 삶은 밥도 행복도 있을 수 없다."는 가르침을 종렬의 뼈에 새겨주었다.

"자주를 잃어버린 삶이여. 논리적으로, 법률적 사회적으로 봤을 때, 국가의 조건에 영토 주민이 다 있는데 국가가 아닌 것이 있어. 바로 주권이여. 주권이 없으면 어디서 밥이 나오고 떡이 나오고 행복이 나오느냐이 말이야. 자주권을 잃어버리면 아무리 잘 살려 해 봤자 남의 종이야. 종으로는 잘 살아. 남이 시키는 대로 말이야."

오종렬은 한국의 예속성은 뿌리가 깊다는 생각에 이른다. 이제까지의 모든 인류역사는 피억압 민중이 주권을 되찾기 위한 역사였고, 우리 역사 속 1894년의 갑오농민전쟁은 백성들이 타락한 군주와 외세의 침략에 맞서 자주적 권리를 되찾기 위해 나선 투쟁의 효시라는 점을 강조했다.

"'외세를 몰아내자(척양척왜)! 폭정을 제거하여 민중을 구하자(제폭구민)! 나라를 구해 민중을 지키자(보국안민)! 고통에 빠진 민중을 널리 구제하자(광제창생)!'와 같은 갑오농민전쟁의 슬로건은 우리 민족의 역사에서 반외세·반봉건 투쟁의 첫 집단적 진출이었습니다."

그러나 이 위대한 투쟁은 조선정부가 끌어들인 청나라와 일본군에 의해 끝내 무참히 짓밟혔고, 백성을 진압하고자 외국군대를 조선에 끌어들인 대가로 한반도에서는 청일전쟁이 발발하고, 이는 결국 한일병합으로 이어지게 된다.

3. 역사에서 배운 민족의 DNA

오종렬은 여기서 투쟁하는 민중을 보았다. 잔혹한 식민지배조차도 자주 평등 민생 민주를 향한 조선민중의 꿈을 꺾을 수는 없었다. 이후 앞사람의 팔이 잘리면 뒷사람이 한걸음 앞으로 나섰다던 3·1운동과 조선의 해방을 위해 총을 들고 싸웠던 것도 민중이었다.

해방 후 민중의 자치 권력을 건설하고자 했으나 미국과 친일파에 의해 학살당한 독립운동가들. 남한사회 최초로 대통령을 끌어 내린 4·19와 계엄군의 탱크에 시민군이 목숨 건 항쟁으로 맞선 5·18. 군사독재를 종식시킨 6월 항쟁, 분단 이래 최초의 범국민적 반미투쟁으로 발전했던 미군장갑차 촛불, 전 세계를 놀라게 했던 미국산 쇠고기 수입반대투쟁, 1200만 촛불항쟁에 이르기까지 민중은 언제나 자신의 역사를 스스로 개척해 왔다는 사실을 가슴에 새기며 활동가들에게 민중이 진리라는 사실을 설파했다.

"배는 깊은 물 위에서 뜰 수 있고, 올바른 방향으로 나아가야 합니다. 배를 띄울 수 있는 물을 장만해야 해요. 하다못해 실개천이라도 막아서 저수지라도 만들어야지. 민족자주 아니고서 평화롭고 유복한 세상을 이룰 수 있겠냐. 민중이 주체 되지 않는 세상은 지금까지 행복을 가져

다준 적이 없습니다. 세종, 정조 훌륭한 임금임에 분명하지만 왕권강화가 1위였어요. '억조창생을 위하여'라는 말은 왕권강화를 위해서는 백성을 먹여야 한다는 뜻입니다.

결국 민중주체란 말을 쉽게 받아들여선 안 돼요. 민중주체는 모든 것의 핵심이여. 배를 띄우는 물이 바로 민중이니까. 그들이 주체가 될 수 있도록 우리 의식이 성장해야 합니다.

민족자주는 주인 된 민중이 우리 자주성을 확고히 틀어줘어야 한다는 뜻입니다. 모든 것은 민중을 위하여 귀결된다는 거죠. 오로지 민중을 위하여. 농민은 논두렁, 노동자는 공장, 상인은 시장터에서, 각각 자기 일터가 있잖아. 그렇지만 모든 피와 땀과 결실은 인민에게 귀착돼. 오로지 민중에게 귀착될 때만 생명력을 갖는단 말이여."

종렬은 지배세력들이 민중의 가슴에 "해봤자 안 된다.", "앞장서지 마라"는 체념만 숙명처럼 남기려 했지만 역사를 스스로 만들어 왔던 우리 민중의 투쟁에 대해 세계가 환호했다는 사실을 찾아내기도 했다.

식민지 조선에서 1919년에 벌어진 3·1운동이 국경을 넘어 당시 반식민지 상태였던 중국에까지 알려지면서 그해 5월 4일 이른바 5·4운동이 시작하게 되는데, 그 선언문에는 이렇게 적혀 있다.

"저 조선인민을 보라! 우리가 생명의 불이 끊어진 것으로 알았던 조선인민은 맨가슴을 펴고 일본제국주의 총칼에 맞서 싸우고 있다. 우리 중국 인민이 조선인들보다 비겁하고 무력하단 말인가! 조선인을 본받아라! 일어나자, 중국혁명을 위해!"
- 5·4운동의 선언문 중

또한 1960년에 벌어진 4·19 혁명 또한 세계 민중에게 영향을 미치는데

4·19를 숨죽여 지켜보던 터키의 청년학생들은 그 해 4월 28일 독재자 멘델레스를 축출하기 위한 대규모 봉기를 일으킨다. 계엄군의 총칼과 탱크에 맞선 투쟁이 시작하게 된 그 때의 구호들이다.

"우리 국민의 긍지와 자부심이 한국 국민들보다 어찌 못하랴"
- 이스탄불의 계엄군 탱크 앞에 연좌한 터키의 청년학생들의 구호

역사에서 '몽골의 침략에 맞서 끝까지 싸웠던 고려의 삼별초', '고구려의 대당항쟁', '조선시대 국난이 있을 때마다 무장하여 일떠섰던 수많은 의병'들과 '갑오농민전쟁'. 그리고 35년간의 일제강점기 내내 국내외에서 벌어진 '항일독립투쟁' 등 오종렬은 우리 조상들이 외침에 맞서 싸우며 자주성이 강한 민족으로 정체성을 다져왔다는 사실도 가슴에 새긴다.

"부활해야 해요. 자꾸 잠재의식 속에 들어있는, 그 유전자 속에 들어있는 우리의 장엄한 민족정신을, 나는 그것을 벌떼 정신이라고 봐요. 우리 민족의 정체성을 상징적으로 구현하자면 벌떼요, 쑥이요, 마늘이다. 쑥과 마늘은 다들 아는데 벌떼를 잘 몰라, 우리가 외침을 당했을 때 일어서는 민족 모습이 벌떼 그대로거든요. 근데 이것을 계속해서 깎아나가 머저리 민족으로 만들고 있어요."

그러면서 그는 교육의 중요성을 강조하며 5·18민족통일학교를 세운 까닭을 설명했다.

"'뿌리 없는 나무는 비가 와도 마르고, 민중의 해방나무는 민족의 뿌리에서 자란다.'고 했습니다. 5·18민족통일학교도 목적은 거기에 있어요. 정체성을 다시 부활해내고, 다시 살려내 DNA를 끄집어내기 위함입니다."

2018년 여름. 교사 연수 프로그램으로 광주생명과학고에서 진행된 강연회. 통일을 주제로 한 강연 중인 종렬

그리고 민족에 대해서도 "민족이란 함께 살아가는 운명공동체입니다. 함께 재난을 극복하고 외침을 물리치고 함께 생산하고 함께 누리며 더불어 사는 공동체가 바로 민족이란 말이여."라며 목소리를 높이곤 했다.

4. 운동을 하며 깨달은 연대연합체의 필요성

 80년대 당시 운동진영에서는 한국사회가 미국에 예속적인가에 대한 논란이 일었다. 이 논쟁은 거슬러 올라가 1980년 광주로부터 시작됐다. 딱딱하기 그지없는 사회과학이 일반 시민들에게도 큰 관심을 모은 것은 그만큼 한국사회가 어디만큼 와 있고, 어디로 가야 하는지에 대한 변화의 열망이 한국사회를 지배했기 때문이었다.
　한국의 운동은 이러한 예속과 억압에 맞서 자주를 실현하고, 나아가 민주적 발전과 함께 평등과 평화 통일로 나아가야 했다. 예속성을 걷어내지 않으면 자주도 민주주의도 실현될 수 없다. 이를 위한 동력으로 노동자·농민·청년학생을 비롯해 미국의 예속성을 반대하는 각계각층의 광범위한 민중을 바로 세워야 했다. 각계각층을 광범위하게 묶어세우는 과정이 바로, 민족민주전선을 구축하는 길이었다. 이는 오종렬이 민족민주전선 구축에 한평생을 걸었던 이유이기도 했다.

한국사회에서 각계각층의 투쟁열기를 하나로 결집해 시의적절하게 폭발시키며 승리로 안내할 수 있는 조직적 태세를 갖추어야 한다. 그 역할은 민족민주전선이 할 수밖에 없음을 안 오종렬은 평생 연대연합체인 전선운동에 복무하며, 민주주의민족통일전국연합, 한국진보연대에서 활동했다. 전교조 출신이어서 노동운동으로 자연스럽게 연결될 수 있었는데 그렇지 않았던 건 쉽지 않은 결심에서 비롯됐다.

5. 민중과 민중을 조직하는 민족간부

오종렬은 "역사를 움직이는 주체는 민중이지만 그 민중을 일으키는 주체는 민족간부"라고 늘 말했다. 그가 생각하는 민족간부는 특별한 사람이 아니었다.

> "낮은 걸음, 더딘 걸음이지만, 여럿이 함께 가는 길을 만들어 내는 사람, 그가 바로 민족간부입니다. 어려운 철학용어나 무슨 사회과학 서적을 좔좔 외우는 짓은 하지 않습니다. 문턱을 높게 만들어 놓고 사람들에게 왜 뛰어넘지 못하느냐고 호통하지도 않습니다. 문을 넓히고 문턱을 깎아내립니다. 여럿이 함께 가는 길에 가시덤불이나 젖은 구덩이가 보이

거든 앞장서 그 위에 엎어집니다. 그리하여 지친 사람들이 자신의 등을 밟고 갈 때 그는 고통 속에서도 웃습니다. 이것이 민족간부입니다. 이것이 바로 주체역량을 기르는 민족의 지도자입니다."

그와 함께 그는 "민족간부는 자민통의 강령으로 대중과 함께하며, 겸손해야 한다."고 강조했다.

"진정한 민족간부는 대중 앞에서 언제나 겸손합니다. 대중 속으로 녹아들어가 대중과 함께 호흡하고 그리하여 결국, 자주민주통일의 강령으로 대중과 하나 됩니다. 우리의 생존문제에서 민족자주란 도대체 무엇인가? 백성의 삶과 사회의 민주발전은 도대체 어떤 관계인가? 자주적 평화통일은 우리 민족의 미래를 어떻게 바꾸는가? 이웃에서 늘 마주치는 할아버지, 할머니, 아저씨, 아주머니들, 그들이 일상생활에서 무엇을 답답해하고 무엇에 아파하는지, 그것에서 해답의 실마리를 찾아 대중의 언어로 설명하는 사람, 그런 사람이 바로 민족간부입니다."

그는 "대중의 바다에 녹아드는 소금이 되고, 술독안의 누룩이 되고, 콘크리트 구조물 속의 철근이 되자! 이들이 진정한 민족간부다."라고 설명하며 민족간부가 되자고 설득했다.

"몸이 허약할 때는 병이 제 멋대로 침범합니다. 그러나 튼실한 몸을 지닌 사람은 몹쓸 병도 마침내 물리칩니다. 이러한 이치는 나라 일에도 매 한가지입니다. 우리 모두 민족간부가 됩시다. 민족의 몸과 마음을 튼튼하게 가꾸는 거룩한 일에 다같이 나섭시다. 사상의 뿌리는 깊게, 표현의 수위는 낮게, 연대의 폭은 넓게, 실천기간은 영원토록, 우리 민족간부로 살고 투쟁합시다."

지구과학 선생님이었던 오종렬은 과학적 원리로 민족 간부를 설명하기도 했다.

"대학교 1학년 때 실험실에서 있던 일입니다. 탄산칼슘이나 중탄산칼슘이냐 이것들이 온도가 높으면 대체로 잘 녹아. 실험실에서 중탄산칼슘이라는 시약을 타서 녹였어요. 온도를 높여주면 더 녹일 수 있어. 온도를 더 높이면 더 녹아. 더 이상 녹아들어갈 수 없는 포화상태가 되었는데 이걸 식혀. 그럼 어떻게 돼? 다시 빠져나와야 될 것 아니냐. 근데 자연현상에서는 그렇게 안 돼. 투명한 물처럼 그대로 있어. 이론이 안 맞잖아. 그래서 지도교수의 귀띔에 따라 맨 가루를 살짝 뿌려 줬더니 눈송이처럼 확 쏟아져 내려. 70도의 용액에서 석출이라 하는데, 그 경이로움에서 난 흥분했어.

어떤 계시를 받은 거야. 역사발전, 사회발전도 그렇구나. 아무리 성숙되어도 인자가 없으면 안 되는구나. 조건이 있다고 해도 안 되고 사람이 있어야 한다. 말하자면 민족간부가 있어야 돼. 그 때의 감동이 평생 사라지질 않아. 역사가 변혁하려면 씨앗(seed)이 있어야 한다. 근데 이 민족간부가 자기들끼리 구석에 있으면 안 된다. 물속에, 대기 속에 들어가야 된다는 말이야. 물로 치면 과포화, 공기 같으면 과냉각, 거기서 온도만 내려간다고 되는 게 아니라 미립자를 깔아줘야 한다고. 대중 속으로 들어가야 된다. 그래야 일이 벌어진다. 이게 자연의 법칙이자 인간 법칙이야.

대중은 지배자가 조작한 대로 조작됩니다. 근데 영원히 되는 것이 아닙니다. 하지만 그 씨앗이 없을 때는 영원히 조작될 수 있어. 미립자들에 의해 변혁이 일어나는데 그 변혁의 주체는 민중이야. 깨어나서 일어난 민중. 그게 메시아야. 미륵이야. 이육사 선생의 백마 탄 초인. 그게 민중이야. 자기를 백마 탄 초인, 미륵이라 착각하지 마라.

대중으로 하여금 미륵이 되도록 하는 씨앗이었을 뿐이다. 그런 심보로 세상을 대해야 한다. 거기서 얻은 모든 성과 역시 민중에게 가야 한다. 그런데 그렇게 안 됐어. 인간사회에 수많은 변혁이 있었는데 그 씨앗들이 다 자기들이 성과를 가져가 새로운 지배계급이 탄생했어. 여러분은 민중에게 돌아가는 씨앗이 되는 데 모든 것을 바치길 바랍니다."

"동지는 큰 뜻을 같이 도모하는 사람입니다. 내 뜻을 강요하고 따라오게 하는 것이 아니란 말입니다. 조건이 성숙해도 응결핵이 있어야 물이 생기듯, 역사도 민중 속에 들어간 씨가 있어야 합니다. 그러나 씨는 민중을 깨우치는 것으로 제 역할을 다하는 것입니다. 변화의 주인, 그 열매는 민중들의 것이어야 합니다."

간부의 역할을 강조했던 오종렬은 활동가들이 생업에 충실해야 한다는 점도 늘 이야기했다.

"나는 여러분과 같이 수십 년간 생활해 오면서, 내가 던진 화두요, 동지들과 함께 생활하고자 했던 것이 '열사의 시선에 따라 사상은 깊게 갖되 표현은 낮게 하자.'란 거다. 빈 수레가 요란하더란 말이야. 얕은 강물이 소리 내더라고. 얕은 것들이 사건을 많이 쳐.

연대는 넓게, 강폭이 넓고 깊어야 큰물이 흐르지. 강물이 깊고 넓어야, 또, 끝없이 흘러야 큰 배를 띄울 수 있단 말이여. 그리고 무궁토록 실천하자. 중간에 그만두는 사람들이 너무나 많고, 너무나 아쉽더라. 이것은 내가 인생을 살아가는 데 여러분들에게 주문한 만큼 나 자신에게 강력하게 요구했던 내용이여.

또, 같은 강을 건너도 여름에는 돛단배를, 겨울에는 썰매를 타야 해. 현실에 맞게 행동하고, 자신이나 우리 패거리가 아닌 모든 민중을 향해 살아야 한다는 말이지.

그리고 나는 지금도 '밥이 하늘'이라고 말합니다. 생업에 충실하자. 건달 운동꾼, 건달 농사꾼 되지 마라. 가정에 충실하자. 그러면서 그 충실한 손으로 우리의 살 길을 헤쳐 나가자, 그 이야기입니다. 이걸 그렇게 강조하는데 그것은 나 자신에게 하는 소리입니다. 내가 유난스럽게 후배들에게 강조하는 것은 사실은 나에게 주는 다짐이여."

아래는 오종렬이 운동가들에게 항상 던진 질문들이다. 종렬은 자신이 답을 내기보다 함께 토론하기를 바랐다.

- 밥이 하늘이다. 생업에 충실하자. 세상을 바꾸자는 신념도 실천도 그 연장선 위에 있다. 사람의 손은 노동에 충실토록 진화하지 않았는가?
- 같은 강을 건너더라도 여름에는 돛단배를, 겨울에는 썰매를 이용한다.
- 당동벌이(黨同伐異)로 망하고 구동존이(求同存異)로 흥한다는 선대의 가르침을 명심하자.
- 생각이 같다고 다 진정한 동지일 수 없다. 더불어 일을 도모하는데서 동지는 시작한다.
- 사람은 어떻게 사느냐에 따라 영생할 수도 부활할 수도 영원히 썩어 없어질 수도 있다. 이건 사실 이상의 진실이다.
- 적에게서도 배울 줄 아는 사람만이 최후에 웃는다.
- 아무리 영웅적인 투쟁의 성과물일지라도 백성의 것이 아닌, 그 누구의 전리품이 되는 순간부터 모든 공덕은 허물어지기 시작한다.
- 열사의 시선 따라 사상은 깊게, 표현은 낮게, 연대는 넓게, 무궁토록 실천하자!

오종렬은 사람들을 만나고 헤어질 때면 늘 마지막엔 "건강 잘 챙기라."
는 당부를 했다. 그러고선 늘 힘을 주는 말로 끝을 맺었다.

"감기 걸리지 말어잉. 감기 걸리지 말고,
배탈 나지 말고, 친구들끼리 싸우지 말고,
더 위대한 모습으로 만납시다!

승리하는 민중은 동지여러분들이 만듭니다.
동지 여러분들이 일어서는 민중을 만듭니다.
여러분들에게 무수한 영광, 무한한 영광이 반드시 올 것입니다.

민중 속으로 들어가서 민중을 일으킵시다.

여러분, 여러분만 믿겠습니다. 여러분만 믿겠습니다.
조국의 운명도, 민중의 생존도 여러분들에게 달려 있습니다.
오직 여러분만 믿겠습니다.
자, 갑시다. 민중 속으로 갑시다. 가자, 민중 속으로!

동지들이 이 길을 포기하지 않는 한
반드시 승리하게 될 것이라고 확신합니다.
건승을 빕니다. 승리를 위하여 투쟁! 투쟁! 투쟁! "

이는 오종렬이 전한 생의 마지막 말이기도 했다.

| <오종렬 평전>을 마무리하며 |

2018년으로 기억한다. 오종렬 의장님께 연락이 와 광주로 한번 내려오라고 하셨다. 그때 매월 한번 이상은 5·18민족통일학교에 가서 의장님을 뵙고 있었다. 또 부른 것이 의아했지만 의장님 건강이 뚜렷하게 안 좋아진 시점이어서 급하게 달려갔다. 의장님은 나를 반갑게 맞으며 회고록을 맡아달라고 하셨다. 벌써 건강이 매우 악화돼 구술을 하기도 어려운 상황이었는데, 의장님 마음이 급해지셨구나 싶어 내가 담당하겠다고 말씀드렸다.

시간이 나는 대로 구술을 받았지만 이내 의장님 건강이 더 안 좋아지면서 구술을 받는 작업도, 모은 사진 자료들에 대해 설명을 듣는 작업도 이어가기 힘들었다. 겨우 대략 꼭지를 잡았을 때쯤 의장님이 운명하셨다. 그나마 장례기간에 급하게 약전 형식으로라도 의장님 삶과 사상을 담은 글을 낼 수 있어 다행이었다.

의장님을 황망하게 보내드리고, 의장님과 인연이 있어 잠시 구술 작업을 했던 신정임 작가와 함께 평전 작업을 본격으로 시작했다. 과정에서 30~40여명을 만났다. 의장님을 그리워하는 이들이 전해주는 이야기들을 통해 의장님 삶을 더욱 자세히 들여다볼 수 있어 기뻤다. 중간에 코로나 팬데믹으로 인터뷰할 장소조차 잡기 어려운 적도 있었지만 많은 분들이 흔쾌히 인터뷰에 응해주셨다. 이 자리를 들어 인터뷰에 응해주신 모든 분께 감사드린다.

자료 정리 등 여러 일들을 도와준 심규협님, 박민주님, 박이랑님, 조용신님과 이 책을 출판하는 데 도움을 준 통일시대 연구원, 도서출판 통일시대 출판사 관계자분들, 책을 편집해 주신 안현님께 또한 감사 인사를 올린다.

무엇보다도 1부 작업을 담당하며 동시에 교정·교열·윤문까지 꼼꼼하게 챙겨준 신정임 작가에도 감사를 드린다.

저를 아는 많은 사람은 알고 있지만, 의장님께는 끝내 드리지 못했던 이야기를 이 지면을 통해 드립니다.

"의장님과 함께한 모든 날들이 행복했습니다."

집필진을 대표해 주제준 씀

지은이

신정임 — 노동 전문 월간지 〈노동세상〉 편집팀장으로 일하며 노동자들의 이야기를 찾아 전국을 누볐다. 모든 삶엔 이야기가 있다는 믿음으로 지금은 삶의 이야기를 찾아 르포를 쓰고 있다. 백화점의 화려한 조명 뒤에 감춰진 노동을 기록해 제21회 전태일문학상 기록문 부문을 수상했고, 함께 쓴 책으로는 〈달빛 노동 찾기〉, 〈숨은 노동 찾기〉, 〈사람의 얼굴〉, 〈나는 시민기자다〉 등이 있다. 한미FTA 저지 투쟁으로 수배 중이던 오종렬 의장님을 18평 신혼집에 며칠 모셨던 인연으로 〈오종렬 평전〉 작업에 함께했다. 세상을 호령하던 민중의 지도자, 오종렬 뒤에 가려 잘 보이지 않던 '인간 오종렬'을 담기 위해 애썼다.

주제준 — 한국진보연대와 전국민중행동 정책위원장을 맡고 있다. 한미FTA 저지 범국본, 광우병 대책위, 민중총궐기 투쟁본부, 백남기 농민 살인진압 대책위 등 수많은 대책위에서 정책과 기획을 담당했다. 덕분에 민중 승리의 대사서시 박근혜 퇴진촛불도 함께할 수 있었다. 박근혜정권퇴진비상국민행동에서 정책팀장으로 일하며 촛불과 함께한 모든 날이 행복했다. 1700만 촛불을 승리로 마무리하며, 퇴진촛불 백서 〈박근혜정권 퇴진 촛불의 기록〉도 함께 썼다. 시민사회운동의 큰 스승으로 오종렬 의장님을 1999년부터 가까이 보좌했던 인연으로 〈오종렬 평전〉 작업에 함께했다. 매 순간, 어려운 결단의 시기마다 성큼성큼 한발씩 내딛는 선구자이며 자주통일의 영원한 혁명가 '오종렬'을 그리려고 노력했다.

오종렬 평전

초판 1쇄 발행 2022년 6월 22일

지은이 신정임·주제준
엮은이 오종렬의장 기념사업회
펴낸곳 도서출판 통일시대
주소   서울시 종로구 통일로 162
        덕산빌딩 502호(교남동)
전화   02-735-4270
팩스   02-735-4271
이메일 427era@gmail.com

ISBN 979-11-971106-9-6 03300
값 20,000원

표지 사진 ⓒ 이원규
디자인: 표지·조용신/본문·안현